BIBLIOTHÈQUE HISTORIQUE

BECKLES WILLSON

L'Ambassade d'Angleterre (1814-1920)

UN SIÈCLE DE RELATIONS DIPLOMATIQUES FRANCO-BRITANNIQUES

TRADUIT DE L'ANGLAIS PAR EDMOND DUPUYDAUBY
TRADUCTEUR AU MINISTÈRE DES AFFAIRES ÉTRANGÈRES

PAYOT, PARIS

L'AMBASSADE D'ANGLETERRE

A PARIS (1814-1920)

UN SIÈCLE DE RELATIONS DIPLOMATIQUES FRANCO-BRITANNIQUES

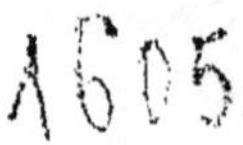

BIBLIOTHEQUE HISTORIQUE

BECKLES WILLSON

L'AMBASSADE D'ANGLETERRE A PARIS (1814-1920)

UN SIÈCLE DE RELATIONS DIPLOMATIQUES FRANCO-BRITANNIQUES

TRADUIT DE L'ANGLAIS PAR EDMOND DUPUYDAUBY
TRADUCTEUR AU MINISTÈRE DES AFFAIRES ÉTRANGÈRES

PAYOT, PARIS
106, BOULEVARD ST-GERMAIN

1929

Premier tirage octobre 1929.

AVANT-PROPOS

L'auteur des pages qui vont suivre se rend pleinement compte du grand avantage qu'il y a eu pour lui à faire partir son récit de l'année de la Restauration des Bourbons. Ainsi, tout en relatant les phases et les incidents des relations diplomatiques franco-britanniques pendant un siècle, il a pu également raconter l'histoire d'une seule maison et de ses occupants successifs depuis son acquisition jusqu'à maintenant.

Avant cette période, les ambassadeurs britanniques à Paris se déplaçaient fréquemment. Depuis l'établissement du premier représentant sous le règne d'Élisabeth, les ambassadeurs n'avaient pas de demeure fixe. Cela a pu présenter certains avantages dans les moments de trouble, lorsqu'ils voulaient échapper aux violences facilement déchaînées de la populace; mais il y avait des inconvénients manifestes. Il n'était pas toujours facile de procurer un logement convenable à l'émissaire d'un souverain, « qu'on envoyait résider à l'étranger dans l'intérêt de son pays », et parfois le roi de France fut prié d'intervenir, surtout quand il s'agissait d'un gentilhomme de haut rang et de grande richesse, qui voulait avoir une demeure somptueuse près de la cour.

Sous le règne de Henri IV, les ambassadeurs d'Angleterre occupaient l'hôtel de la Trémoille, dans la rue du Faubourg-Saint-Honoré, qui n'est point cependant la rue qui porte actuellement ce nom et dans laquelle se trouve l'ambassade actuelle, mais cette partie de la rue Saint-Honoré actuelle qui se trouvait en dehors de l'ancienne porte Saint-Honoré (¹).

---

1. La porte, qui faisait partie du mur d'enceinte de Charles V, se trouvait tout près du Théâtre Français actuel.

Cet hôtel de la Trémoille (plus tard hôtel de Joyeuse et hôtel du Bouchange) fut légué par Henri de Bouchange aux Minimes des provinces françaises et loué par eux à l'ambassadeur d'Angleterre. Il y eut diverses migrations au cours du dix-septième siècle, où l'on constate qu'un ambassadeur résidait à proximité du Temple. Je n'ai pas réussi à retrouver tous les logements de l'ambassade même au siècle suivant. Son Excellence le marquis de Crewe me rappelle que, lorsque Horatio Walpole (oncle d'Horace) était ambassadeur, il résida quelques années dans la belle maison qui est maintenant le ministère de l'Agriculture : l'hôtel de Villeroy. Précédemment, il avait habité rue de Grenelle ; il se transporta en 1727 à l'hôtel de Villeroy qu'il occupa pendant huit ans.

Lord Harcourt, ambassadeur en 1769, résida à l'hôtel Grimberghen, rue Saint-Dominique, dans le faubourg Saint-Germain. Son successeur, lord Stormont, habita en 1775 une maison de la rue des Petits-Champs, en face de la rue des Bons-Enfants. En 1784, le duc de Manchester résida dans la rue du Pot-de-Fer, faubourg Saint-Germain. Quatre ans plus tard, nous trouvons son successeur, le duc de Dorset, installé dans le faubourg Saint-Honoré, près de la barrière du Roule. En 1792, lord Gower s'installa dans l'hôtel Monaco, rue Saint-Dominique, maintenant ambassade d'Autriche. Puis, dix ans plus tard, en 1803, lord Whitworth passa la période, brève mais mouvementée, de son ambassade, dans la rue du Faubourg-du-Roule.

L'achat de l'immeuble actuel, effectué par son successeur Wellington, mit fin à toutes ces migrations. Le duc était sans aucun doute de l'avis qu'exprimait Bismarck un demi-siècle plus tard : « Il n'est pas convenable ni digne d'un grand État, qu'un ambassadeur réside dans une maison louée, où il est exposé à recevoir son congé, et à se voir obligé, en cas de départ, de mettre ses archives sur un camion. »

En ce qui concerne mes sources, j'avoue que les énormes quantités de matériaux qui se trouvent dans les archives du Foreign Office m'ont été moins utiles pour expliquer une situation donnée ou faire ressortir un caractère individuel, que les lettres privées, les mémoires et les journaux. A propos de Bismarck, ses vues sur ce sujet méritent d'être citées : elles auraient été entièrement partagées par Palmerston, Granville et Salisbury. Après avoir remarqué que les ambassadeurs écrivent, en général, des dépêches d'une longueur exaspérante, dans lesquelles il n'y a souvent rien du tout, il continuait en ces termes :

Si l'on songe un jour à ces dépêches comme pouvant servir de matériaux pour l'histoire, on n'y trouvera rien de précieux. Je crois que les archives sont ouvertes au public au bout de trente ans; mais on pourrait les ouvrir plus tôt. Même les dépêches qui contiennent des renseignements sont à peine intelligibles pour ceux qui ne connaissent pas les gens et les relations qu'ils ont eues entre eux. Dans trente ans, qui saura le genre d'homme qu'était le signataire, comment il voyait les choses, comment son individualité affectait la manière dont il les présentait! Il faut savoir ce que Gortschakoff, Gladstone ou Granville avaient dans l'esprit quand ils faisaient les déclarations rapportées dans la dépêche. Il est plus facile de découvrir quelque chose dans les journaux, (dont, à vrai dire, les gouvernements se servent également et dans lesquels ils disent souvent beaucoup plus clairement ce qu'ils désirent). Mais cela encore exige la connaissance des circonstances. Les points les plus importants sont toujours traités dans les lettres privées et les communications confidentielles, même verbales; et celles-ci ne sont pas enfermées dans les archives (1).

En conséquence, pour tout cet ouvrage, j'ai profité de tous les mémoires, correspondances privées et journaux susceptibles de répandre une certaine lumière sur les ambassadeurs et sur les événements diplomatiques. Je dois beaucoup à l'admirable *Vie de lord Lyons*, de lord Newton, aux *Lettres de lord Lytton* publiées par lady Betty Balfour, et à la biographie de lord Dufferin par Sir Alfred Lyall. Un grand nombre d'autres autorités se trouvent citées dans les notes mises au bas des pages.

Enfin, je dois de chaleureux remerciements à M. Stephen Gaselee, bibliothécaire du Foreign Office, pour certains renseignements particuliers.

B. W.

Paris.

1. Busch, *Bismarck*. volume I. page 419.

CHAPITRE PREMIER

L'HÔTEL BORGHÈSE

En 1814, l'hôtel Borghèse, connu dans le monde élégant sous le nom de palais de Pauline mais que la noblesse du Faubourg appelait plus correctement l'hôtel de Charost, s'élevait — et s'élève d'ailleurs encore — entre deux autres sombres et aristocratiques demeures, sur la gauche quand on remonte l'étroite et tortueuse rue du Faubourg-Saint-Honoré, dans la direction du palais de l'Élysée.

Il était depuis longtemps la résidence de la princesse Pauline Borghèse, seconde sœur de l'empereur Napoléon, et aujourd'hui encore le visiteur trouvera conservés dans ses murs de nombreux souvenirs intimes de cette dame illustre et volage. Sa chambre à coucher, avec sa somptueuse installation, son lit même, sont restés comme elle les a laissés. Son mobilier, ses tableaux et tapisseries, de nombreuses glaces qui reflétaient l'image de son exquise personne, ornent encore les salons et les antichambres. Comme lord Dufferin le disait un jour aimablement à une délégation de pasteurs non-conformistes, tous ces lieux sont imprégnés de son âme.

Depuis elle, quatorze ambassadeurs britanniques se sont succédé dans cet immeuble : ils ont couché dans la magnifique chambre de Pauline et, dans leurs moments de loisirs, ils se sont souvent livrés à des considérations morales sur sa personnalité et son histoire. Est-il surprenant, dans ces conditions, qu'ils aient découvert en elle une ressem-

blance charmante avec la France elle-même — ce pays
dont ils ont passé des jours et des nuits à cultiver l'amitié?
Pauline était belle, intelligente, capricieuse, passionnée,
fière.

Elle eut, dit M. Fleischmann (¹), de nombreux amants,
mais elle n'eut d'amour constant et durable que pour un
seul être, pour elle-même. Il n'y a donc nulle extravagance
oratoire à comparer l'âme de Pauline avec l'âme de Marianne.

Cependant, jamais l'Envoyé Royal de la cour de Saint-
James, quel qu'il fût, ne songea à faire égoïstement la
cour à cette âme, pour lui-même. Il s'est contenté de jouer
le rôle d'intermédiaire dans la longue « affaire de cœur »
entre l'Angleterre et la France, qui est tantôt prospère et
tantôt languissante, passe souvent du chaud au froid
et parfois ne peut se distinguer de l'aversion, mais qui,
quelles que soient les autres liaisons possibles, subsistera
toujours, parce qu'elle est le plus ancien de tous les rap-
prochements politiques européens et qu'elle est basée sur
une profonde estime mutuelle, que nulle querelle ne peut
briser définitivement, que nul caprice ne peut détruire
entièrement.

Au début de notre étude, négliger Pauline et son séjour
dans cette maison, à laquelle elle a communiqué tant de
son goût et de sa personnalité, serait priver notre histoire
de l'ambassade britannique à Paris d'une association
d'images bien séduisante et bien significative. Cela peut
servir à expliquer en partie la fascination qu'a exercée
cette maison sur tant de belles anglaises irréprochables
qui, comme lady Canning, au milieu de son séjour dans
l'Inde tragique de la révolte, se rappelait ses salons et ses
jardins et disait qu'ils étaient toujours pour elle l'essence
de ce qu'il y a de charmant et d'élégant à Paris. Nous com-
prenons mieux l'attachement de la spirituelle lady Granville et de ses filles, dont l'une (lady Georgina Fullerton),

---

1. H. FLEISCHMANN, *Pauline Bonaparte et ses amants.*

au moment de son départ, adressait à cette maison une
longue pièce de vers commençant ainsi :

Adieu, vieille maison ! mes oreilles ne percevront plus jamais les
sons heureux que j'aimais tant...

Même les ambassadeurs y devenaient sentimentaux.
Lord Lytton connaissait tous les coins et recoins du « nid
de notre belle Pauline ». Il écrivit dans son jardin des volumes de poésie et mourut finalement dans son boudoir.
Le rude célibataire qu'était lord Lyons, que les Prussiens
délogèrent temporairement en 1870, éprouvait une certaine émotion « à se retrouver dans cette maison » et il était
impatient d'y rentrer définitivement. Pendant vingt années, c'est à peine s'il quitta ses murs, quand il était à
Paris. D'autres personnages illustres partageaient le plaisir
de lord Bertie à montrer l'ambassade aux visiteurs et à
parler longuement (un jour même, à la surprise d'un Américain, M. John Hay), non point des dépêches du duc de
Fer, mais bien des souvenirs assemblés de « la plus jolie et
de la plus perverse de toutes les Bonaparte ».

L'hôtel fut construit en 1723 par un obscur architecte
du nom de Mazin, pour Armand de Béthune, duc de Charost, pair de France et baron d'Ancenis (né en 1662), qui
était gouverneur du jeune roi Louis XV. « Le roi, nous dit
un des courtisans de l'époque, fit tout d'abord quelques
difficultés au sujet du choix de ce gentilhomme, malgré sa
probité et sa piété bien connues, à cause du départ précipité de son précédent gouverneur, le duc de Villeroy. Sa
Majesté était si vexée qu'elle refusa de prendre aucune
nourriture le soir du jour où Villeroy quitta son service. »
Mais elle s'apaisa vite et ainsi, jouissant de la faveur royale,
le duc se mit à construire cet hôtel dans le faubourg Saint-
Honoré. Il devint le rendez-vous des personnages illustres
qui avaient de hautes charges à la cour. Charost fut nommé
chef du Conseil Royal des Finances et Ministre du Conseil
d'État, fonctions qu'il conserva jusqu'à sa mort en 1747.
Une description de l'hôtel, déposée plus tard au cours du
siècle aux Archives de la Seine, nous dit que « l'entrée de

cet hôtel, situé entre ceux de Poyanne et d'Esclignac, est indiquée par une voûte ornée de pilastres surmontés de trophées en relief et par une corniche arrondie contenant une plaque de marbre noir sur laquelle on avait inscrit, en grosses lettres : « Hôtel de Charost », avec la devise de la famille supportée par deux guerriers armés de massues. D'un côté de la cour il y avait les écuries, indiquées par deux têtes de chevaux sculptées ; de l'autre côté, les cuisines et les offices ornées d'une tête de sanglier. La maison comprenait deux étages en plus du rez-de-chaussée et un toit mansardé avec double portique ionique. Au premier étage, il y avait cinq grands appartements communiquant entre eux. Le jardin, d'une étendue d'environ deux acres, contenait une large pelouse bordée de quatre-vingt-dix-neuf tilleuls, et deux allées conduisaient à une porte donnant sur les Champs-Élysées. » A différentes périodes, la maison et le jardin ont subi diverses modifications et améliorations.

Le seul incident qui ait été enregistré dans l'histoire de l'hôtel de Charost avant la venue de Pauline est assez curieux : en 1785 il avait été loué par le duc, qui avait une autre habitation à Paris, au riche comte de La Marck, prince d'Arenberg, et c'est là que, deux ans plus tard, eut lieu une entrevue capitale entre Mirabeau et l'ambassadeur d'Autriche Mercy-Argenteau, partisan de la reine Marie-Antoinette, à la suite de laquelle le grand tribun se détacha des Jacobins et passa au parti de la Cour. « A l'heure dite, rapporte le comte de Pimodan, Mercy-Argenteau arriva dans sa voiture par l'entrée principale de la rue du Faubourg-Saint-Honoré pendant que Mirabeau se glissait, sans être vu des domestiques, par la porte du jardin qui s'étend jusqu'aux Champs-Élysées, porte dont Mirabeau avait la clef. De cette manière, il put atteindre la chambre de La Marck sans être remarqué. Avant que cette conférence se terminât, il fut convenu que Mercy-Argenteau se rendrait le lendemain auprès de Marie-Antoinette aux Tuileries, et réglerait les conditions auxquelles Mirabeau serait employé au service du roi. Il semble que ce soit là le premier cas de négociations diplomatiques dans l'histoire de cette maison, qui, sous le premier Empire, était destinée à tant de célébrité pour des intrigues d'un genre plus tendre.

Le 14 avril 1803, une jeune et belle veuve, accompagnée de sa femme de chambre et de deux messieurs, dont l'un était un avoué du nom de Michelot, entra dans la cour de l'hôtel de Charost et pénétra dans la maison. Elle négociait depuis quelque temps avec la propriétaire, qui était la veuve du troisième et dernier duc de Charost. Les négociations avaient abouti et elle venait maintenant prendre officiellement possession de sa nouvelle propriété. La nouvelle venue, sœur du Premier Consul et veuve du général Leclerc, était déjà une grande dame et, impatiente de la tutelle de son frère Joseph dans l'hôtel Marbœuf adjacent, elle tenait à avoir une maison à elle.

La princesse Marie-Paulette Bonaparte, veuve Leclerc, était née à Ajaccio le 20 septembre 1780 ; elle était donc à ce moment-là dans toute la splendeur de ses vingt-trois printemps. Et de jour en jour sa situation devint plus brillante. L'année suivante son frère était empereur et lui octroyait une annuité de 240.000 francs. On lui avait déjà trouvé un mari digne d'elle dans la personne du prince italien Camille Borghèse, qui avait été nommé officier dans l'armée française. Les magnifiques perspectives d'avenir de Marie-Paulette justifiaient donc sa nouvelle entreprise. En empruntant 100.000 francs à son frère Joseph et en se faisant verser 240.000 francs par sa sœur Élisa sur la garantie d'une hypothèque, elle put donner satisfaction aux hommes d'affaires. Le contrat seul lui coûta 20.000 francs et elle dut dépenser immédiatement 30.000 francs pour les réparations nécessaires et le mobilier, somme qui, dans la suite, fut multipliée par dix ; car Paulette était par nature éprise de luxe et elle adorait les belles et élégantes installations.

Peu de temps après son mariage, le prince Camille s'aperçut qu'il n'était qu'un épisode dans la vie de sa belle et séduisante femme. Heureusement pour la tranquillité de son esprit, il était en service actif auprès de son impérial beau-frère, et généralement absent de Paris. En 1806, la princesse changea son nom en celui de Pauline, qu'elle trouvait « plus distingué », de même que l'une de ses sœurs, Annonciade, était devenue Caroline et qu'une autre, Marianne, avait pris le nom d'Élisa (1).

Pauline fit ses débuts dans son nouveau personnage d'Altesse Impériale par une série de magnifiques réceptions données à l'hôtel Borghèse. Les hôtes remarquèrent que la maison était meublée d'une façon exquise dans le style connu dans la suite sous le nom de style Empire. Au rez-de-chaussée, il y avait trois antichambres, une grande salle à manger éclairée par deux lustres de seize bougies chacun, placées sur des têtes de zéphyrs dorés ; il y avait aussi le salon jaune, le salon d'honneur, en velours cramoisi, et la grande chambre à coucher en satin bleu clair, adjacente à un boudoir en violet. Au premier étage il y avait d'autres salons, écarlate, vert et bleu, ainsi que de petits appartements. La princesse était une maîtresse de maison très vigilante, et presque aussi dure pour ses domestiques que son impérial frère. La plus légère inattention ou la moindre faute d'étiquette leur attirait de sévères remontrances. Le portier, Grange, qui négligea un jour de fermer les portes après le passage d'une voiture, fut menacé de renvoi. Il pouvait y avoir quelques petites dérogations aux règles habituelles dans le salon bleu ou le salon jaune, mais il ne semble pas qu'il y ait eu aucune défaillance de goût au rez-de-chaussée de l'hôtel Borghèse.

Le prince de Clary raconte, dans ses *Mémoires*, qu'en juillet 1810, il alla visiter l'hôtel et la galerie de la princesse Borghèse. « L'hôtel est charmant, écrit-il, et surtout une certaine salle de bains (2). La princesse couche ordinairement dans un petit lit orné de mousseline à broderie rose et surmonté de plumes que je jugeai de mauvais goût.

---

1. « Aujourd'hui, dit M. Paul Jarry, on ferait le changement contraire ! » (*Bulletin de la Société historique*, 1920).

1. C'est là que Pauline prenait ses fameux bains de lait ; on lui en livrait vingt litres par jour à cet effet.

Il est si bas et si petit qu'il a l'air d'un lit de poupée... La galerie des tableaux adjacente à la maison, éclairée d'en haut comme celle de la Malmaison, est une pièce charmante, remplie de très beaux tableaux. »

Au temps du duc de Charost, on avait installé une chapelle dans l'hôtel ; Pauline la convertit en salle de billard. On peut citer les instructions de la princesse sur la façon dont cette pièce devait être meublée : « Vous prendrez six chaises dans le salon jaune, ainsi que deux fauteuils et deux sofas. Les murs doivent être couverts de papier jaune et argent ; il n'y aura pas de tableaux, mais beaucoup de glaces dont l'une pourra coûter 1.700 francs. » De même, les rideaux devaient être de certaines dimensions et d'une certaine étoffe. Ils devaient être suspendus à des bâtons terminés par des ornements dorés ; même le prix et le style de la table de billard (2.200 francs) sont indiqués. Ces instructions de détail et beaucoup d'autres du même genre furent envoyées à sa gouvernante ou lectrice, la fidèle Jenny, Mlle Millo, qui dans la suite épousa M. de Salucès. Elle remplit plusieurs autres pièces de meubles exquis signés de Jacob, de bronzes de Ledure, Demère, Feuchère et Ravris. C'est dans cette magnifique maison, ou dans son jardin tout embaumé par les lilas et les roses que Pauline recevait ses amants et ses amis. Nous savons que le ton de la conversation était réglé par le costume qu'elle portait. Quand elle était en négligé, la conversation prenait parfois un tour très libre. Elle avait un costume « pour le sofa », composé d'un bonnet de dentelle genre anglais, avec des bouquets de rubans roses, et d'une robe de chambre en mousseline indienne avec broderies à jour bordées de rose. Mais souvent sa tenue était extrêmement libre, car Pauline était très fière de ses charmes, et elle posait entièrement déshabillée devant les peintres et les sculpteurs, allant et venant dans sa chambre, en présence de ses intimes « avec autant d'aisance et d'assurance que si elle avait été habillée ». Quant au prince Camille, il la débarrassait de sa présence aussi souvent que possible et la laissait se consoler dans les bras de magnifiques galants comme Canouville, dont on dit que sa passion était telle qu'il se fit un jour arracher une dent saine par le dentiste de la cour pour démontrer à sa maîtresse que l'opération était sans douleur. Mais il n'y a pas lieu de parler longuement ici des amants de Pauline. Le chancelier de Louis XVIII, Pasquier, a dit un jour : « Il n'y a peut-être pas eu de femme, depuis l'époque de l'empereur Claude, qui l'ait dépassée dans l'usage qu'elle a fait de ses charmes. »

Un jour, l'empereur intervint et, scandalisé par la conduite de sa sœur, il donna à Canouville l'ordre de rejoindre son régiment à Dantzig. Lorsque, après un combat, son corps ensanglanté fut enlevé du champ de bataille, M. de Salucès, le mari de la lectrice de la princesse Pauline, signala à l'intendant David, que M. de Canouville portait sur sa poitrine une miniature « qui était d'une ressemblance si frappante qu'elle aurait trahi et compromis l'original ». Il en prit donc immédiatement possession et la détruisit.

Alors qu'elle était absente de Paris, le 17 septembre 1812, Pauline écrivit à sa gouvernante : « Vous enfermerez tout le beau linge dans une armoire et vous enlèverez la clef. Si le prince Borghèse vient, vous pourrez lui dire que je l'ai emportée. » Elle écrivait encore : « Ayez soin de recouvrir le salon vert et de fermer la salle de billard. Je n'entends pas que le séjour du prince entraîne pour moi la moindre dépense. Il m'a montré si peu de tendresse que je ne tiens pas à faire quoi que ce soit pour lui. »

Pauline reconnut plus tard que Camille ne méritait pas ce reproche.

Elle s'était fait faire, pour 8.000 francs, un coffret spécial, où elle mettait tous ses bijoux et objets de valeur, qu'elle gardait toujours dans sa chambre à coucher et qu'on enlevait seulement quand son mari venait habiter l'appartement qui lui était assigné au premier étage. Dans ces circonstances-là Pauline couchait en bas, et elle se plaignait que le bruit que faisait le malheureux prince en marchant au-dessus de sa tête eût un effet désastreux sur ses nerfs.

Les années passèrent et l'Empire arriva à sa fin. Quand

les Alliés entrèrent dans Paris, la princesse était très loin. Elle avait besoin d'argent. Sans doute, par le traité de Fontainebleau, qui envoya son illustre frère en exil à l'île d'Elbe, Pauline reçut la promesse d'une pension de 300.000 francs. Mais ce n'était pas suffisant et elle chargea en conséquence ses représentants à Paris de trouver un locataire pour l'hôtel, qui, le 15 avril 1814, avait été réservé, par ordre du roi, comme logement temporaire pour l'empereur d'Autriche. Chose pénible à dire, ce monarque signala son bref passage dans la maison par une réflexion que l'on ne doit jamais faire à la légère à propos d'une dame. Fouché lui-même s'en montra choqué.

A la chute de l'Empire, la princesse se retira à Rome et dans la suite, avec sa mère, à l'île d'Elbe. Pendant les Cent-Jours, elle envoya ses bijoux à Napoléon : ils furent découverts, après la bataille de Waterloo, dans la voiture de l'empereur : les Alliés s'en chargèrent, mais on ne sait pas ce qu'ils sont devenus. L'exil et la mort de son frère auraient, dit-on, aggravé une maladie dont Pauline souffrait depuis longtemps, et elle mourut à Florence le 9 juin 1825 dans les bras du prince Borghèse, avec qui l'adversité l'avait réconciliée.

CHAPITRE II

LE DUC DE WELLINGTON, AMBASSADEUR

Avec l'abdication de Napoléon et la restauration des Bourbons, la carrière militaire active du duc de Wellington paraissait terminée. Les relations diplomatiques entre l'Angleterre et la France (qui avaient été suspendues pendant une génération, à part la brève installation de lord Whitworth et la mission avortée de lord Lauderdale en 1806), allaient être reprises. Tant pour Castlereagh que pour le prince régent et la nation britannique tout entière il ne pouvait y avoir, auprès de la cour restaurée des Tuileries, d'ambassadeur plus représentatif que Wellington lui-même. La seule question qui se posât était de savoir s'il accepterait le poste. Au grand soulagement et, à vrai dire, à la surprise de quelques-uns de ses amis et admirateurs, il s'empressa d'accepter. Il n'avait en somme que quarante-cinq ans et il s'effrayait à l'idée de rester inactif pendant une longue période de paix. Il considérait son adversaire, le Corse, comme fini et réglé. Et il se voyait avec complaisance le représentant de son souverain dans la capitale française, jouant un rôle de premier plan comme arbitre des destinées de l'Europe. Le duc se croyait un diplomate-né, de même que dans la suite il se crut un grand homme d'État, alors que tous ses amis avaient abandonné cette illusion ; en tout cas, il n'ignorait pas l'influence qu'il aurait sur Louis XVIII et sur la cour de la Restauration.

La première chose à faire, à son avis, était d'assurer à l'ambassade une installation convenable. Le duc y regardait toujours d'assez près dans ces questions. Il attacha toujours l'importance qu'il fallait à l'apparat et à la représentation extérieure, bien qu'il fût assez pratique et très économe des fonds publics. Avec sa promptitude habituelle, peu de temps après son arrivée à Paris en mai 1814, il se mit à chercher un logement digne de l'ambassade.

C'est à ce moment-là qu'un riche Anglais, du nom de Quintin Craufurd, qui résidait depuis longtemps à Paris, apparut sur la scène et offrit ses services. Ce Craufurd était un personnage très connu et il figure en bonne place dans tous les mémoires du temps.

Trente-cinq années s'étaient écoulées depuis qu'il avait fait fortune au service de la Compagnie des Indes Orientales et qu'il était revenu dépenser son argent à Paris. Il y avait amené sa femme, une ancienne danseuse, dont il avait adopté les deux enfants qu'elle avait eus du duc de Wurtemberg. Les Craufurd ne quittèrent Paris que pendant la Révolution. Jouissant de l'amitié de Talleyrand et de la protection de l'empereur, le couple s'installa dans un nouvel hôtel, rue d'Anjou-Saint-Honoré, tint table ouverte et fut reçu dans la meilleure société de la capitale. Quand les Anglais arrivèrent en 1814, ils furent accueillis par un dilettante opulent, d'un certain âge, qui était peut-être le plus notable de leurs compatriotes résidant à Paris. Aux Tuileries, M. et Mme Craufurd furent reçus avec une faveur particulière à cause de l'aide qu'ils avaient donnée au malheureux Louis XVI et à la reine Marie-Antoinette, en 1791-1792, et à leurs dîners on voyait des potentats et des princes étrangers comme le duc de Kent, le duc de Wellington, lord Holland, Henry Brougham et beaucoup d'autres personnages de marque nouvellement arrivés. Quelqu'un de l'entourage du duc ayant dit à Craufurd que son chef avait besoin d'un hôtel convenable, Craufurd se chargea immédiatement d'en trouver un.

Il y avait plusieurs hôtels dans son voisinage, faubourg Saint-Honoré, mais aucun, de l'avis de Craufurd, ne faisait

aussi bien l'affaire que l'hôtel Borghèse. Il pensa que la
princesse Pauline serait heureuse de le vendre. Il s'informa
et apprit que Michelot, son représentant, demandait
850.000 francs pour l'hôtel et son contenu. Le duc trouva
la somme trop forte et la demeure trop vaste. En outre, la
princesse Pauline voulait que le tout fût payé comptant.
Elle déclara qu'elle n'entendait pas faire crédit — même
au gouvernement britannique. Les négociations promet-
taient de traîner en longueur. Après avoir visité un certain
nombre d'autres maisons dont l'hôtel de Noailles, le duc
partit pour Londres, laissant la question d'un logement
pour l'ambassade entre les mains de son principal collègue
diplomatique, sir Charles Stuart.

Stuart, ancien ambassadeur à La Haye, avait été chargé
par le gouvernement britannique de se rendre à Paris et
d'aider le duc dans l'organisation de son ambassade. Nous
aurons à parler de lui longuement dans la suite. Quand
Wellington partit pour Londres, en juin, pour conférer
avec son chef, lord Castlereagh, au Foreign Office, Stuart,
qui s'était tout d'abord installé dans de somptueux appartements personnels, resta comme ministre plénipotentiaire
ad interim. Le duc lui écrivit au début de juillet :

CHER AMI,

La maison du prince Borghèse est si considérable que, malgré
mon désir de l'avoir parce que je la considère comme la seule, de
celles que j'ai vues, qui réponde parfaitement à nos besoins, je me
sens peu enclin à demander au Gouvernement de l'acheter. Je dois
donc cesser d'y penser. Je crains de trouver très incommode la
situation de l'hôtel de Noailles, avec son entrée par derrière. C'est
certainement, à d'autres égards, le plus intéressant que j'aie vu,
après celui du prince Borghèse. Dans tous les autres, les pièces
m'ont paru petites pour les grandes réceptions que je serai, sans
doute, obligé de donner; et je ne sais trop que décider. Dans ces
conditions, je vous laisse le soin de régler l'affaire.

Je me propose, si possible, d'être à Paris à la fin de ce mois et si
vous n'avez pas trouvé de maison pour moi avant mon arrivée,
j'irai chez vous jusqu'à ce que j'en trouve une qui réponde à mes
besoins.

Plusieurs semaines s'écoulèrent avant que Stuart réussît
à régler les choses avec les représentants de la princesse
Pauline; mais quand le duc arriva avec ses lettres de

créance, le 22 août, il alla tout droit à la rue du Faubourg-Saint-Honoré d'où il écrivit, une semaine plus tard (¹), au secrétaire du Foreign Office :

A mon arrivée ici, j'ai constaté que Sir Charles Stuart avait amené les représentants de la princesse Borghèse au prix le plus bas qu'ils pussent accepter et, décidé à l'achat après ce qui s'était passé à ce sujet à Londres, je suis venu dans sa maison.

Le prix convenu est de 800.000 francs pour la maison et le mobilier complet, plus 63.000 francs pour les écuries, qui sont une affaire à part et exigent quelques réparations. Le tout reviendra environ à 870.000 francs; et si l'on considère les proportions et la situation de la maison, le nombre de personnes qu'elle pourra loger et la façon dont elle est meublée, cet achat est une affaire excellente.

Je n'ai pas réglé la question de savoir en combien d'acomptes les paiements devront être faits; mais je crois que nous pourrons les avoir aussi nombreux que nous voudrons et j'en établirai le nombre aussi grand que possible.

J'ai un inventaire du mobilier que je me propose de faire vérifier par l'un des attachés de l'ambassade et d'adresser à l'Office. Je présume que le gouvernement tiendrait à ce qu'aucune addition ne fût faite au mobilier, ni aucune modification à la maison, sans l'autorisation positive du secrétaire d'État, ni aucune réparation sans qu'un devis fût soumis au secrétaire d'État aussitôt que possible.

J'aurais volontiers payé 2.000 livres ou 48.999 francs par an pour cette maison, si j'avais pu la louer, et je ne m'oppose pas à ce qu'on déduise cette somme de mes appointements.

Quinze jours plus tard (12 septembre) le duc, renseigné de nouveau sur les besoins d'argent immédiats de Pauline, écrivait encore :

Nous n'avons pas encore conclu l'achat de la maison, car il y a quelques difficultés de la part des représentants de la princesse au sujet des échéances. Mais je n'ai pas l'intention de céder sur ce point.

Je vous serais très obligé de me faire savoir sur qui je dois tirer pour l'argent de l'achat.

Dans la suite, tout fut réglé à la satisfaction des deux parties.

Entre temps, le duc avait déjà présenté ses lettres de créance aux Tuileries et fait ses débuts dans le rôle d'ambassadeur (24 août).

---

1. 29 août 1814.

Depuis longtemps déjà il y avait en Angleterre une agitation tendant à l'abolition de la traite des noirs. Des hommes comme Clarkson, Wilberforce, Zachary Macaulay, avaient persuadé le Parlement de faire une loi. Mais nulle mesure tendant à restreindre ce trafic ne pouvait avoir d'effet si elle était prise par l'Angleterre toute seule, et l'un des premiers espoirs des « abolitionnistes » était qu'après le remplacement de Bonaparte par un prince de Bourbon, qu'un long séjour en Angleterre avait rendu sympathique à l'idéal humanitaire de ce pays, un traité entre les deux pays pourrait être signé immédiatement (1).

On savait que le duc lui-même était extrêmement favorable aux « abolitionnistes », et il était persuadé qu'il pourrait convaincre le roi Louis. Mais sa première entrevue lui ouvrit les yeux sur les difficultés de la situation. Le lendemain (25 août), il envoya à Castlereagh sa première dépêche officielle de l'ambassade :

D'après ce que j'apprends ici, j'ai toutes raisons de croire que l'opinion du corps législatif et particulièrement de la Chambre des Pairs est tout à fait hostile à l'abolition de la traite des noirs, et qu'avec l'aide de capitaux britanniques on est en train d'armer plusieurs navires à Nantes et à Bordeaux pour faire la traite sur la côte d'Afrique.

Louis XVIII avait dit franchement à l'ambassadeur « qu'il devait tenir compte de l'opinion et des désirs de son peuple ». L'opinion n'était nullement la même en France qu'en Angleterre sur ce sujet. De nombreuses années s'étaient écoulées et beaucoup de discussions avaient eu lieu, de grands efforts avaient été déployés par de nombreux individus et sociétés avant que l'opinion britannique eût été amenée à cette unanimité sur la question. On ne pouvait donc raisonnablement s'attendre à ce que la France fût mûre pour une pareille réforme.

Tout cela était parfaitement exact mais n'expliquait pas cette forte opposition à la mesure en question. Ainsi que le

---

1. Wellington écrivait (20 juillet) à son frère Henry (plus tard lord Cowley) de Londres : « Je ne puis vous décrire toute l'agitation qu'il y a ici au sujet de la traite des noirs. »

duc l'écrivait quelques jours plus tard (31 août) à J.-C. Villiers :

La vérité est qu'en général on ne sait rien en France et que, par suite, il n'y a pas d'opinion générale sur la traite des noirs. Ceux qui savent quelque chose sont les propriétaires de terrains dans les Indes Occidentales, les trafiquants, les armateurs ou les politiciens qui font du commerce ; et l'opinion de tous ceux-ci est nettement en faveur de la continuation du trafic ; les efforts de la Grande-Bretagne pour y mettre fin sont attribués à la jalousie commerciale et au désir de garder entre nos mains le monopole des produits coloniaux.

Déjà l'ardent Clarkson et l'humanitaire Macaulay étaient venus à Paris et s'étaient présentés à l'ambassade, armés de documents et de pétitions. On raconta en Angleterre que Clarkson aurait dit que, suivant le duc, « la vanité nationale était au fond de l'opposition », phrase contre laquelle protesta l'ambassadeur de France à Londres.

Je n'ai pas dit à M. Clarkson que ce fût une question de vanité nationale, écrivait le duc à lord Liverpool (12 septembre). C'est une question de profit ; et ceux qui sont intéressés à la continuation du trafic, qui sont les seuls à avoir quelque information sur le sujet, à quelques exceptions près, agissent sur la vanité nationale en disant que c'est là non seulement une question purement anglaise, mais une question de profit et de monopole anglais.

De l'avis du duc, l'argent « pourrait faire beaucoup auprès de cette catégorie de personnes, certainement plus que l'île de la Trinité », dont on avait suggéré la cession. Il doutait qu'il fût sage de proposer une concession territoriale quelconque, à moins que le gouvernement britannique ne fût absolument sûr qu'elle serait acceptée.

La surprise et la déception furent générales en Angleterre quand on sut que le puissant duc de Wellington n'avait pas enlevé du premier coup l'abolition de la traite des noirs. Les journaux étaient remplis d'articles qui n'avaient rien de flatteur ni pour les Français ni pour le duc et qui invitaient l'ambassadeur de Grande-Bretagne à insister pour une action immédiate.

Le duc écrivait à Wilberforce, qui avait une vision plus nette des difficultés de la situation (8 octobre) :

Vous jugez très exactement l'état de l'opinion publique, ici, sur cette question. Non seulement on n'est pas renseigné, mais, parce que l'Angleterre s'intéresse à la question, il est impossible de renseigner le public par la seule voie qui serait pratique, c'est-à-dire la presse quotidienne. Personne ne lit quoi que ce soit en dehors des journaux; mais il est impossible de faire insérer quoi que ce soit dans un journal français à Paris en faveur de l'abolition, ou même de montrer que la traite a été abolie en Angleterre pour des raisons d'humanité. Les extraits que l'on fait des journaux anglais sur telle ou telle question sont choisis en vue soit de tourner en ridicule nos principes et notre conduite, soit d'exaspérer encore plus contre nous les habitants de ce pays, et, par suite, on ne peut remédier au mal par de bons articles publiés dans la presse quotidienne en Angleterre, dans l'espoir qu'ils seront reproduits dans les journaux d'ici.

Je vous joins un journal publié ici aujourd'hui, pour vous montrer quel est l'esprit des journaux et de l'opinion publique de ce pays à notre sujet et en ce qui concerne les buts de notre politique; et je pourrais vous envoyer d'autres exemples du même genre, même d'aujourd'hui (¹).

Déjà l'œil du duc notait des signes d'inquiétude dans l'air.

Bien que la ville de Paris continue à être parfaitement tranquille, écrivait-il à Castlereagh (23 octobre), il y a beaucoup d'incertitude et de malaise dans l'esprit de presque tous ses habitants.

On soupçonnait généralement le roi de vouloir gouverner sans Parlement. On manquait d'expérience dans le régime constitutionnel, et il était difficile de régler les affaires dans ces conditions. Tout ce que le nouvel ambassadeur de Grande-Bretagne pouvait proposer, paraissait destiné à être « enterré ».

En ce qui concerne les retards apportés aux négociations relatives à la traite des noirs, on pouvait les attribuer en partie à la longue maladie et à la mort de M. Malouet, ministre de la Marine, dont le département avait été chargé de la question. D'autre part, « l'opinion de ce peuple changeant paraissait avoir été considérablement affectée » par un rapport qu'avait envoyé le général Desfourneaux sur l'esclavage à Saint-Domingue. Le roi ordonna une enquête qui entraîna un nouveau retard.

---

1. Dépêches, Wellington à Wilberforce, M. P. (8 octobre 1814). On peut remarquer avec tristesse que les termes du paragraphe final ont été répétés par tous les ambassadeurs britanniques à Paris pendant plus d'un siècle.

Cependant, le 4 novembre, le duc pouvait écrire à Wilberforce :

Nous avons amené la question de l'abolition à peu près à l'état où elle se trouvait avant la conclusion de la paix avec la France avec cet avantage additionnel que la France s'est engagée à abolir complètement la traite des noirs en cinq ans. Nous ne devons pas nous relâcher dans nos efforts pour faire plus encore, mais il est vraiment nécessaire de laisser ces intérêts, comme d'autres, entre les mains de ceux qui ont pour fonction de les surveiller.

Je n'ai pas eu lieu de me plaindre des journaux (anglais) ces derniers temps, au sujet de la traite des noirs, et j'espère qu'ils continueront à ne pas en parler pendant quelque temps encore.

Entre temps, à partir du moment où la nouvelle ambassade avait ouvert ses portes, elle avait été assiégée par une foule de gens de toutes catégories, depuis les aristocrates britanniques, leurs femmes et leurs filles, qui après une longue période d'exclusion avaient franchi la Manche pour mettre de nouveau le pied dans Paris, jusqu'aux hommes d'affaires, commerçants, auteurs, artistes et simples aventuriers.

Rappelons-nous, observe M. Boutet de Monvel, que, sauf pendant quelques mois après la paix d'Amiens, les Anglais (à part les prisonniers de guerre) n'avaient pas eu, depuis 1792, la moindre occasion de pénétrer en France. Toutes ces parties de la Normandie et de la Picardie qui leur étaient si familières ; tous ces ports de mer, Dieppe, Calais et Boulogne, où ils avaient coutume de se réunir, leur avaient été fermés brusquement et pour une longue période ; et par-dessus tout, ils regrettaient Paris, la ville qu'ils préféraient à toutes les autres sur le Continent, et d'où, depuis des temps immémoriaux, ils étaient partis pour le Grand Tour. Pire encore, le Grand Tour lui-même était devenu impossible. Par le Blocus continental, ce n'était pas seulement de la France, mais de la plus grande partie de l'Europe que Napoléon avait décrété leur exclusion, de sorte que la plus voyageuse et la plus entreprenante de toutes les nations de l'Europe se vit, — comme une prisonnière — reléguée pendant vingt-deux ans dans son île ([1]).

Était-il donc surprenant qu'une fois l'embargo levé et les Bourbons revenus sur le trône, il y eût une ruée générale sur Paris.

Après avoir voyagé dans toute l'Europe, depuis Naples jusqu'à Stockholm, écrivait Henry Brougham à Creevy en novembre 1814,

____

1. *Les Anglais à Paris.*

je déclare que rien ne peut égaler Paris pour les distractions de
toute nature. Vous pouvez m'en croire, c'est là qu'il faut vivre !

Brougham trouva dans la capitale son célèbre compatriote Mackintosh, des voyageurs comme Bruce et Rich,
la fameuse Mme Siddons, et toute une constellation de lords
et de ladies, conduite par le duc et la duchesse de Rutland,
qui tous assistaient aux soirées, réceptions et banquets que
le duc donnait à l'ambassade. Parmi les autres, beaucoup
étaient à Paris pour affaires relatives à des réclamations
commerciales ou autres, pour lesquelles ils demandaient
l'avis ou l'intervention de l'ambassade. Un avoué anglais,
qui s'occupait de la restitution des biens des collèges anglais
et écossais, découvrit ce qu'étaient devenus les papiers
longtemps recherchés du roi exilé Jacques II, que leur pos-
sesseur d'alors était prêt à livrer au gouvernement britannique pour un prix que le duc rejeta comme excessif. Un
autre se présentait avec des titres à une propriété qui
depuis une génération était supposée appartenir à un
Français, fils d'un noble guillotiné.

Il fallait renouer tous les fils coupés dans la haute société,
dans le monde judiciaire et commercial ; et le personnel de
la rue du Faubourg-Saint-Honoré s'aperçut très vite qu'il
n'avait point une sinécure.

Parmi les Anglais présents à Paris cet automne-là, il y
avait lord et lady Hardwicke et leur fille, lady Élisabeth
Yorke, intelligente et très agréable jeune fille de vingt ans.
Celle-ci, qui ignorait complètement ce que la destinée lui
réservait dans un avenir très proche, ouvrait les yeux et
profitait le plus possible de toutes les occasions pour voir
ce qui se passait — et pour noter les principales personnalités du moment. C'est ainsi qu'elle écrit à une tante :

La duchesse de Wellington est arrivée et va résider ici. Malheureusement, son extérieur ne répond pas à l'idée qu'on se fait d'une
ambassadrice ou de la femme d'un héros, mais elle réussit parfaitement dans son rôle et fait tout ce qu'il faut pour rendre agréables
sa personne et ses réceptions. Hier soir, nous y avons eu un bal
charmant, donné sur le modèle de tous ceux que j'ai vus ici — vio-
lons et limonade — mais pas de véritable souper, et cela vaut
mieux que notre coutume de Londres, qui empêche les gens

d'égayer leurs réunions par un bal à cause des mets et des vins qui sont de rigueur et qui entraînent de grands frais. Comme je ne danse ni la valse ni le quadrille, j'ai d'autant mieux le temps de regarder et de contempler les lions. Je ne connaissais pas Soult; lui et plusieurs autres maréchaux qui se trouvaient là ne peuvent pas ne pas en vouloir sérieusement à lord Wellington et leurs visages ne sont pas précisément pleins de douceur. Berthier (prince de Wagram), qui était le bras droit de Bonaparte, détient les principales fonctions auprès du roi ([1]).

Il paraît qu'à l'arrivée de la duchesse de Wellington on invita beaucoup de monde aux Tuileries, en son honneur.

On rechercha tous les précédents pour savoir ce qu'il fallait faire, et je ne crois pas qu'on ait été particulièrement bien inspiré de s'en tenir aux vieilles règles de l'étiquette et de décider que les invités viendraient et s'en iraient sans que personne de la famille royale daignât se montrer. On croit plus sage de rendre toute approche aussi difficile que possible.

J'espère, écrit lady Elisabeth dans la même lettre (28 octobre 1814), que les Bourbons sont solidement installés; bien que, j'en suis sûre, pas mal de boudeurs regrettent intérieurement Bonaparte, qui a fait d'eux des personnages, et qu'il faille s'attendre à de nombreuses jalousies et divisions entre l'ancienne noblesse et la nouvelle, et entre les émigrés qui ont récupéré certains de leurs biens et ceux qui ont été moins heureux. Nous avons été souvent à des soirées, mais il y avait rarement assez de Français pour qu'on pût juger de leur société; quand les Anglais se réunissent, ils se promènent et bavardent longuement et font exactement ce qu'ils veulent; mais s'il est vrai que la vivacité ait pu caractériser autrefois les manières françaises, je suis toute surprise de constater qu'elles sont pleines de raideur.

C'est à l'une de ces réceptions que lady Elisabeth fit la connaissance de sir Charles Stuart, le bras droit de l'ambassadeur, qui un peu plus d'un an après devait être son mari.

Stuart est une figure assez énigmatique de la diplomatie du dix-neuvième siècle. Il était le fils d'un des compagnons d'armes de Wellington, le général Stuart, et le petit-fils du comte de Bute, premier ministre de George III. Il avait été formé pour la carrière diplomatique. Sa mère était la fille et co-héritière de lord Vere Bertie, fils du premier duc d'Ancaster. Sa personne n'avait rien d'imposant, mais il était intelligent et avait des manières agréables. En 1797,

---

1. HARE, *Histoire de deux nobles vies.*

alors qu'il n'avait que dix-huit ans, il fut envoyé à Weimar, d'où, après un séjour de quelques mois, il écrivait à son père:

Je me suis procuré une grammaire portugaise depuis que je suis ici, et, avec quelques difficultés, je me suis appris à lire. Si vous trouvez les œuvres de Camoëns, Barres, Lobo, Andrade, ou de tout autre bon historien, je vous prie de me les envoyer; pour moi, apprendre une langue étrangère est un amusement et je le considère comme tel; je ne dépense pas à cela une seule des heures qui doivent être consacrées aux études sérieuses.

Cela paraît un peu pédant, mais Stuart n'était pas un pédant.

Dans l'ensemble, pendant mon séjour à Weimar, j'ai été déçu par les savants que j'ai rencontrés; vraiment pour beaucoup d'entre eux, je ne puis m'empêcher de m'étonner qu'ils aient atteint une si grande réputation. Il est vrai que leurs ouvrages sont intelligents; mais je constate que peu d'entre eux, à l'exception de Wieland et de Herder, agissent conformément à ce qu'ils écrivent; tel ou tel établit dans ses écrits des principes de la plus rigoureuse moralité alors qu'il mène une existence de débauché et emploie son génie à écrire de sales petits libelles contre d'autres savants. On constate un pédantisme si ennuyeux dans leur conversation qu'il ne vaut guère la peine de faire leur connaissance (¹).

Et plus loin :

Ma plus grande ambition est de devenir un homme bon et honorable et d'être utile à la société et à mon pays.

S'il y a eu, dans la suite, quelques dérogations à ce haut idéal, il faut les attribuer à la faiblesse marquée de Stuart pour le beau sexe — faiblesse probablement acquise au cours de son séjour dans certaines capitales de l'Europe pendant une période particulièrement fiévreuse de l'histoire du monde. En 1801, l'année de la mort de son père, Stuart avait été nommé secrétaire d'ambassade à Vienne et, après diverses expériences diplomatiques ailleurs, il se trouva en 1814 ambassadeur à La Haye. Henry Brougham, qui refit connaissance avec lui dans cette ville, écrit à son sujet à Creevy dans les termes suivants :

C. Stuart fera tout son possible pour vous être utile... C'est un homme aimable, avec quelques préjugés, peu préoccupé de politique, et de beaucoup de bon sens. Aucun de ses préjugés (qui après

1. Mrs. STUART WORTLEY, *Un premier ministre et son fils.*

tout sont peu de chose ou rien) n'est aristocratique ou désagréable.
Il n'a point de passions violentes ou de sentiments très vifs ; il aime
la tranquillité et s'amuse à sa manière. Il a beaucoup lu et vu plus
encore, et, pour sa situation, il a fait, semble-t-il, plus d'affaires
qu'aucun diplomate ; si vous le croyez fermé ou boutonné, je vous
assure que cela n'a rien à voir avec sa profession. Il est d'une nature parfaitement pondérée. C'est un homme rigoureusement
honorable, sur qui personne n'acquerra jamais la moindre influence ; je suis si dégoûté de voir tous les jours les désastres causés
chez les meilleurs des hommes par l'absence de cette dernière qualité que je commence à en respecter même l'excès, quand je le rencontre. J'ai pensé que vous aimeriez à savoir à quoi vous en tenir
sur votre nouveau ministre, et c'est pourquoi je vous ai tracé ce
rapide croquis (¹).

Hare représente Stuart comme « singulièrement peu distingué d'apparence, mais comme doué de beaucoup de
charme dans les manières, de beaucoup de bon sens et
même de sagacité, bien que susceptible de se manifester
plutôt dans les événements importants que dans les détails
de la vie ».

Stuart avait toujours espéré avoir à un moment donné
la succession de l'ambassade de Paris. En sa qualité de
diplomate de profession, il n'avait pas, naturellement, une
idée très haute des capacités diplomatiques du duc. En
tout cas, il voyait toujours la possibilité que le duc fût
appelé ailleurs ou qu'il cessât de tenir à son poste à Paris,
quand le charme de la nouveauté se serait dissipé. Cependant, Wellington jouissait profondément de Paris. Certains mécontents prétendaient même qu'il en jouissait
trop. L'influence modératrice de la duchesse se faisait à
peine sentir dans le nombre et la variété de ses attentions
pour le beau sexe et ses maîtresses faisaient un peu trop
parler d'elles. Il y avait beaucoup de commérages au sujet
du *genius loci* de l'ambassade.

Avant la fin de 1814 on préparait à Vienne la grande conférence qui devait régler les affaires de l'Europe et précipiter la conclusion de la Sainte Alliance, et le duc de Wellington fut nommé Envoyé britannique par le Prince
Régent. Il se vit donc obligé de quitter l'hôtel Borghèse,

____

1. *The Creevy papers.*

laissant lord Fitzroy Somerset à la tête, de l'ambassade. En ce jour fatal du mois de mars suivant où le courrier apporta à Paris la nouvelle du débarquement de Napoléon à Fréjus (1), ce fut bien sir Charles Stuart qui fut nommé au poste vacant. Mais à ce moment-là, il n'était plus question de diplomatie. Le roi, la Cour et le corps diplomatique partirent immédiatement dans la hâte et la confusion, et la fiévreuse histoire des Cent-Jours commença.

1. Quand il apprit la nouvelle à Vienne, le duc écrivit, sans grande clair-voyance : « Je crois que Bonaparte a agi sur de faux renseignements ou même sans être aucunement renseigné et que le roi (Louis XVIII) se débarrassera de lui sans difficulté. »

CHAPITRE III

AMBASSADE DE SIR CHARLES STUART

———

Pendant les Cent-Jours, l'ambassade de Grande-Bretagne — précédemment hôtel Borghèse — fut abandonnée. Il n'y resta qu'un fidèle portier et sa famille. Personne ne pouvait en prévoir la destinée. Mais, tout au moins, la princesse Pauline avait reçu les ducats promis.

Après la bataille de Waterloo, alors que Napoléon était en fuite et que les Alliés marchaient sur Paris, le portier de l'ambassade reçut l'ordre de mettre la maison en état de recevoir l'ambassadeur de Grande-Bretagne. Mais personne dans la capitale ne savait de façon certaine qui était exactement ambassadeur. Le duc de Wellington, qui était à la tête de ses troupes et avait été nommé commandant en chef des forces alliées, pouvait difficilement continuer à remplir en même temps les fonctions de représentant diplomatique de son souverain.

Il semblait donc que les chances de Charles Stuart fussent sauvegardées. Malheureusement, à son arrivée, le duc montra qu'il ne tenait pas du tout à être chassé de son poste. Après les monarques alliés, il était sans conteste le premier personnage du moment. Il était universellement considéré comme l'illustre représentant de son pays. Le gouvernement britannique sentit qu'il serait peu sage de le remplacer immédiatement.

Une autre circonstance d'ailleurs a pu faire hésiter Castlereagh à confirmer définitivement Stuart dans la succession du duc. Stuart était un célibataire, et un joyeux célibataire. Pendant son séjour à Paris il s'était encore plus fait remarquer que le duc lui-même par ses aventures galantes. Stuart n'était pas un hypocrite et ne faisait rien pour cacher l'intérêt qu'il prenait à plus d'une charmante princesse du ballet.

Mais, — et Castlereagh s'en rendait compte —, ce que l'opinion publique pouvait oublier ou pardonner chez un duc de Wellington, ne devait pas être considéré d'un œil aussi indulgent chez un ambassadeur d'un rang et d'un prestige moindres, alors même que son grand-père avait été premier ministre d'Angleterre. Si donc Stuart tenait réellement à rester à son poste, il fallait qu'il se hâtât de prendre femme. Une ambassadrice de haute naissance, gracieuse et pleine de tact, couvrirait une multitude de peccadilles de son seigneur et maître. Si, en outre, elle avait de la fortune, le succès de Stuart et le sien propre étaient assurés.

Sir Charles Stuart, écrivait l'intelligente et vive lady Granville (née Cavendish) qui était à Paris cet été-là, est dans un état de fièvre qu'il ne peut cacher, par suite de la peur qu'il a de ne pas rester ambassadeur ici; et d'après tout ce que j'entends dire ici, c'est lui le personnage le plus qualifié, parce qu'il est très aimé des Français; il est très jaloux de lord Stewart (1) qui, dit-on, désire également rester.

Elle rencontra Sir Charles à dîner chez lord Castlereagh, à propos de qui elle écrivait :

Nous avons dîné chez lord Castlereagh. Ses manières sont excellentes et bien faites pour plaire; mais j'ai peine à imaginer comment il se tire d'affaire en français. Il a crié au maître d'hôtel : « A présent, Monsieur, servez la dîner » (2).

Le français du ministre britannique des Affaires étrangères pouvait être mauvais, mais il était encore supérieur à celui de certains de ses collègues. Comme on demandait à lord Westmorland, qui était lord du Sceau Privé, quelles étaient ses fonctions, il répondit : « Le chancelier est le

1. Le général, frère de lord Castlereagh.
2. Comtesse DE GRANVILLE, *Lettres* (31 juillet 1815).

grand sceau; moi, je suis le petit sceau d'Angleterre. » Une
autre fois, se voyant obligé de refuser une demande, il
dit : « Je voudrais si je coudrais, mais je ne cannais pas. »

Le capitaine Gronow raconte une autre anecdote au
sujet de ce même pair. Accompagné de Sir Ch. Stuart et
du capitaine il alla aux Tuileries. « A notre arrivée dans la
pièce où se trouvait le roi, nous avons fait cercle autour
de lui, et le roi s'est obligeamment informé de lady Westmorland, d'avec qui le lord était divorcé, et il lui a demandé si elle était à Paris. Le noble lord a pris un air ren-
frogné et a refusé de répondre à la question posée par le
roi. Mais Sa Majesté l'ayant répétée, lord Westmorland
cria : « Je ne sais pas; je ne sais pas; je ne sais pas. »
Louis XVIII se leva et lui dit : « Assez, milord! assez,
milord ! »

Quel qu'ait été le degré exact d'intimité entre le duc et
Stuart, il semble, d'après une anecdote racontée par Creevy,
que le grand soldat se soit parfois laissé surprendre par son
collègue plus jeune. Un jour que, dans une réunion, on
vint à parler d'une manifestation militaire imminente, le
duc « se mit à rire », dit Creevy, et ne parut pas le moins du
monde affecté. « Mais, comme le même soir je faisais remarquer l'indifférence du duc à Sir Ch. Stuart, notre ambassadeur, ce dernier dit, avec sa brusquerie coutumière : « Il
est alors avec vous profondément différent de ce qu'il est
avec moi, car je n'ai jamais vu personne aussi abattu que
lui ce matin, quand il a appris la nouvelle! »

Pendant le mois d'août, nous trouvons cette même lady
Granville (future ambassadrice) écrivant :

Pozzo di Borgo, Metternich, et Sir C. Stuart sont les personnes
avec qui j'aime le mieux causer ici. Sir Charles est comme un bon
guide de la cour ou comme un dictionnaire de la conversation. Il
découvre si bien ce que les autres sont ou seraient que cela doit lui
être utile dans sa situation actuelle.

A l'ambassade, elle rencontra Talleyrand avec « sa sale
figure rusée et sa longue redingote », et Fouché, « un petit
homme maigre, pâle, à l'air malin ». Elle note une remarque
de Mme Juste de Noailles qui, après une contredanse, ren-

contra quelqu'un qui lui demanda comment elle se trouvait :

Aussi bien que l'on peut être, après avoir dansé sur le tombeau de sa patrie.

Et, en vérité, bien que Paris fût alors le théâtre d'une grande activité mondaine, une bonne partie de la noblesse française se tenait à l'écart, dans un sentiment de fierté nationale. La ville était remplie d'officiers et de soldats alliés, ainsi que de civils de toutes nationalités, mais principalement d'Anglais. Naturellement, quand le duc était à Paris, Stuart à l'ambassade était singulièrement rejeté au second plan. La situation de Wellington après Waterloo était délicate, mais personne n'aurait pu le remplacer. Il était obligé d'exercer toute son autorité pour contenir Blücher et ses Prussiens, dont les dispositions à l'égard des Français n'étaient pas précisément amicales. On dit que celui-ci aurait été heureux de raser complètement la ville. Les rixes avec les civils étaient fréquentes.

D'après lord Grantham, en comparaison des Prussiens, les Anglais sont presque aimés à Paris, et les gens du peuple disent que les soldats anglais sont doux comme des demoiselles. Il a souvent vu les soldats anglais se promener par petits groupes et même isolément, acheter des fruits et les marchander avec ces mots bien précieux : « bone, not bone », qui réglaient l'affaire à l'amiable (¹).

Wellington avait également besoin de beaucoup de tact dans ses relations avec le roi et les émigrés revenus. On savait que Talleyrand et Fouché en voulaient tellement à Napoléon que, sans l'intervention du duc, ils auraient poursuivi l'empereur déchu après la bataille et l'auraient arrêté et fusillé avec aussi peu de cérémonie qu'il avait lui-même fait fusiller le duc d'Enghien (²).

---

1. Lady GRANVILLE, *Lettres.*
2. « Le général Nommelin est venu ici aujourd'hui pour négocier le départ de Napoléon pour l'Amérique : j'ai répondu que je n'étais pas qualifié pour examiner cette proposition... Blücher écrit de le tuer; mais je lui ai dit que je ferais une remontrance à ce sujet, et j'insisterai pour que son sort soit réglé d'un commun accord... J'ai dit également que je lui ai conseillé, en ami, de ne pas se mêler d'une aussi vilaine affaire... que si les souverains voulaient le mettre à mort, il leur faudrait nommer un bourreau — qui ne serait pas moi. » (Wellington à Sir Ch. Stuart, 28 juin 1815.)

Entre temps, se rappelant les conseils de Castlereagh, Stuart avait trouvé dans lady Elisabeth Yorke la jeune fille qui répondait exactement à toutes ses conditions. Elle était à vrai dire très jeune et plutôt méfiante, mais elle avait beaucoup de caractère et promettait d'être ce que le plus exigeant des ambassadeurs pouvait désirer. Hare la représente comme « simple d'apparence, mais avec des manières de la plus exquise politesse, avec un charme sans pareil dans la conversation et parlant le français comme une Française ».

Il se hâta donc de demander la main de lady Elisabeth et, avant l'automne, l'annonce du prochain mariage de l'ambassadeur défraya toutes les conversations à Paris.

Vers cette époque, pendant un bal à l'ambassade, les hôtes assemblés eurent une sensation peu banale. La princesse Pauline Borghèse, sœur de Napoléon, ancienne propriétaire de l'hôtel, était à Paris! Elle était à ce bal! elle était à ce moment précis au bras du duc de Wellington! Tout le monde tendit le cou pour tâcher de voir cette fameuse dame, qui, de son côté, ne paraissait pas peu étonnée de faire pareille sensation. Ce n'est qu'au cours de la soirée que l'ambassadeur expliqua que la dame en question était — ou avait été — une Bonaparte par mariage, qu'elle n'était ni plus ni moins que l'ex-miss Patterson, la belle Américaine qu'avait épousée Jérôme Bonaparte, plus tard roi de Westphalie, et dont le mariage avait été annulé par l'Empereur. Le jeune Albert Gallatin, fils du ministre des États-Unis, écrivait ensuite dans son journal :

La conversation de Mme Patterson Bonaparte a été extrêmement brillante à dîner, hier soir. Elle a dit que, se trouvant à Paris immédiatement après les Cent-Jours, elle avait été à un bal à l'ambassade de Grande-Bretagne. Elle remarqua qu'on la regardait beaucoup et que certaines dames lui faisaient la révérence. Elle demanda au duc de Wellington ce que cela voulait dire, et le duc lui expliqua qu'on la prenait pour Pauline Bonaparte, parce qu'elle lui ressemblait d'une manière frappante, et que tout le monde était stupéfait à la pensée que Pauline Borghèse avait osé revenir en France. L'ambassadeur vint lui offrir le bras pour la conduire à table. Cela intrigua d'autant plus tous les autres invités. Elle est terriblement vaniteuse.

Deux jours plus tard (¹), il écrit :

Mon père a eu une audience du roi ce matin. Le roi lui a dit subitement : « J'apprends que Mme Jérôme Bonaparte est chez vous. Je vous prie de lui dire notre regret de ce qu'elle ne vienne pas à notre cour mais nous connaissons ses raisons de ne pas venir ». Quand mon père lui a rapporté ces paroles elle s'en est montrée très heureuse et a dit : « Cette canaille de Corse n'aurait pas été aussi aimable. »

Le 4 février 1816, Stuart se maria et ramena sa jeune et timide épouse dans le nid de Pauline, faubourg Saint-Honoré. Si certains pouvaient douter encore de l'aptitude de la jeune femme au poste important qu'elle était appelée à tenir, ils furent rapidement tranquillisés par le charme et la simplicité de son attitude, dans les circonstances les plus délicates.

La présentation de la nouvelle ambassadrice à la cour de Louis XVIII, le 26 février 1816, fut l'occasion, pour la première fois depuis la Restauration, de ce que l'on appelle en langage de cour, « un traitement ». Une douzaine de dames, la plupart titrées, furent invitées à se trouver à la résidence de la duchesse d'Angoulême (²), à deux heures.

Parmi elles, il y avait la future comtesse de Boigne, dont le père était ambassadeur de France à Londres. Nous devons à sa plume un piquant récit de la cérémonie et du rôle que lady Elisabeth y a joué.

Nous étions tous rassemblés dans le salon de Madame, quand l'huissier est venu informer Mme de Damas que l'ambassadrice arrivait.

Au même moment, Madame, qui avait probablement regardé par sa fenêtre, suivant son habitude, entra par une autre porte, magnifiquement vêtue, en costume de cour comme nous étions toutes. Elle eut à peine le temps de nous saluer et de s'asseoir que Mme de Damas revint avec l'ambassadrice, accompagnée de la dame qui était allée la chercher, des maîtres des cérémonies et des introducteurs des ambassadeurs; ces personnages restèrent à la porte.

Madame se leva, fit un ou deux pas vers l'ambassadrice, reprit son fauteuil, et plaça lady Stuart sur une chaise qui était toute

1. 12 août 1816.
2. Marie-Thérèse Charlotte, Madame Royale, fille de Louis XVI et de Marie-Antoinette, mariée au duc d'Angoulême, plus tard dauphin. « Le seul homme de la famille », disait d'elle Napoléon

prête, à sa gauche. Les dames de qualité s'assirent derrière elles, sur des tabourets, et les autres restèrent debout. Cette phase de la conversation fut un peu pénible et Madame soutint la conversation à elle seule. Lady Elisabeth, qui était jeune et timide, était trop embarrassée pour répondre autrement que par monosyllabes, et j'admirai la manière dont Madame parlait de l'Angleterre et de la France, de l'Irlande et de l'Italie, pays d'où lady Elisabeth venait d'arriver, pour remplir le temps, que la lente et pénible approche du roi prolongea indûment (¹).

A la fin, le monarque, qui était un martyr de la goutte, entra. Tout le monde se leva au milieu du plus profond silence. Le monarque rompit ce silence, quand il fut arrivé au milieu de la pièce, en prononçant de la voix la plus grave et la plus sonore, sans remuer un muscle de son visage, cette futile observation que l'étiquette avait prescrite depuis l'époque de Louis XIV :

« Madame, je ne savais pas que vous fussiez en si bonne compagnie. »

Madame répondit par une phrase, également conventionnelle, puis, Sa Majesté adressa quelques mots à lady Elisabeth. Elle continua à répondre par monosyllabes ; le roi resta debout, comme tout le monde, et au bout de quelques instants il se retira.

Les assistants avaient à peine repris leurs sièges qu'ils furent obligés de se lever encore, à l'entrée de Monsieur (comte d'Artois), plus tard Charles X. « Je dois dire que je ne savais pas que vous fussiez en si bonne compagnie », dit-il avec un sourire ; puis, très aimablement, il se dirigea vers lady Elisabeth, lui serra la main et lui fit quelques compliments. Il refusa d'accepter la chaise que Madame lui offrait, mais il pria les dames de s'asseoir et resta beaucoup plus longtemps que le roi. Les dames se levèrent quand il sortit et s'assirent de nouveau, pour se lever une fois de plus à l'entrée du duc d'Angoulême ; celui-ci, après les premiers compliments, prit une chaise et entra en conversation. Il sembla à la comtesse de Boigne que « la timidité de l'ambassadrice lui donnait courage ».

Au départ du duc, on se leva et on s'assit de nouveau

1. Mémoires de la comtesse de Boigne (1815-1819).

comme précédemment. Mme de Boigne dit : que cela lui rappelait irrésistiblement les génuflexions du Vendredi Saint.

Au bout de quelques minutes, une dame d'honneur vint informer l'ambassadrice qu'elle était prête à recevoir ses ordres. Madame observa qu'elle craignait de la fatiguer en la retenant plus longtemps et elle partit escortée comme elle était venue. Elle monta dans la voiture du roi, accompagnée de la dame qui était allée la chercher. Le carrosse du roi, avec six chevaux et en grand gala, mais vide, la suivit. Madame nous parla un instant de la présentation et se retira dans ses appartements, à ma grande satisfaction, car j'étais déjà depuis deux heures sur les jambes et j'étais fatiguée de tous ces honneurs. Il fallut cependant assister au dîner qui eut lieu après le traitement.

A cinq heures, la pauvre lady Elisabeth revint, cette fois accompagnée de son mari et de plusieurs dames anglaises de haut rang. Toutes les dames françaises qui avaient été présentes à la réception étaient invitées et il y avait également différents personnages des deux nationalités.

Le majordome, à ce moment-là le duc d'Escars, et la demoiselle d'honneur de Madame firent les honneurs du dîner, qui était excellent et somptueux, mais dont le service laissait à désirer, comme c'était le cas pour toutes les fonctions de la cour des Tuileries. Immédiatement après, tout le monde fut heureux de pouvoir se retirer et d'aller se reposer après ce déploiement d'étiquette. Les hommes étaient en uniforme et les femmes en grande toilette, mais non en costume de cour. Ni le roi ni la princesse, ni les princes ne se montrèrent; mais je remarquai, derrière un écran, Madame et son mari qui s'amusaient à regarder la table et les hôtes avant d'aller dîner avec le roi.

C'était là un exemple comique de l'orgueil et de la malignité des Bourbons. Il n'est pas étonnant que la comtesse de Boigne n'ait pu comprendre.

Comment les souverains étrangers qui reçoivent les ambassadeurs de France à leur table dans l'intimité pouvaient supporter dans la personne de leurs représentants l'arrogance des Bourbons. Il n'était pas précisément courtois, de leur part, de ne pas inviter chez eux les ministres; mais les faire venir avec tout ce monde, et à un dîner de domestiques, cela m'avait toujours paru le comble de l'impertinence. Il y avait sans aucun doute à ce dîner des gens d'excellente famille, mais c'était là table de second ordre dans le Palais, la table du roi tenant la première place. En réalité on dîna dans l'antichambre de la duchesse d'Angoulême.

Il est étrange de constater qu'après la Révolution et surtout ce qui s'était passé depuis ce bouleversement, le roi et la cour aient osé faire revivre ces cérémonies féodales. Et même, sans les infirmités physiques du pauvre vieux roi, on aurait pu avoir un retour des couchers et des levers du dix-huitième siècle. Réellement, les Bourbons n'avaient rien appris et rien oublié!

Miss Berry, l'amie de Horace Walpole, qui était à Paris en mars 1816, écrit au sujet de la nouvelle ambassadrice :

J'ai vu Elisabeth quelques minutes, chez moi, à son retour de la cour et dans tous ses plus beaux atours : elle avait vraiment grand air. Je vous assure que son succès, ici, parmi les Français, est considérable et qu'elle a déjà plus de relations françaises qu'aucune ambassadrice en a jamais eu depuis l'époque de lady Stormont ou de toute autre du bon vieux temps.

Lady Elisabeth écrivait elle-même, de l'ambassade, à la tante de son mari, lady Louisa Stuart (27 février) :

« Je pourrais vous en dire très long au sujet de la terrible cérémonie d'hier, mais je ne veux vous en donner ici qu'un bref résumé. » Dans son récit, elle reconnaît que ce fut pour elle « un moment impressionnant quand elle fut introduite dans le salon de Madame, où celle-ci était assise, entourée de toute la cour, avec une rangée de dames sur des tabourets de chaque côté et un tabouret pour elle au milieu. »

Néanmoins, toute la haute société parisienne proclama que la nouvelle ambassadrice s'était acquittée à merveille de son rôle, et presque immédiatement après elle se trouva lancée dans toutes sortes de réceptions parisiennes, à commencer par sa grande réception à l'ambassade, que le duc de Wellington honora de sa présence, et à laquelle il dansa avec son hôtesse.

En entendant parler des triomphes de sa fille, lady Hardwicke décida d'aller la retrouver à Paris ; trop tôt sans doute, de l'avis de certains qui n'étaient pas très favorables à la vieille dame — parmi lesquels on peut craindre qu'avec le temps, il n'y ait eu le mari lui-même —. Naturellement, comme l'écrivait lady Hardwicke, malgré le caractère absorbant de ses nouveaux devoirs, Elisabeth tenait à passer quelques moments avec son mari, qui était « si profondément occupé ».

Les petits dîners à l'ambassade sont très agréables, et les grands dîners magnifiques. L'hôtel est certainement très beau et particulièrement approprié à tous les besoins de représentation. Le jardin est délicieux, bien qu'avec le mauvais temps persistant, Elisabeth n'ait pu en profiter que ces dernières semaines. Le duc est toujours ici, toujours sur le point de partir, mais jamais parti. Je suis heureuse que nous soyons encore sous sa protection, bien que tout paraisse assez tranquille.

Quelques jours plus tard ([1]), lady Hardwicke écrivait :

Samedi dernier, notre nouvelle ambassadrice a eu son second jour de réception, auquel sont venus tous les Français de la meilleure société. Il n'y avait pas eu d'invitations : on avait simplement fait savoir que l'ambassadrice recevait ce jour-là. Je suis heureuse de vous dire que tout a marché à souhait et que notre chère Elisabeth a eu beaucoup de succès...

Le cœur maternel se trouvait ainsi allégé d'un gros poids, parce que « comme les dames françaises ne paraissaient pas tout d'abord nous aimer particulièrement et que beaucoup d'entre elles inclinaient à voir ce que les autres faisaient avant de prendre une attitude très nette, il nous est très agréable de savoir qu'il est maintenant de mode de se montrer enchanté de Madame l'ambassadrice, dont elles disent qu'elle est parfaitement bien mise et a l'air très distingué... Bien que je ne doive pas dire à Sir Charles tout ce que je pense des membres de la haute société française, je vous confie, par delà la Manche, qu'ils n'ont pas du tout l'air des brillants modèles d'élégance et d'aisance dont nous avons si souvent entendu parler autrefois. »

Lady Elisabeth écrit elle-même à lady Stuart (10 juin 1816) :

Nous avons mercredi un dîner d'environ quarante personnes auquel assistera le duc, et j'aurai une réception jeudi; par ce temps d'hiver, je crois que nous pourrons ouvrir la galerie et laisser danser nos invités, sans tout l'appareil d'un bal... J'ai fini par connaître au moins tous les Français qui viennent à mes réceptions, mais je

1. Le 7 mars 1816.

suis parfois embarrassée avec les Anglais, si l'on ne me rappelle pas leurs noms quand je vois leurs figures.

De l'avis de sa belle-mère, Stuart « appréciait parfaitement la chance qu'il avait eue d'obtenir un pareil trésor, et il est également très important, pour la tranquillité de tous les deux, qu'elle soit très en faveur dans la société où elle évolue actuellement. Mais vous serez contrariée si je vous dis comment on fait son éloge. On dit qu'elle a toutes les manières d'une Française et qu'elle est parfaitement habillée. Je sais, ma chère amie, que vous allez vous écrier : « Alors, elle est gâtée, intérieurement et extérieurement ! » mais il faut ne voir que l'intention. »

Après un séjour de quelques semaines à l'ambassade, la belle-mère de l'ambassadeur partit. Mais, au mois de mars suivant, une nouvelle arriva qui lui fit prendre la décision d'aller retrouver sa fille, bien qu'elle ne sût pas très exactement comment Sir Charles prendrait cette nouvelle visite. Le 19 mars, elle arriva à l'ambassade, juste comme le dîner était annoncé. Elle expliqua sans détour qu'elle était « simplement la nurse mensuelle », qui était venue voir ce qui se passait. Elle trouva sa fille en parfaite santé. Dans une de ses lettres, elle mentionne ceci :

Nous avons ouvert une nouvelle porte qui permettra au bébé attendu d'avoir une si magnifique nursery qu'il se prendra pour le roi de Rome.

Le 31 mars, naquit à l'ambassade le bébé qui devait être plus tard la comtesse Canning. « Je vous en prie, pardonnez-lui d'être une fille », dit lady Hardwicke. « À ce moment-là, écrit-elle, Sir Charles aurait pardonné deux filles... Le bébé ressemblait d'une manière si frappante à son père que nous ne pûmes nous empêcher de rire. »

Comme Sir Ch. Stuart était un homme quelconque, nous sommes obligés de voir là une nouvelle preuve que les enfants nouveau-nés ne sont jamais très beaux.

La reine Charlotte devint la marraine de la petite « Mademoiselle l'ambassadrice », comme l'appelait le portier de l'ambassade.

Un an plus tard (14 avril 1818), dans la chambre à coucher

de la princesse Pauline, une autre fille, Louisa (plus tard marquise de Waterford), vit le jour pour la première fois.

Entre temps, on continuait à travailler à l'ambassade. A vrai dire, c'était surtout un travail de paperasserie. Comme on le comprendra facilement, pendant que le duc et son armée occupaient militairement le pays, pendant que les monarques et les hommes d'État des puissances alliées négociaient directement les uns avec les autres, Stuart avait peu d'occasions de traiter des questions politiques. Cependant des dépêches et des rapports hebdomadaires, concernant surtout l'état de l'opinion publique à Paris, partaient régulièrement par la valise de l'ambassadeur pour le Foreign Office, à Londres. On surveillait attentivement les symptômes de désaffection dans la presse. On signalait les déclarations et les mouvements des politiciens radicaux. Les nouvelles relatives aux réunions politiques secrètes et même aux sociétés savantes dont les membres étaient suspects de jacobinisme, de républicanisme, de bonapartisme, d'anglophobie, etc. constituaient les principaux éléments de l'activité officielle de Stuart. Comme exemple des dépêches de l'ambassade nous citerons la dépêche suivante adressée à Castlereagh (29 septembre 1817) :

MON CHER LORD,

Je considère comme de mon devoir de vous faire connaître qu'une circonstance vient de causer pas mal d'ennui aux principaux membres de la famille royale. Il y a quelques jours, le roi rencontra le duc et la duchesse d'Orléans en « curricle », au cours de sa promenade du matin. Dans la conversation qu'il eut avec la duchesse de Berri dans la soirée, celle-ci déclara qu'elle allait avoir, elle aussi, le plaisir d'une excursion de ce genre, car le duc de Berri lui avait promis de l'emmener dans un nouveau « curricle » qui allait être prêt dans quelques jours. Le roi exprima sa désapprobation en disant : « Il m'est bien égal que le duc et la duchesse d'Orléans se cassent le cou, mais je vous ordonne de ne pas vous aventurer en pareil équipage. » Malheureusement, la répétition indiscrète de cette conversation par la duchesse à sa tante le lendemain matin a ravivé les jalousies qui paraissaient s'être apaisées au cours des trois derniers mois (1).

1. F.-O. FRANCE, *Stuart à Castlereagh.*

En voici une autre, postérieure (9 novembre 1820) :

MON CHER LORD,

Le roi s'étant plaint à plusieurs reprises que la tristesse de sa cour et le manque de société depuis le renvoi du duc Decazes eussent rendu sa vie extrêmement ennuyeuse, il était évident que Sa Majesté profiterait de la première occasion pour nouer des relations confidentielles avec quelque personne dont les manières et la conversation pourraient lui offrir quelques distractions à ses moments de loisir. Il n'y a plus, maintenant, aucun doute au sujet de la personne qui est honorée de cette distinction. La vicomtesse du Cayla, belle-fille du général comte du Cayla, intendant de la maison du feu prince de Condé, ayant un procès avec son mari, jugea nécessaire, il y a quelques mois, de demander personnellement la protection de Sa Majesté. Sa conversation ayant plu au roi, Sa Majesté exprima l'espoir qu'elle répéterait sa visite. Et il s'en est suivi une si grande intimité que non seulement elle passe une grande partie de son temps dans les appartements royaux, mais qu'une correspondance épistolaire occupe les heures où elle est absente des Tuileries.

Sir Charles rendait à la dame cet hommage qu'elle était charmante et d'esprit et de corps [1].

Après la mort du duc de Richelieu, il y eut les ministères Dessolle et Decazes, et Stuart fut en termes très amicaux avec ce dernier. « Decazes, écrivait plus tard Bulwer, était l'ami intime de Louis XVIII; il jouissait d'une grande popularité dans le pays et comptait beaucoup d'amis à la Chambre. Il avait des manières aimables, un aspect imposant, beaucoup de tact, un talent considérable, des vues très larges et très judicieuses en faveur de l'industrie, et il comprenait son pays. »

Quand Chateaubriand fut ministre, il devint intime avec Sir Charles et il en parle dans ses *Mémoires*, bien qu'en termes assez peu flatteurs.

Stuart, comme tous ses compatriotes, adorait le désordre à l'étranger : sa diplomatie consistait en police, dépêches, rapports. Il m'aimait assez quand j'étais ministre, parce que je le traitais sans cérémonie et que ma porte lui était toujours ouverte. Il entrait dans ma chambre en bottes à l'écuyère, à toute heure, sale et vêtu

---

1. Elle s'appelait primitivement Zoé Talon et c'était une aventurière; elle avait alors trente-six ans. Elle continua pendant quatre années à être la confidente du vieux monarque, recevant de l'argent et beaucoup de cadeaux de prix. Mais on assure que les relations sont restées platoniques.

comme un bandit, après avoir couru les boulevards avec certaines femmes qu'il récompensait mal, et **qui** l'appelaient en **public** « Stuart ».

L'homme d'État français continue en ces termes :

J'avais conçu la diplomatie sur un nouveau plan et, n'ayant rien à cacher, je parlais ouvertement, j'aurais montré mes dépêches au premier venu, parce que je n'avais pas d'autre projet que la gloire de la France, et que j'étais déterminé à la réaliser en dépit de toute opposition. J'ai dit cent fois en riant à Sir C. Stuart : « Ne me cherchez pas querelle. Si vous jetez le gant, je le ramasserai. La France n'a jamais fait la guerre avec vous dans des conditions d'égalité : voilà pourquoi vous nous avez battus; mais ne vous y fiez pas trop. »

M. de Marcellus, qui fut à un moment ambassadeur de France à Londres, observe, dans une note au sujet des *Mémoires*, que Chateaubriand ([1]) avait « négligé de citer la source d'où il avait tiré ces détails biographiques concernant Sir Ch. Stuart, ambassadeur de Grande-Bretagne pendant son ministère. Je vais combler cette lacune : la source, c'est moi-même. C'est moi, en réalité, qui ai osé lever, mais pour sa seule édification personnelle, un coin du voile qui cachait ces galants mystères de la diplomatie. »

Il existe malheureusement un bon nombre de témoignages établissant que Stuart se souciait peu des convenances dans sa vie privée et qu'il était trop souvent dans les coulisses de l'Opéra, alors qu'il aurait dû travailler à l'ambassade. L'année suivante (1817), alors que les Granville visitaient de nouveau Paris, lady Granville écrit :

Sir C. Stuart est extrêmement aimable. Il est venu ici hier et a été très amusant, le moins mari possible, s'affichant avec la pire société et les plus basses relations; mais on me dit qu'il a des égards pour lady Elisabeth et que cela lui suffit parfaitement. Il nous a prêté sa loge à l'Opéra. Sir C. Stuart et lord Somerset étaient avec nous ([2]).

Les lettres si vivantes envoyées de Paris par lady Gran-

---

1. CHATEAUBRIAND, *Œuvres*, volume V, page 27.
2. L'une des « flammes » de Stuart était La Bigottine, que lady Granville vit dans le Carnaval de Venise. Lady Granville estimait « qu'elle jouait mieux qu'elle ne dansait », et elle constatait aussi que loin d'être insuffisamment vêtues, les actrices portaient des jupes « longues de cinq milles ».

ville contiennent de fréquentes allusions à Sir Charles.
Ainsi, en juin 1817 :

Nous sommes allés avec Sir Charles au théâtre... Sir C. est
presque toujours dans les coulisses et ce ne sont que des signes
entre lui et les actrices. Lady Elisabeth n'est pas plus romantique
qu'il ne faut; je ne crois donc pas que personne ait le droit de
faire de réflexions, si ce n'est sur le genre de ses infidélités, que je
considère comme déplorables.

Et plus loin :

Sir C. n'a parlé que des Farini et des Anatole de l'Opéra et n'a
pensé qu'à eux. Sir C. Stuart ne sera pas tranquille avant de savoir
comment Georges (une danseuse populaire), comme il l'appelle,
sera reçue à Londres.

Lady Granville trouvait à ce moment-là lady Stuart
« très agréable et très aimable, et si beaucoup de rouge et
une perruque châtain clair ne la rendent pas jolie, elle n'en
est pas plus mal. Sir C. me fait son éloge enthousiaste,
et comme elle ne paraît pas s'occuper de sa carrière théâtrale, je me demande qui y serait autorisé (1). »

Tout cela ne pouvait guère faire présager la rivalité qui
devait durer entre ces deux femmes pendant plus de vingt
ans, au cours desquels elles furent, à tour de rôle, l'ambassadrice de Grande-Bretagne à Paris. Pendant son séjour
en 1817 lady Granville vit beaucoup les Stuart, les rencon-
trant à l'ambassade et ailleurs et même faisant avec eux
des excursions à Saint-Cloud et dans les environs de Paris.
Lady et lord Granville assistèrent également au baptême
de la fille de la maison, Louisa, et au bal donné en son
honneur.

« Sir C. était très malheureux, note lady Granville; il
est voué à une petite duchesse grasse; lady Elisabeth est
obligée de lui souffler des politesses, qu'il accomplit comme
un carlin qui voudrait vous mordre. »

La vérité est qu'à ce moment-là Sir Charles n'était pas
précisément heureux à l'ambassade. Il sentait que le duc
de Wellington l'éclipsait. Il aurait voulu qu'il restât à son

---

1. Dans une circonstance précédente elle avait dit : « Je trouve ses manières très agréables et elle a l'air intelligente. »

quartier général de Cambrai au lieu de venir si souvent à Paris. Les lettres de lady Granville sont semées d'allusions à ce sujet.

A un moment donné on avait préparé une pétition, qui devait être signée par tous les ambassadeurs étrangers, au sujet du Brésil, et les journaux anglais annoncèrent que le duc l'avait signée.

Sir C. Stuart est furieux de ce que le nom du duc de Wellington se trouve parmi les signatures, mais le fait est qu'il paraît être le véritable ambassadeur ici. Sir C. doit se résigner à faire le second violon.

Stuart se plaignait amèrement auprès de Castlereagh. Mais que faire contre le duc de Wellington ?

Il y a presque toujours une pointe d'agréable malice dans les observations de lady Granville. Elle est irrévérencieuse même pour le puissant héros du jour.

Le duc est ici, mais sa femme est à Cambrai et ses amours sont dispersées sur toute la terre.

Aux dîners de l'ambassade on en venait tout naturellement à parler de l'ancienne propriétaire de la maison, la princesse Pauline. On rappelait toutes espèces d'histoires sur ses anciennes affaires d'amour et l'on y ajoutait les nouvelles du jour sur la merveilleuse petite femme qui, à trente-sept ans, à Florence où elle résidait, faisait encore des conquêtes même parmi les milords anglais.

Mme de Coignas dit que « lord Gower se meurt d'amour pour la princesse Pauline », qu'elle est « jolie comme une petite princesse de conte de fée ; mais elle est bête, mais bête ! »

Une autre fois c'est l'impressionnable lord Jersey qui a été victime des charmes de Pauline. Lord et lady Jersey viennent d'arriver d'Italie à Paris :

Lord Jersey a l'air vieilli et préoccupé, et il a évidemment fait la cour à la princesse Borghèse.

Comme lady Granville s'amuse de la simplicité de lady Jersey qui se joint à son mari pour célébrer les louanges de Pauline — la perverse, mais toujours irrésistible Pauline !

« Villiers (lord Jersey) dit que son pied paraît ne jamais
avoir porté de soulier. »

Son pied nu ! Devant ce naïf hommage rapporté par son
amie, lady Granville ne peut s'empêcher d'écrire : « Pauvre,
innocente lady Jersey ! »

CHAPITRE IV

L'ARRIVÉE DES GRANVILLE

Malgré les faiblesses notoires de Sir C. Stuart il n'est pas certain qu'elles aient été très différentes de celles de beaucoup d'autres personnages distingués de cette époque, même hommes d'État et diplomates. Sans doute, d'autres pouvaient chercher des distractions dans la bouteille ou à la table de jeu, mais l'ère des hommes stoïques, des vies privées irréprochables, « des sévères et inflexibles tories », et des pâles et ascétiques whigs, l'ère de Grey et d'Aberdeen, de Peel, de Palmerston, Russell et Gladstone avait à peine commencé. Et on ne peut nier que, même si des danseuses de l'Opéra et des femmes de vertu facile couraient après l'ambassadeur de Grande-Bretagne sur les boulevards en l'appelant « Stuart » tout court, même si quelques graves matrones britanniques exprimaient leurs condoléances à sa vénérable belle-mère (lady Elisabeth n'aurait même pas écouté un instant leurs insinuations!), Stuart jouissait à cette époque auprès des Anglais et des Français d'une remarquable popularité.

On ne peut pas dire qu'il fût également en faveur auprès du roi et de la duchesse d'Angoulême, et la haute noblesse réserva son étroite intimité au duc de Wellington tant qu'il resta en France ; mais en tous cas la femme de l'ambassadeur n'avait pas lieu de se plaindre d'un manque de cordialité. Elle en vint à des relations d'étroite amitié avec les d'Angoulême, le comte d'Artois, le duc et la duchesse de

Berri et d'autres membres de la famille royale et de la haute aristocratie. Stuart devait beaucoup à sa femme et au fait qu'il était le père de deux enfants adorables. Mais incontestablement il devait aussi quelque chose à ses qualités personnelles. Le capitaine Gronow (1), bien informé, qui avait été l'un des premiers officiers anglais à entrer dans Paris après Waterloo, et qui, dans la suite resta longtemps en France, écrivait quarante ans plus tard :

L'Angleterre était représentée à ce moment par Sir Ch. Stuart, qui fut l'un des ambassadeurs les plus populaires que la Grande-Bretagne ait jamais envoyés à Paris. Il était très agréable pour ses compatriotes et aussi attentif aux intérêts individuels qu'aux devoirs plus importants de sa charge officielle. Comme il arrive toujours, ses attachés prenaient le ton et les manières de leur chef, et non seulement ils étaient courtois et aimables pour tous ceux qui allaient à l'ambassade, mais encore ils connaissaient toutes choses et tout le monde, et étaient d'un grand secours pour l'ambassadeur en le tenant parfaitement au courant de tous les événements qui pouvaient se produire.

A cette époque, l'ambassade de Grande-Bretagne était un centre où vous étiez sûr de trouver réunis de temps à autre tous les Anglais résidant à Paris. Les dîners, les bals et les réceptions étaient donnés à profusion pendant toute la saison. Et sir Charles a dépensé la totalité de ses revenus personnels à cette généreuse hospitalité. L'Angleterre était alors représentée comme elle devrait toujours l'être en France, par un ambassadeur qui exprimait dignement la richesse du grand pays auquel il appartenait. A l'heure actuelle (concluait le capitaine, en 1862) l'ambassade de Grande-Bretagne vise à la solitude d'un établissement monastique, avec en moins cette hospitalité et cette courtoisie que les voyageurs et les étrangers ont coutume de trouver même dans les monastères.

Le lecteur conclura de ce passage que lord et lady Cowley, qui occupaient alors le nid de Pauline dans le faubourg Saint-Honoré, ne montrèrent pas au capitaine Gronow l'amabilité à laquelle il croyait pouvoir s'attendre, en sa qualité d'ancien soldat, d'ancien membre du Parlement et de jeune auteur. En tout cas, l'hommage rendu à Sir C. Stuart et à la façon dont il exerçait ses fonctions est parfaitement sincère et mérite d'être opposé aux calomnies ultérieures de Palmerston, Greville et de beaucoup d'autres.

Si Stuart n'était pas absolument heureux dans sa vie

---

1. *Souvenirs.*

privée, il aurait dû l'être : lady Elisabeth ne se ménageait point dans ses bals et ses dîners, et elle faisait tout son possible pour que les attachés et ses hôtes occasionnels se sentissent chez eux.

En ce qui concerne les enfants des Stuart, leur beauté attirait déjà l'attention quand ils allaient se promener ensemble aux Champs-Élysées. Lady Rose, écrivant à un âge avancé en 1893, rappelait que :

Dans leur affection l'une pour l'autre, Charlotte et Louisa ne faisaient qu'une, bien qu'elles fussent aussi opposées que possible : Charlotte douce, réservée, intelligente et la bonté même, ne disant ni ne faisant jamais ce qu'elle ne devait pas; Louisa, pleine d'entrain, s'exposant toujours à être grondée pour avoir entendu ou vu ce qui ne lui était pas destiné, au grand émoi de miss Hyriott, leur excellente gouvernante, et à l'âge de dix ans ne songeant qu'à ses boîtes de peinture.

La jeune duchesse de Berri s'était prise d'une grande affection pour les enfants alors qu'elles étaient encore toutes petites, et celles-ci allèrent souvent avec leur nurse dans le jardin du Palais adjacent de l'Élysée. Le roi lui-même ne manquait jamais de demander de leurs nouvelles et, à l'occasion, de leur envoyer de petits cadeaux. L'aînée des deux sœurs n'avait pas encore trois ans quand les Berri donnèrent leur premier grand bal, et plus tard elle se rappelait que l'agitation causée par cet événement avait pénétré même dans la nursery.

Le 29 octobre 1818, à un bal de l'ambassade, tous les personnages français de sang royal, sauf le roi, étaient présents.

J'ai été tout à fait surprise, avoue lady Elisabeth dans une lettre à sa tante, de voir venir la duchesse d'Angoulême; mais la duchesse et tout le monde avaient beaucoup de plaisir à montrer leurs égards pour une maison anglaise.

En cette circonstance, son bonheur fut à son comble quand elle vit le duc de Cambridge danser avec la duchesse de Berri.

Un événement aussi important avait exigé beaucoup d'habileté, d'ingéniosité et de travail. Lady Elisabeth écrit en effet :

Nous avons beaucoup travaillé hier, et nos salles à manger ont pris vraiment un air de fête par l'éclairage que nous leur avons donné et par la façon dont nous avons disposé des plantes vertes et des fleurs artificielles autour des colonnes. J'ai vu que le tapissier n'avait aucune idée de ce qu'il y avait à faire et nous sommes restés fort embarrassées juqu'au moment où j'ai pu trouver le jardinier et lui ai demandé de faire la décoration exactement comme pour une fête à lui. Il s'empara donc de quelques-uns de nos arbustes, entrelaça leurs branches et obtint un très joli effet.

En janvier 1819 le duc de Gloucester vint à Paris et il y eut un autre grand bal en son honneur, auquel assistèrent des membres de la famille royale.

Écrivant le 3 novembre suivant, lady Stuart (ou lady Betty, ainsi qu'on commençait à l'appeler partout) note :

Nous venons de donner un grand dîner, principalement anglais avec Mme de Staël et la duchesse de Broglie. Je dois avouer que j'ai été très heureuse de les voir toutes les deux, bien que Sir Charles prédise que Mme de Staël se rendra impossible à Paris avec ses bavardages, si elle n'y prend garde.

En attendant, elle est bien reçue à la cour. Son genre est de dire tout le mal possible des armées alliées, et des Anglais en particulier. « Vous devez nous laisser faire et ne pas dicter des ordres à notre nation. » Je regretterais beaucoup qu'elle devînt déraisonnable ou par trop violente, parce que sa maison sera très agréable : On y rencontrera toutes sortes de gens. La conversation d'Albertine est pleine d'injures pour les Anglais ; elle dit cependant que nous sommes les meilleurs de leurs ennemis.

Vous ai-je dit, écrit-elle encore, que parmi nos hôtes de notre dernier dîner il y avait Mme du Coylin, l'une des premières flammes de Louis XV? Ses yeux brillent encore à quatre-vingt-cinq ans, et son flirt avec M. Wortley pendant tout le dîner était très amusant.

Naturellement les Stuart sortaient également beaucoup.

Vous aimeriez dîner avec nous chez Mme de Staël? Talma y sera et déclamera pour M. Canning, qui ne l'admire point.

Parmi les attachés, plusieurs avaient la passion des cartes et du jeu, et faisaient partie du Salon des Étrangers et d'autres établissements de jeu célèbres à Paris. Mais Gronow nous est témoin que cette passion du jeu n'était pas réservée aux jeunes membres du personnel officiel de Stuart :

On voyait rarement dans la journée Fox, le secrétaire d'ambassade, un excellent homme, mais étrange, indolent et insouciant — à moins que ce ne fût à l'ambassade, en négligé, ou bien au lit.

Le soir, il allait au Salon des Étrangers; et, s'il possédait un napoléon, il jouait sur le rouge et le noir.

Une fois, cependant, la fortune le favorisa d'une façon tout à fait extraordinaire. Feu Henry Baring lui ayant recommandé de prendre le cornet à dés, Fox répondit : « Je vais le faire pour la dernière fois, car tout mon argent s'en va sur cette table infernale. » Fox misa tout ce qu'il avait dans la poche; il jeta les dés onze fois, fit sauter la banque et rapporta chez lui 60.000 francs.

Plusieurs jours se passèrent sans qu'on entendît parler de lui; mais comme je m'étais présenté à l'ambassade pour faire viser mon passeport, j'allai dans sa chambre et je vis celle-ci remplie de châles en cachemire, de soie, de voilettes de Chantilly, de chapeaux de femme, de gants, de souliers et autres articles de toilette féminine. Je lui demandai à quoi pouvaient servir tous ces articles de mode, et Fox me répondit tout naturellement : « Voyez, mon cher Gronow, c'était le seul moyen d'empêcher ces bandits du Salon de regagner mon argent. »

Fox eut pour successeur H.-C.-J. Hamilton, qui resta comme secrétaire jusqu'en 1833, époque des Granville.

Parmi les hôtes fréquents de l'ambassade, il y avait le prince (plus tard roi) Léopold, qui avait épousé la princesse Charlotte d'Angleterre. En 1819 il dit à lady Stuart qu'il avait décidé de s'établir définitivement en Angleterre. Après l'une de ses visites, l'ambassadrice apprit une nouvelle intéressante. « La duchesse de Kent vient d'accoucher d'une fille. Je suis heureuse que ce soit terminé avant l'arrivée de Léopold. »

Le bébé nouveau-né était la reine Victoria, que le mari de lady Stuart devait représenter, un quart de siècle plus tard, à la cour du tsar de Russie! Un autre visiteur était Oscar (Bernadotte), prince héritier de Suède, à propos de qui lady Elisabeth écrit : « Il a assez bon air, mais rien ne peut faire oublier le comptoir du grand-père à Bordeaux. »

En février 1820, il y eut une vive émotion chez les Stuart lorsque l'un des attachés se précipita pour leur annoncer qu'on venait d'assassiner, à l'Opéra, le duc de Berri, « le seul prince populaire de la famille des Bourbons ». Ce fut comme un coup de tonnerre sur le ministère et Decazes donna sa démission. « Le gouvernement de M. Decazes, déclara Chateaubriand, a glissé dans le sang du duc de Berri. » En tout cas, cette chute fit perdre également courage au vieux roi, qui laissa à son successeur la tâche de lutter contre l'esprit de révolte grandissant. Lady Elisabeth s'empressa d'exprimer toute sa sympathie à la pauvre jeune duchesse qui, dans la suite, devait avoir une existence si mouvementée (¹).

De temps à autre, dans les années qui suivirent, le bruit courut que l'ambassade allait changer de titulaire. Une fois, en 1823, lady Elisabeth lut dans les journaux anglais que lord Granville avait été envoyé à La Haye, « en attendant une ambassade plus brillante »; mais elle écrivait, non sans une certaine arrogance : « Nous n'avons nullement l'intention de céder la place ici. Sir Charles connaît de mieux en mieux les affaires. »

Hélas, le coup tomba l'année suivante.

Louis XVIII mourut en septembre et George Canning, ministre des Affaires étrangères, qui n'était point l'ami des Stuart, saisit l'occasion pour envoyer son ami lord Granville, « en mission spéciale de condoléances auprès de la cour du nouveau monarque ».

C'était là préparer les voies, et cet avis ne pouvait avoir qu'une signification : Stuart était remplacé. Talleyrand fut très déconcerté par la nouvelle; il dit que l'Angleterre n'avait point à changer son ambassadeur parce qu'il se produisait un changement sur le trône ou au Foreign Office et il prononça à l'endroit de Sir Charles un éloge qui ne laissait rien à désirer. Néanmoins, les Stuart commencèrent à plier bagage.

Pauvre lady Betty ! Comme elle aimait le nid de Pauline; comme elle avait identifié toute son existence avec ses devoirs d'ambassadrice ; comme elle avait joui de sa situation et de ses privilèges, et comme elle se sentait malheureuse maintenant d'être ainsi remerciée !

Elle essayait de se consoler en se disant qu'un changement serait heureux pour les enfants (avec peut-être cette arrière-pensée qu'il serait également profitable à Sir Charles) ; mais il lui était bien dur de partir. Et puis, être

---

1. Sept mois après la mort de son mari, elle donna naissance à un fils, qui devint le duc de Chambord et le prétendant au trône de France : la duchesse souleva la Vendée en sa faveur; elle fut arrêtée et emprisonnée.

obligée de céder la place à lady Granville, dont les manières protectrices l'avaient agacée jadis et dont elle redoutait la malice sarcastique, à lady Granville, dont l'ambition de paraître dans les milieux parisiens était bien connue et qui allait probablement faire oublier tous ses triomphes mondains, c'était presque au-dessus des forces de lady Betty ! En tout cas, elle ne voulait pas attendre pour recevoir celle qui allait lui succéder ; elle partit donc pour l'Angleterre avec ses enfants, son seigneur et maître ayant promis, à contre-cœur, de les suivre.

Quant à lady Granville, elle ne fut pas plutôt arrivée à Paris, en novembre, qu'elle se précipita rue du Faubourg-Saint-Honoré pour inspecter sa future demeure. Elle la trouva, dit-elle, dans un véritable état de délabrement. « Sir Charles a vidé toutes les pièces pour remplir d'innombrables caisses, qui sont là debout dans les antichambres et les couloirs. »

Elle écrit cependant à sa sœur, lady Carlisle :

Si vous me voyiez dans mes nouveaux appartements vous n'auriez pas confiance en moi. Nous avons une profusion de pièces. Si l'état de ce palais égalait son étendue et sa beauté ce serait parfait, mais il y a dans le plafond des trous à passer à travers, et on a été obligé de mettre des supports. Il faut que tout soit arrangé au printemps ([1]).

Elle pouvait à peine attendre que les effets des Stuart fussent enlevés et elle allait à l'ambassade tous les jours.

A midi, je suis allée dans le jardin avec mes filles, qui sont dans l'enchantement. A deux heures, j'ai fait avec Granville une promenade délicieuse aux Champs-Élysées et je suis rentrée pour m'habiller.

Plus loin :

Ce fut un ravissement pour moi que de me promener avec Sukey dans le jardin et de contempler les Champs-Élysées remplis de cabriolets, de chevaux et de promeneurs.

---

1. Plus tard elle écrivait : « Le gouvernement a consenti à faire les réparations. J'estime qu'il devrait nous meubler également, mais nous verrons. » Toutefois le Foreign Office refusa de prendre à sa charge les frais d'ameublement.

A la différence des fonctions de son mari, les devoirs de lady Granville comme femme du monde et maîtresse de maison commencèrent immédiatement, et pendant qu'ils faisaient des projets de restauration et d'amélioration pour la maison et cherchaient un peu partout un appartement meublé provisoire, elle allait à des dîners et à des réceptions et refaisait connaissance avec la haute société parisienne. Un peu plus de quinze jours après son arrivée, elle écrit :

Privé et très confidentiel (¹).

MA CHÈRE AMIE,

Les Français sont — comment dirai-je? — ce que je n'aime pas : C'est la formule la plus compréhensive. Ils se montrent actuellement à moi sous leur meilleur jour, car ils sont extrêmement polis et prévenants, mais il y a un fond de mauvaise éducation, d'insolence, d'orgueil et de prétention qui se fait jour dans toutes leurs attitudes, leurs manières et leurs attentions. Ils sont tous faux et si j'étais jeune et désœuvrée, si je cherchais parmi eux de l'intimité ou de la distraction je me perdrais. Heureusement, je n'en ferai rien; ils glissent sur moi comme la pluie sur de la toile cirée; mais ce que je regrette surtout, c'est de sacrifier une partie de mes journées à une société dans laquelle je me sens complètement étrangère par tous les goûts, tous les sentiments et toutes les idées. Je m'enveloppe de politesse, mais je vous assure que je vais chez Miss Rumbold pour respirer une bouffée d'air frais.

Je dois vous dire, continue-t-elle, que je crois que la coterie élégante dans laquelle j'ai la bonne fortune d'être admise est le pire spécimen du genre. C'est le pendant des ladies Jersey, Gwydyr, Tankerville, Mrs Hope, etc... Ces gens-là commencent par se croire ce qu'il y a de mieux au monde. Leur conversation ne porte que sur la toilette, l'Opéra, Talma. Elle ne contient pas ce qu'il faudrait d'intelligence pour remplir une cosse de pois. On me dit qu'ils sont enchantés de moi. Ils m'invitent à leurs réunions les plus intimes. En un mot, ils me protègent, et je reviens humiliée par leurs égards, accablée par leur bienveillance.

Entre autres caractéristiques, elle constatait chez les Parisiens d'excessives considérations de rang. « Ils regarderont à peine une Anglaise ou un Anglais qui n'est pas de leur clan particulier; ils n'admettront point un Français qui n'est pas à la mode. » Mais, par pure ignorance, ils recevaient précisément les Anglais qu'il ne fallait pas.

1. 19 décembre 1824.

Quand l'ambassadrice commença ses visites, elle décrivit la façon dont on la recevait :

J'entre et on me met sur un sofa. Arrive une jeune duchesse ou une vieille marquise qui me donne cinq minutes, exactement ce que j'ai donné parfois, à ma grande honte, à un voisin de campagne ou à quelque relation éloignée.

Elle avait une furieuse envie de jeter les coussins à la tête de certaines maîtresses de maison, quand elles lui disaient, par exemple : « Vous aimez Paris. Vous vous plaisez parmi nous », non point comme on pose une question, mais comme on énonce un fait.

Lady une telle est bien, on ne la soupçonnerait pas d'être Anglaise... Vous avez des enfants : vous êtes bien heureuse de pouvoir les former à Paris.

J'ai passé chez vous — avec un regard qui en disait long, — et cent choses pareilles : rien dans la lettre, tout dans l'esprit.

Madame de Gontaut est délicieuse, mais elle est sous le charme de la cour et des élégantes ; elle a peur de tous les mots qu'elle prononce et qu'elle entend et elle me dit déjà : «Mais, ma chère, tournez-moi le dos, vous me compromettez. »

Mais ce sont les femmes faites par Herbault, Victorine et Alexandre, les Parisiennes tout à fait à la mode, qui exaspéraient le plus lady Granville.

Il est étrange qu'elles me donnent une sensation d'infériorité, alors que je suis absolument remplie du sentiment de ma supériorité.

Néanmoins, elle était obligée de convenir que ces dames

ont un aplomb, un langage, une toilette de convenance qu'il m'est impossible d'atteindre, comme il serait impossible à l'une d'entre elles d'avoir pendant cinq minutes la profondeur de pensée et de sentiment d'une Anglaise ([1]).

Dès le début, la nouvelle ambassadrice fut hantée par la pensée de celle qui l'avait précédée, et dont les triomphes mondains étaient indiscutables, et même reconnus, à contre-cœur, par lady Granville.

Votre lettre au sujet de lady E. Stuart m'a autant amusée qu'un nouveau roman. Je suis sûre, d'après ce que j'entends dire, que votre récit, tant en bien qu'en mal, est exact, mais ses défauts

____

1. 13 décembre 1824.

étaient des qualités dans le passé, et je pourrais apprendre ses
défauts comme un métier. A part la perruque, mon succès serait à
la longue aussi illimité que le sien. J'ai un si vif désir de bien faire,
que j'espère y réussir, mais quelques-uns de mes devoirs me paraissent difficiles. Éviter une trop grande intimité, avoir une certaine politesse de manières qui tient à distance, n'avoir pas de pré-
férences et n'en point susciter, tout cela va me porter sur les nerfs,
mais j'étudie si bien mon rôle que je dois finir par l'apprendre.

Je crois qu'en dix ans on n'a pas dit à lady Elisabeth aussi souvent qu'on me l'a dit à moi déjà qu'elle était « charmante, remplie
de grâce et d'esprit ». Je n'ai pas le temps d'approfondir la question ;
mais est-ce qu'au bout de la même période ou seulement de la moitié, tout le monde parlera de moi en aussi bons termes que d'elle ?
Nous verrons.

Une crainte la hantait : Granville était riche, mais c'était
un joueur enragé. Ses pertes aux cartes étaient souvent
effrayantes. On l'appelait « le Napoléon des joueurs ». Et
une fois il perdit 23.000 livres dans une séance.

Ma seule crainte c'est la dépense, et pensez à ce qu'est la toilette
toute seule ! Lord Hardwicke donnait à lady Elisabeth 1.000 livres
sterling par an, qu'elle dépensait à se parer.

Alors, elle va appliquer à sa tâche toute son intelligence
et voir ce qu'elle pourra obtenir par son savoir-faire, par
ce tact et ce charme où elle se sentait incontestablement
égale, sinon supérieure, à lady Betty.

C'est ainsi que commença la fameuse rivalité de ces deux
ambassadrices de Grande-Bretagne à Paris.

CHAPITRE V

LADY GRANVILLE ET SON CERCLE

« L'ambassade, soupirait Miss Agnès Berry, dans une lettre à son amie lady Hardwicke, ne pourra jamais être ce qu'elle était sous le règne de notre chère Élisabeth »... et « cependant, avouait-elle, lady Granville a été très bonne pour nous ».

Lady Granville a été bonne pour tout le monde, y compris les dames de la noblesse française, dont l'arrogance l'avait tout d'abord si profondément choquée. « Chère Harriet, écrivait sa sœur en Angleterre, vous êtes positivement infatigable ; je ne vois pas comment vous pouvez y tenir. »

Mais, précédemment, Miss Berry avait écrit à la mère de la « chère Élisabeth » :

C'est une grande satisfaction d'entendre dire à Mrs Hamilton que tout va bien entre l'ancienne et la présente ambassade... Il est également agréable d'entendre dire que Stuart est très aimé et regretté du roi, et que les attentions du roi pour lui, quand il a reçu le corps diplomatique, ont été très remarquées (¹).

Comme sa pauvre fille, lady Hardwicke faisait effort pour ne pas se décourager.

Je crois pouvoir dire, écrivait-elle, qu'on trouvera quelque chose pour Sir Charles, car le roi est réellement bien disposé pour lui et il lui en donnera un témoignage, ou bien (pour régler une

---

1. Agnès Berry à Lady Hardwicke, 18 janvier 1825.

affaire désagréable), je crois que Canning fera quelque chose quelque part.

Canning mourut sans avoir rien fait et, en outre, Georges IV n'avait nullement pour Stuart les sentiments amicaux que supposait la belle-mère de l'ancien ambassadeur.

Le nouvel ambassadeur fut présenté le 19 décembre, et lady Granville était très fière de son beau mari, que l'on ne pouvait s'empêcher de comparer, à son avantage, avec son prédécesseur.

Il a vraiment grand air, et ce n'est pas à moi de dire combien il est beau à côté de ces vilains et chétifs petits Français. Je savais bien ce qu'il était, de corps et d'esprit, mais l'un et l'autre apparaissent ici en pleine lumière.

Il faut reconnaître que la pompe qui accompagnait alors la réception d'un ambassadeur présente un contraste frappant avec la simplicité un peu nue de la cérémonie d'aujourd'hui.

Samedi matin, le roi, assis sur son trône, accorda une audience à lord Granville, ambassadeur de Sa Majesté britannique, qui avait l'honneur de présenter ses lettres de créance. Trois carrosses royaux, chacun attelé de huit chevaux, furent envoyés à l'hôtel de l'ambassade britannique pour conduire Son Excellence au palais des Tuileries. Les carrosses royaux étaient suivis de celui de Son Excellence et de quatre voitures dans lesquelles se trouvaient huit personnes attachées à l'ambassade. L'ambassadeur et sa suite pénétrèrent dans la cour des Tuileries en passant sous l'Arc de Triomphe. Son Excellence fut introduite en présence du roi, par le baron de Lalive, introducteur des ambassadeurs, et M. de Viviers, secrétaire de Sa Majesté pour les réceptions diplomatiques. Les chevaux des carrosses royaux étaient conduits par les grooms des écuries royales. Après son audience auprès du roi, lord Granville fut reçu par le dauphin, la dauphine et la duchesse de Berri. Son Excellence revint à la Galerie des Ambassadeurs, et de là fut conduite à son hôtel avec le même cérémonial. A l'arrivée et au départ de Son Excellence, la garde de service au Château lui rendit les honneurs militaires en présentant les armes et en battant du tambour (¹).

Comme nous l'avons vu, l'activité des Granville commença de bonne heure. Déjà, le duc de Wellington, « maigre, mais bien portant », avait dîné avec eux, et peu

1. *Galignani's Messenger*, 20 décembre 1824.

de temps après vint un autre illustre visiteur, le prince Léopold, veuf de la princesse Charlotte, héritière du trône britannique. Lady Granville mentionne l'événement d'une façon amusante (28 décembre 1824) :

Léopold est arrivé, il a dîné ici hier et est resté à table jusqu'à neuf heures et demie. Il reste une quinzaine. Ce sera dur !

Il leur était difficile de se reconnaître dans tous leurs engagements — « tous les jours, il fallait aller à des réceptions, quatre ou cinq soirées dans une soirée » — car les invitations étaient adressées tantôt à l'ambassadeur, tantôt à sa femme. Et cet usage provoqua une fois un bien fâcheux incident.

Un matin où il était particulièrement occupé, Granville reçut d'un fonctionnaire de la Cour un billet d'invitation sur lequel il ne jeta qu'un regard distrait. Lui et sa femme étaient invités pour le soir même ; mais il oublia de prier son secrétaire, M. Jones, d'envoyer une excuse, ou, peut-être, M. Jones, surmené, oublia. Le dîner, organisé par le roi lui-même, comprenait le prince Léopold et tous les diplomates ! On attendit pour dîner jusqu'à sept heures trente. Naturellement, « tout ne se passa pas en douceur ». Madame était furieuse, et toute la cour justement indignée. Entre temps, lady Granville s'était rendue à une soirée privée, ignorant le crime qui avait été involontairement commis. L'ambassadeur sortit pour aller jouer aux cartes. Mais pendant les trois jours qui suivirent, il y eut des notes, des visites et des excuses à n'en plus finir auprès de la famille royale aux Tuileries.

Parmi les nombreuses amies du duc de Wellington il y avait une belle veuve américaine, belle-sœur de Mme Patterson-Bonaparte. Cette Mrs Patterson était à Paris et le duc pria lady Granville d'aller la voir : ce qu'elle fit.

Mrs Patterson paraît une personne charmante ; elle est très belle, avec l'air noble, et rien qui rappelle son pays natal. Elle était toute tremblante quand j'entrai dans la pièce, mais, — déclare l'ambassadrice avec sa malice habituelle — était-ce le chagrin d'avoir perdu M. Patterson, le souvenir du duc, ou le froid qui régnait dans la pièce, je ne saurais le dire.

Cette dame épousa dans la suite le frère du duc, le marquis Wellesley.

Les Granville étaient fort ennuyés que l'ambassade fût juste à ce moment-là entre les mains des ouvriers, ce qui les empêchait de donner de grandes réceptions aux membres de la colonie anglaise (1).

Entre temps, les Granville avaient trouvé une agréable installation à l'hôtel d'Eckmühl.

Je ne saurais vous dire l'agrément d'être chez nous, dans cette délicieuse maison — dont toutes les pièces sont propres et tièdes.

Néanmoins, lady Granville était constamment à l'ambassade pour surveiller les réparations, et au printemps qui suivit, elle fut une femme vraiment heureuse, d'un bonheur qui était dû :

à la maison, au jardin, à son mari, à ses enfants, au ciel clair et réconfortant, à la gaîté de tous les spectacles extérieurs, à la foule des distractions et à la grande diversité des théâtres.

Tout cela compensait largement pour elle « quelques ennuis et un peu de dépression de temps à autre ».

Elle trouvait une tranquillité « aussi grande qu'au fond de la campagne; on n'entendait pas un bruit ». Les jours de courrier, elle faisait dire à son concierge qu'elle était sortie — tout le monde comprenait — et, ainsi, elle pouvait avoir de longues heures de solitude.

Malgré son incurable passion pour le jeu, Granville paraît avoir été un homme très doux. Un jour, alors que sept de ses chevaux sur neuf avaient péri en traversant la Manche, sa femme écrivait : « Il est vraiment adorable, car c'est là une preuve de patience et de bonne humeur — ni l'une ni l'autre ne l'ont abandonné un instant. »

Elle ne cesse d'observer son nouveau milieu social.

Le défaut des femmes les plus agréables, ici, c'est le manque de naturel. Elles font des phrases, elles ont l'air de courir après leurs pensées. Elles ont de petites escarmouches verbales, elles se que-

---

1. « Jusqu'à présent, je n'ai rien fait pour eux. L'état de délabrement et l'insuffisance du mobilier de la maison ne permettent pas de grandes réceptions, et la peur de recevoir un grand nombre d'invités m'empêche d'en recevoir quelques-uns. » (26 janvier 1825.)

rellent amicalement On est sûr qu'elles règlent aujourd'hui ce qu'elles diront demain. Bref, quand elles se montrent intelligentes, j'éprouve comme un orgueilleux désir d'être stupide.

Et plus loin :

Je suis de plus en plus convaincue que dans le monde tout amalgame des Français et des Anglais est impossible. Les Français ne montrent aucune prévenance. Les Anglais ne sont pas récompensés de la leur. C'est mon cas.

Ce qu'elle cherchait à éviter surtout c'était ce qu'elle appelait « la raideur ou l'insolence d'une ambassadrice (1) ».

Elle considérait comme une erreur « de croire que la diplomatie est faite de sentiment, et que le représentant d'une nation va trouver Paris débordant de sentiment et prêt à se jeter dans ses bras avec le plus grand désintéressement. »

Quel que fût le succès qui lui était réservé, elle était convaincue qu'il faudrait le gagner.

Elle rencontre constamment des figures curieuses. L'une d'elles était une certaine Mme de Talaru (précédemment Mme de Clermont-Tonnerre) qui « vit son premier mari massacré sous ses yeux pendant la Révolution. Elle a près de quatre-vingts ans et elle s'est piquée de garder toujours le costume de sa jeunesse. Or, ma chère, elle est tout à fait à la mode actuelle, « crêpée », une immense toque sur la tête, la taille à l'estomac, et une collerette blanche. Comme elle doit rire dans ses grandes manches ! »

Il y avait également une curieuse vieille comtesse Rumford, femme de cet Américain remarquable qui avait été créé comte de Rumford, laquelle allait régulièrement dormir et ronfler dans sa loge de l'Opéra ; aussi une méchante langue l'avait-elle appelée « la comtesse Ronflefort ».

En juin 1825, Granville se rendit à la Cour de France pour recevoir des mains du nouveau souverain français la distinction de Chevalier de l'Ordre du Bain, qui lui avait été décernée par Georges IV. A cette occasion, Charles X

---

1. Elle avait écrit, l'année précédente, au sujet de lord Clancarty, ambassadeur à Bruxelles, que « c'était un homme remuant, dur, évidemment vexé d'abandonner l'ambassade, mais poli. Elle, une excellente femme à migraines, sans rien de la raideur ou de l'insolence d'une ambassadrice. »

portait l'Ordre anglais de la Jarretière. Parfois, au milieu
de son existence prodigieusement active, lady Granville a
« peur de devenir frivole ». Cependant « elle n'est pas trop
mécontente de son sort, parce qu'elle ne s'est jamais aussi
régulièrement occupée de l'instruction de ses enfants que
depuis qu'elle est à Paris ». Elle se livrait aussi à des méditations religieuses, même quand elle n'était pas, avec l'ambassadeur et ses enfants, à la place qui lui était réservée
dans la chapelle de l'ambassade et qu'elle occupait tous les
dimanches pour écouter le chapelain ou quelque clergyman
de passage.

A ce moment-là la seule chapelle anglaise de Paris était
la salle de bal ou la salle à manger de l'ambassade, où prê-
chait M. Luscombe (¹) (plus tard évêque). Dans la suite,
la chapelle de Marbœuf, aux Champs-Élysées, fut ouverte,
et beaucoup plus tard, on construisit la petite église de la
rue d'Aguesseau, tout près de là. Il y avait souvent des
prédicateurs de marque.

> Je suis allée, ce matin, entendre prêcher Lewie Wray, écrit l'am-
> bassadrice. Ses sermons sont improvisés ; il est tout plein de l'Évan-
> gile et parle d'une manière pittoresque et émouvante. Les Anglais
> y vont en foule. Si quelqu'un par hasard se met à chuchoter, le
> prédicateur s'arrête et dit : « Quand Mᵐᵉ Une Telle aura fini de
> bavarder, je continuerai. » Son sermon a commencé aujourd'hui
> par un petit avertissement à ceux qui sont délégués par leur sou-
> verain pour le représenter, d'avoir à surveiller leur conduite et
> leurs conversations.

Mais ni l'ambassadeur ni sa femme n'estimaient qu'ils
eussent le moindre besoin d'une pareille admonition publique.

Une autre fois, lady Granville écrit à lady Carlisle
(1ᵉʳ août 1825) :

> Je me suis mise à lire régulièrement la Bible annotée. J'ai tou-
> jours aimé ce que l'on appelle les lectures sérieuses : je les trouve
> beaucoup plus agréables que beaucoup de lectures dites amusantes.
> Les Écritures et la prière donnent à nos sentiments de la chaleur
> et de la vie. C'est une telle erreur de croire que la religion soit un
> éteignoir du bonheur.

---

1. C'est Luscombe qui, douze ans plus tard, mariait W.-M. Thackeray et
Miss Shawe à l'ambassade.

En ce qui concerne un fameux prédicateur de Saint-Paul la religion n'était certainement pas un éteignoir d'humour.

Sydney Smith est venu et a prononcé ce matin un sermon d'une magnifique éloquence, devant une foule réunie, hélas ! dans la salle à manger. Je l'aime mieux ainsi que dans le monde. Comme le dit M. Sneyd, il a quelque chose de Caton et de Punch. Cela peint admirablement son physique.

Mais quand le spirituel et corpulent chanoine prononça son sermon, l'ambassade avait changé d'aspect. L'aile de la chancellerie avait été construite et on avait ajouté un grand nombre des ornements qui la distinguent aujourd'hui, — parmi lesquels les trois chérubins sculptés au-dessus du portail, représentant l'Angleterre, l'Écosse et l'Irlande, ainsi que les armes britanniques à l'entrée du jardin, en face des Champs-Élysées.

Ma maison, qui a été ouverte hier soir avec un dîner de quarante-quatre Anglais, est plus brillante et plus vaste que je ne puis le décrire. J'ai invité onze cent cinquante personnes (pour le bal), mais je ne crains point la foule. Nous ouvrons le rez-de-chaussée — la serre avec un tapis doublé d'écarlate, dix-huit lustres avec lampes et six divans; et toutes les portes sont enlevées dans les salles de bal et les salons.

Elle avait entendu dire qu'à son bal, certains Français se détournaient d'un quadrille avec dégoût, quand il s'y trouvait des Anglaises. « Ah ! mon Dieu, il y a des Anglaises! » « Le fait est que leur « pommade » est profondément imprégnée de haine et de jalousie à notre égard, et nous y répondons avec beaucoup de hauteur et de froideur. »

Une fois, une certaine Mme Charlemont vint à l'une des soirées de l'ambassade. Quand le domestique demanda son nom, cette dame croyant que c'était un usage purement anglais de se faire annoncer, répondit : « N'importe ». Mais le domestique insista et elle s'en tint à son « n'importe ». Sur quoi il ouvrit la porte et cria : « Madame n'importe! »

Cependant, pour une raison ou pour une autre, la famille royale se tenait à l'écart. Lady Granville sut que le roi désirait que la duchesse de Berri ne sortît pas des Tuileries; peut-être les autres restaient-ils fidèles au souvenir de lady Elisabeth Stuart. Mais le succès était si considérable que lady Granville pouvait ne montrer aucune inquiétude.

> On ne me parle que de moi et de mes soirées ; mais je ne crois point ce que l'on dit. J'admire ma maison et non ma personne, et je suis encore moins crédule au sujet de celle-ci que de celle-là... Mes vendredis me donnent beaucoup de soucis. Au dernier, de nombreux Français sont venus sans invitation, et j'entends dire qu'ils ont l'intention de venir tous les vendredis. Ma maison sera comme une pétaudière. Granville dit : « Cela ne fait rien ». Les Anglais sont des anges. Ils ne viennent jamais sans être invités et ils sont enchantés quand ils le sont; ils sont si agréables ! (1) ».

Mais ces après-midi et ces soirées n'étaient pas uniquement consacrés à festoyer et à danser. Les trois amours qui ornent la façade et qui intriguaient si fort M. Pasquier qu'il resta cinq minutes à les contempler, n'étaient pas sans signification. Cette splendide demeure n'était pas pour rien « le nid de Pauline ». Même les gens d'un certain âge ne pouvaient résister au charme du lieu et particulièrement du jardin. Un jour, lady Granville note : « Les Berry sont venus et ils sont restés au clair de lune (Mary et Granville) jusqu'après dix heures, comme deux amoureux. »

C'était une marieuse impénitente. Pendant les trois années de son premier séjour comme ambassadrice, on se fit beaucoup la cour sous ses regards indulgents. Ce fut tout d'abord la jolie lady Mary Fox, qu'elle voulait voir courtisée et gagnée par l'un des attachés. Ces attachés, soit dit en passant, étaient sa préoccupation constante. Ils étaient de caractère très différent, mais elle les aimait tous. Le premier secrétaire était Algernon Percy, « un homme un peu maladif, aux manières de gentleman, qui sait s'habiller et peint des miniatures ». Il y avait ensuite le « jeune Bligh, courtois et poli ».

Mais elle fut mise à une dure épreuve avec Abercromby, à qui elle s'efforçait de plaire et de procurer de jolies partenaires à table et au bal, sans aucun résultat. L'ambassadeur avait également traité le jeune homme avec beaucoup de bienveillance. Néanmoins, pendant des mois, les manières d'Abercromby restèrent froides, désagréables et réservées.

---

1. Lady Granville salua un jour, effectivement, une dame française par ces mots : « Toujours enchantée de vous voir, invitée ou pas invitée ! »

« La seule marque d'attention personnelle qu'un attaché puisse me donner dans mon genre de vie, il me l'a refusée : il ne vient pas à mes soirées. Et pourtant, je l'aimais presque comme un fils. »

Cette attitude venait en réalité du désir d'Abercromby de faire son chemin dans la carrière et de sa croyance, injustifiée, que l'ambassadeur le gardait à dessein à Paris, alors qu'il aurait pu avoir de l'avancement ailleurs. Mais tout cela s'expliqua dans une conversation à cœur ouvert, et le jeune diplomate promit de se montrer plus aimable.

Peut-être le plus grand triomphe de lady Granville fut-il le mariage de lord Clanrickarde avec la belle Mary Canning. Ils s'étaient rencontrés pour la première fois sous son toit et elle assista, pendant des semaines, au développement de leur passion réciproque. « Lord Clanrickarde a fait sa demande et a été agréé hier soir », écrit-elle. « Je n'ai jamais vu deux personnes aussi radieuses de bonheur que ces deux-là pendant la conversation décisive. » Un peu plus tard, elle note avec ravissement : « Lord Clanrickarde et Miss Canning sont les personnes que j'envie. Ils envoient des excuses partout et restent à roucouler dans mon salon tant que le jour dure. »

A cette époque, les charmantes filles de lady Granville étaient trop jeunes pour le mariage. Quand son fils Leveson (plus tard second comte Granville et ministre des Affaires étrangères) allait passer ses vacances de l'autre côté de la Manche, il jouait fréquemment avec son camarade d'école, le futur duc de Hamilton, dans le jardin de l'ambassade et aux Champs-Élysées. Les deux jeunes gens se rappelaient plus tard qu'ils prenaient chaque jour des leçons d'équitation avec deux fameux clowns, les Auriol, dans le grand cirque des Champs-Élysées, si cher au cœur de la jeunesse parisienne ; et ainsi, avec ses devoirs, sa famille et ses amis, lady Granville passait des jours agréables à l'ambassade.

Si je devais mourir à la fin de ma première année, je passerais à la postérité comme une ambassadrice modèle ; mais si je vis, comme je l'espère, assez longtemps pour permettre aux défauts naturels de mon caractère de se manifester, je tremble pour ma bonne réputation.

Il est certain, comme on l'a vu, que lady Granville n'était pas une sainte (elle ne ressemblait point à sa fille, lady Georgina, qui en devint une, dans la suite), et dans ses rencontres avec certaines grandes dames anglaises, notamment lady Jersey, à qui son bavardage excessif avait valu le surnom de « Silence » dans le petit cercle des Granville, elle pouvait être parfois assez mauvaise langue.

Je suis heureuse d'avoir rendu service à « Silence ». Je crois que si ses amis restaient fermes et cessaient de la flagorner, et surtout lui disaient le quart de ce qu'ils pensent d'elle, elle pourrait être une vieille dame très convenable.

Il s'ensuivit une querelle ouverte Granville-Jersey, mais l'affaire s'arrangea quelque temps après. Puis il y eut à l'ambassade un épisode tragique qui mit en émoi toute la maison. Lady Granville le raconte ainsi :

Un voleur est entré dans le jardin, s'est précipité sur la sentinelle et, dans la lutte, a été tué. J'étais seule et j'ai entendu le coup de fusil et les cris juste au-dessous de ma fenêtre. C'était terrible d'être si près de cette œuvre de mort, et je craignais que la sentinelle n'eût eu un geste précipité, que l'homme ne fût venu peut-être à la maison dans une autre intention — car il était bien habillé, avait des livres contenant des vers signés de son nom, et une lettre « à Caroline » dans sa poche ; il ne possédait pas d'armes ni d'instruments de cambrioleur. Je me suis donc sentie profondément soulagée en apprenant qu'il avait été reconnu par la police comme un voleur notoire, condamné à mort il y a quatre mois et recherché en vain depuis lors.

Telle fut l'explication de la police, mais il est à craindre qu'il y ait eu erreur d'identification et qu'on ait tué un homme innocent, mais imprudent.

En octobre 1825, il y avait eu pour lord Granville un curieux intermède officiel dans l'arrivée du duc de Northumberland comme Envoyé spécial au couronnement du roi Charles X. C'était là, les événements l'ont prouvé, un geste inutile et coûteux de la part du monarque anglais Georges IV, et les Granville s'en émurent secrètement. Puis, environ deux ans plus tard, le 10 août 1827, Granville apprit la mort de son ami George Canning. L'ambassadeur et sa femme ne purent s'empêcher de considérer cet événement comme une calamité, non seulement pour eux, mais pour la nation britannique. En tout cas, ils ne pouvaient guère espérer conserver l'ambassade sous son successeur, et, bien qu'ils eussent une espèce d'assurance officielle « dans une lettre aimable de lord Dudley », les Granville sentaient « qu'ils ne pouvaient compter » sur ce ministre passager, et l'ambassadeur était profondément déprimé. Cependant, ce n'est qu'un an plus tard que le coup vint les frapper.

Quand le ministère du duc de Wellington fut constitué, lady Granville écrivit :

Naturellement, nous n'avons guère eu le temps de penser à nos projets. La mappemonde flotte devant mes yeux. Je suis heureuse que ce moment de hâte et d'agitation coïncide avec une période de relâche dans la vie mondaine et que Paris commence à se vider et soit bientôt complètement désert.

Puis, un peu plus tard :

Je me suis mise à la grande tâche qui consiste à payer des notes, brûler et mettre en ordre des papiers.

Granville emporta dans le jardin de l'ambassade ses dépêches et les lettres privées qui lui parlaient des grands changements politiques en Angleterre, et il les lut « sous les regards de la lune, à la lumière des réverbères et parmi les parfums des orangers en fleurs ».

Mais il était difficile d'adoucir ce fait brutal qu'il fallait partir et que le roi avait déjà approuvé la nomination de sir Charles Stuart, maintenant lord Stuart de Rothesay. Au 7 juillet 1828, aucun congé n'était arrivé d'Aberdeen — ni aucune nouvelle officielle de la nomination de lord Stuart. Cependant « cet actif jeune lord a écrit lui-même pour dire qu'il serait ici dans une quinzaine ». Et lady Granville ajoute :

Granville est très ennuyé, mais ennuyé comme un homme qui n'a rien à se reprocher. Nulle plainte, nulle irritation. Il est fort de sa conduite et n'a pas une ombre d'amertume ou d'injustice. Bref, j'ai de lui une idée plus haute que d'aucun être humain. C'est là assez de bonheur pour une femme.

CHAPITRE VI

STUART DE ROTHESAY

Ce n'était plus le chevalier Stuart (comme les Français l'appelaient invariablement) mais lord Stuart de Rothesay qui revenait une fois encore à l'ambassade en juillet 1828. S'il était fort satisfait de revenir sur la scène diplomatique (car on ne peut guère dire qu'il se fût séparé de Paris), quels n'étaient pas le bonheur et le triomphe de sa femme, pour qui les trois dernières années avaient été un véritable exil ! En outre, ses deux petites filles, Charlotte et Louisa (que Charles X appelait « mes petites sujettes ») étaient enchantées « de revoir le vieil hôtel », et avec elles revenait leur gouvernante dévouée, miss Hyriott. Tout le monde était dans le ravissement de voir la maison transformée et le jardin ; mais lady Stuart eut vite fait de remarquer les changements d'installation introduits par celle qui l'avait précédée, lady Granville, et elle ne les approuva point. Cela donna lieu à un incident fâcheux, car lorsque, suivant l'usage, lord Granville envoya la note du mobilier et de l'installation, Stuart refusa de payer en disant qu'il n'avait pas besoin d'objets qu'il n'avait pas choisis lui-même. C'était très maladroit. Granville se plaignit alors à Aberdeen, le nouveau secrétaire aux Affaires étrangères, qui conseilla à Stuart de régler la note. L'ambassadeur s'inclina à contre-cœur, mais en déclarant qu'il ne tenait pas à avoir les meubles, chaises, tapis, rideaux, etc. de Granville ; et immédiatement il les fit emballer et enlever

pour les vendre aux enchères — procédé qui naturellement
fut sévèrement critiqué par tous les partisans des Granville.

Ce ne fut pas tout. Lady Stuart sut très vite que si son
retour à l'ambassade était chaleureusement salué par ses
anciens amis, notamment par la noblesse du faubourg,
il y avait à la cour et dans certains milieux de la haute
société parisienne une atmosphère très nette, sinon d'hostilité, tout au moins de froideur à l'égard de son mari.
Lord Palmerston, qui vint à Paris faire une visite, enre-
gistra cette situation avec sa franchise habituelle (23 janvier 1829).

Lord Stuart n'a pas réussi depuis son retour ici. Quand il a quitté
Paris on le croyait parti pour toujours, et on a sorti toutes espèces
d'histoires à son sujet, et ceux qui en avaient pris à leur aise avec
son nom ont peur de sa société. Il a eu une attitude bien mesquine
dans l'affaire du mobilier de lord Granville (¹).

Il y eut également une autre vilaine affaire que le jeune
lord Normanby, longtemps plus tard ambassadeur lui-
même, a discrètement évoquée :

Il est très souvent permis aux Anglais résidant ou voyageant à
l'étranger de faire transporter leurs lettres en Grande-Bretagne
dans le sac contenant les dépêches de l'ambassadeur; ils évitent
ainsi les frais, mais surtout les regards indiscrets de la police souveraine. Il avait paru dans le *Chronicle* de Londres des lettres
contenant de violentes invectives contre les ministres français et
évidemment écrites à Paris. Comment avaient-elles pu être trans-
portées? Évidemment par l'intermédiaire de l'ambassadeur. L'employé qui était chargé de recevoir ces lettres pour le sac en question
fut corrompu, dit-on, et en même temps on lui indiqua la manière
de prendre connaissance de leur contenu sans détériorer ni détruire
les lettres; et il fut stipulé qu'il en fournirait régulièrement des
copies à la police. L'employé ainsi acheté trouva cette occupation
non seulement rémunératrice mais amusante. A vrai dire, les lettres
politiques, qui intéressaient surtout ses suborneurs, avaient peu
de charmes pour lui; mais quelques-unes des lettres privées, pleines
de malice et de scandales, en avaient; le vaurien en prit copie non
seulement pour la police, mais pour lui-même. Les dignes Anglais
résidant à Paris n'avaient jamais pensé à l'honneur et à l'immor-
talité qui menaçaient leur correspondance jusqu'au moment où

1. Charles Greville écrivait également : « Lord Stuart de Rothesay est
renvoyé à Paris, bien que personnellement peu en faveur auprès du roi et
peu aimé de tout le monde ». (*Mémoires*, Volume I.)

l'employé infidèle fut découvert dans sa fraude et renvoyé. Mais l'homme eut bientôt besoin d'argent et il s'adressa à un certain lord (« joyeux et dissipé »), résidant à Paris, lui produisit la preuve que sa correspondance avait été copiée et le menaça d'envoyer cette correspondance à l'imprimeur si on ne lui versait pas une certaine somme. Bientôt après, cependant, il disparut mystérieusement et on n'entendit plus parler de lui (¹).

L'incident causa un scandale diplomatique et diminua encore le prestige de lord Stuart. Dans ces conditions, lady Elisabeth sentit qu'il fallait faire un effort tout spécial pour gagner la haute société parisienne et elle résolut de fêter leur retour par un bal costumé d'une splendeur sans précédent. Ce devait être la restauration des magnifiques fêtes de la Renaissance, dont les personnages seraient Marie Stuart et sa cour. L'ambassadrice aurait bien voulu prendre pour elle-même le rôle de la jeune reine, malgré sa maturité de mère de famille ; mais elle offrit prudemment ce rôle à sa royale amie la duchesse de Berri, et le duc de Chartres promit d'y tenir le rôle de François II.

Ce bal de l'ambassade fut donné le 2 mars 1829 et fut un très grand succès. On y vit presque toute la famille royale et toute l'aristocratie qui se trouvait alors à Paris, et on se rappela longtemps sa magnificence. A vrai dire, il est douteux qu'il ait jamais été éclipsé par aucune fête donnée à l'ambassade, où la tendance, tout au moins à notre époque, est de réduire les grandes et coûteuses réceptions, sans doute par peur de provoquer dans l'esprit des Français de désagréables comparaisons de richesse nationale. Un artiste plein de talent, Eugène Lamy, exécuta toute une série de magnifiques dessins du bal Marie Stuart, dessins qui furent plus tard gravés et dont l'un représente lady Stuart de Rothesay en reine-mère montant l'escalier de l'ambassade, où se presse la foule des invités.

Étrange tour de roue de la fortune ! Dès l'année suivante, la duchesse de Berri, elle-même chassée de France, se réfugiait à Holyrood, palais de Marie Stuart, — reine d'Écosse !

Pour le moment les Stuart avaient réussi à restaurer leur

1. NORMANBY. *La France et les Français.* 1828.

popularité. Lady Blessington, qui venait d'arriver à Paris et avait pris un hôtel meublé dans le faubourg, note, après un dîner à l'ambassade :

Lord Stuart de Rothesay est très populaire à Paris ainsi que notre ambassadrice. C'est là une preuve qu'à un grand fonds d'excellent naturel, ils savent joindre beaucoup de tact. Pour plaire aux Anglais et aux Français, et ils y réussissent parfaitement, il faut être largement pourvu d'un rare talent de savoir-vivre. A une connaissance profonde de la société française et de ses caractéristiques, connaissance qu'il n'est pas facile d'acquérir, lord et lady Stuart de Rothesay ajoutent l'heureux talent d'emprunter tout ce qui est agréable dans les usages de cette société, sans rien sacrifier de la pompe qui est si essentielle chez les représentants de notre nation, plus grave et plus réfléchie.

C'est là certainement un très bel hommage, bien que le Journal de lady Blessington, *An idler in France*, dans lequel il parut, n'ait vu le jour que plusieurs années après le départ des Stuart.

Stuart de Rothesay s'était à peine installé à son bureau et avait à peine rassemblé de nouveau les fils de la politique qu'il remarqua les symptômes d'une tempête prochaine. Il avait peu de confiance dans la durée du règne de Charles X ainsi que dans la politique de son ministre, M. de Polignac. Il voyait, comme lord Palmerston, et comme aurait dû le voir son chef officiel, Aberdeen, le caractère précis de la mesure qui allait sûrement provoquer une révolution. Parmi les hommes les plus versés dans les affaires extérieures, entre les mains desquels le sort de la France pouvait tomber, il estimait qu'après Talleyrand, Sébastiani avait des chances sérieuses. Cependant, au cours de la visite qu'il fit à Paris, Palmerston ne paraît pas avoir eu une impression très favorable de Sébastiani, qu'il rencontra à un dîner chez le comte de Flahaut auquel assistaient Stuart et Talleyrand. Une lettre privée de Palmerston donne un exemple du genre de conversations politiques qui se déroulaient dans les dîners parisiens à la veille de la révolution de 1830. Talleyrand, pensait-il, « paraît déprimé et brisé, et n'a pas dit grand'chose », alors que Sébastiani,

petit-maître suffisant et prétentieux, a affirmé à voix très haute, et dans un style déclamatoire, qu'il importe beaucoup à un pays

d'avoir une grande capitale, parce que cela tend à créer une opinion
publique et à faire progresser la liberté politique de l'État; que
Paris n'est pas assez grand et qu'il faut forcer son développement;
que le meilleur moyen d'atteindre ce but serait d'exempter d'impôts pendant quinze ou vingt ans toutes les maisons qui seraient
bâties à partir de ce moment-là et pendant une certaine période;
il ne s'apercevait pas qu'une grande capitale peut être un bon organisme politique quand elle résulte de l'activité du commerce et se
développe spontanément, mais qu'un agrégat de pierre et de mor-
tier n'est pas la même chose qu'un agrégat d'êtres pensants.

Palmerston ajoute :

Après dîner, Sébastiani m'a fait l'honneur de me dire avec
franchise qu'il est mille fois dommage que tous les partis et le gouvernement en Angleterre aient une conception aussi erronée du
principe suivant lequel nous devons agir avec la France. Il est
essentiel et indispensable à la France de retrouver la frontière du
Rhin; Landau et Sarrelouis lui sont particulièrement nécessaires.
Tant que la politique de l'Angleterre sera opposée à ces reprises, il
sera impossible qu'une alliance cordiale existe entre l'Angleterre
et la France; et la France, dont les intérêts réels résident dans un
rapprochement avec l'Angleterre, sera amenée à chercher plutôt à
s'unir avec la Russie et la Prusse ou toute autre puissance qui
l'aidera à atteindre ces objectifs.
Bien que la Prusse paraisse, à première vue, intéressée à empêcher ses reprises par la France, son consentement pourra être
acheté par des morceaux de l'Autriche ou de la Saxe ou par le
Hanovre.

L'homme d'État anglais exprimait sèchement son doute
« qu'on pût trouver en Angleterre un parti assez éclairé
pour voir la question sous cet angle », et il pensait « qu'il
serait très difficile de faire accepter au peuple anglais un
arrangement de ce genre ».
Dans l'ensemble, l'opinion de Palmerston en 1829 était
la suivante :

La France est prospère et n'a besoin que de paix pour devenir
puissante; l'intérêt de sa dette n'est que de sept millions de livres
sterling et son fonds d'amortissement de la dette est de trois millions de livres sterling. Ses impôts sont légers et ses habitants sont
heureux ([1]).

Si la France voulait vraiment un gouvernement libre et
honnête, il lui était difficile d'en avoir un meilleur que celui
qu'elle possédait avec la monarchie restaurée des Bour-

1. BULWER, *Life of lord Palmerston.*

bons. C'était là l'opinion tout au moins d'un autre observateur, le prince Léopold. Si les Bourbons étaient impopulaires, c'était parce que les Français ne pouvaient se résigner au traité qui leur avait été imposé par les Alliés après Waterloo. Et pourtant, la France n'avait en réalité subi aucune mutilation. Elle avait les mêmes frontières qu'en 1789 ; mais les Français croyaient avoir droit à ce qu'ils appelaient les frontières naturelles, « la mer, le Rhin et les Pyrénées ».

Palmerston pensait que toutes les difficultés « seraient réglées à l'amiable et qu'il n'y avait aucune possibilité ou plutôt aucune probabilité de révolution ou de convulsion », à moins que le roi et ses ministres ne fussent assez entêtés et fous pour défier l'opinion nationale. « Dans ce cas, il est probable que le locataire des Tuileries changerait de nom et que le duc d'Orléans serait invité à quitter le Palais Royal. »

C'est là, en vérité, un exemple frappant de la clairvoyance de Palmerston.

L'année suivante, il y eut un changement sur le trône britannique : en juin 1830 Georges IV mourut. Un mois plus tard la Révolution éclatait à Paris. Bien qu'il n'y eût pas alors de parti bonapartiste, l'esprit bonapartiste était mûr en France. Partout se manifestait la haine des Bourbons. Les militaires et les démocrates, dans leurs loges maçonniques et carbonaristes, ne cessaient d'affirmer que les Bourbons étaient responsables des malheurs de 1814 et 1815.

Ce que la masse des révolutionnaires demandait, c'était une République. Après trois jours de combat, personne n'entendait prononcer le nom de Louis-Philippe, duc d'Orléans. Les députés libéraux auraient été satisfaits de faire la paix avec le roi si Polignac et ses ministres avaient été renvoyés. Les extrémistes n'avaient pas de plan déterminé.

La situation à Paris devient chaque jour plus terrible, écrivait Agnès Berry... Nous avons entendu l'affreux son du canon à la dernière halte que les troupes du roi commandées par Marmont ont faite aux Champs-Élysées. Même alors, le pauvre roi, dans son entêtement, rejeta toutes les conditions, jusqu'à ce qu'on vit, des fenêtres de Saint-Cloud, la poussière de ses troupes en fuite, suivies par un peuple justement irrité, et qu'on lui dit qu'il ne lui restait pas un quart d'heure pour prendre un parti. En réalité sa cause est perdue pour toujours... Vous ne pourrez jamais rien voir de plus horrible que l'état dans lequel se trouve Paris, et le massacre complet des pauvres gardes suisses et français, si mal inspirés dans leur fidélité, vous glace le sang dans les veines.

Et tout cela s'était accompli en une semaine, après que le roi, affolé, aidé de ses ministres, avait proclamé les ordonnances qui suspendaient la liberté de la presse, dissolvaient la Chambre des Députés et créaient un nouveau système électoral!

Le 30 juillet, on conseilla à Louis-Philippe de demander l'avis de lord Stuart qui le pressa de rester à Neuilly et de faire tout ce qui était en son pouvoir pour rétablir l'ordre. Quand, plus tard, le duc s'adressa de nouveau à Stuart, on jugea à propos de lui faire donner une réponse commune par tous les ambassadeurs.

« La nomination du duc comme lieutenant-général, écrivait Stuart, était la seule solution de la question. Autrement les partis de l'Hôtel de Ville l'auraient emporté. » Un matin, Stuart apprit qu'un placard avait été apposé pendant la nuit par Laffitte et Thiers, un jeune journaliste intelligent et encore peu connu. Ce placard exposait qu'une république entraînerait la guerre civile et la guerre extérieure. On reconnaissait que Charles X, ayant versé le sang de son peuple, était indigne de garder la couronne. Mais, continuait-on, il y avait un prince qui était dévoué à la cause de la révolution, et ce prince, c'était Louis-Philippe, duc d'Orléans.

Ce placard eut un effet immédiat sur les députés libéraux et les classes moyennes. Mais le parti récalcitrant et violent de l'Hôtel de Ville s'indigna à l'idée qu'un autre Bourbon pût recueillir les fruits de sa glorieuse victoire. Il demanda à Lafayette de proclamer une république dont il serait le président. Lafayette recula, mais Rémusat et quelques-uns de ses collègues, ainsi que Rives, le ministre des États-Unis, le persuadèrent par d'habiles flatteries de jouer le rôle de fondateur d'une monarchie libérale.

En conséquence, le 31 juillet, Lafayette consentit à recevoir le duc d'Orléans sur la place de Grève. Dix jours plus tard, le duc, ayant juré à la Chambre des Députés fidélité à la Charte, était proclamé roi des Français, pendant que son parent détrôné s'enfuyait en Angleterre, pour y mourir. Le nouveau monarque était dans sa cinquante-quatrième année.

D'autre part, en Angleterre, le duc de Wellington, qui avait été le principal instrument de la restauration des Bourbons, connaissait trop bien les Français pour ne pas se rendre compte que le triomphe des extrémistes était une menace pour l'Europe. Mais il était loin d'être avec Polignac en aussi bons termes qu'on le croyait, et la récente expédition française à Alger avait tendu les relations anglo-françaises.

Wellington s'empressa donc de conseiller au roi Guillaume IV de reconnaître Louis-Philippe, et, en l'absence temporaire de lord Stuart de Rothesay, Hamilton, le chargé d'affaires, fut invité à présenter ses respects officiels à la nouvelle cour.

Les Anglais sont très populaires en France à l'heure actuelle, notait lady Blessington, et la prompte reconnaissance de Louis-Philippe par notre gouvernement a accru encore ces bons sentiments. Une foule énorme a escorté jusqu'à sa porte M. Hamilton, le secrétaire de l'ambassade, lorsqu'il est rentré en voiture de sa première audience auprès du nouveau monarque, et les cris de « Vivent les Anglais » remplissaient les airs.

Ce cri fervent de « Vivent les Anglais » devait alterner, dans tout le siècle, avec son fâcheux complément « A bas les Anglais ».

Comme la révolution avait éclaté pendant leurs vacances d'été, les Stuart avaient eu la chance de n'en pas voir les scènes les plus déplorables. Mais Stuart revint bien vite à l'ambassade et il fut le premier des ambassadeurs étrangers à se présenter en grand apparat aux Tuileries.

A vrai dire, pour le moment, on ne savait pas quelle serait l'attitude des autres cours étrangères. Stuart apprit que le tsar Nicolas, bien que détestant la révolution, n'avait

pas l'intention d'attaquer la France. Il donna pour instructions à son ambassadeur « de rester à Paris, mais de
quitter immédiatement la maison fournie à l'ambassade
de Russie par le gouvernement français ». En outre, il
devait se tenir prêt à quitter Paris sur l'heure, et partir
immédiatement si les ambassadeurs d'Angleterre, de
Prusse, d'Autriche ou de Hollande y étaient obligés. Le
duc d'Orléans n'était pour le tsar qu'un usurpateur, mais
le tsar ne voulait pas intervenir, à moins que la France
n'essayât de répandre les doctrines révolutionnaires dans
les autres pays ou de porter ses armes au delà de ses frontières.

Plus tard, tout en regrettant que le gouvernement britannique eût montré tant de hâte à reconnaître Louis-
Philippe, l'autocrate russe jugea prudent d'adopter la
même attitude. Mais, à ce moment-là, l'attention de l'Europe s'était déplacée de Paris vers le Nord de la France :
la Belgique, qui depuis 1815 faisait partie du royaume des
Pays-Bas, décida de frapper un coup pour obtenir son
indépendance.

La révolution de juillet fut pour les Belges un encouragement à la révolte, et le mois suivant vit à Bruxelles une
violente explosion révolutionnaire qui fut rapidement suivie de la formation d'un gouvernement provisoire et de la
proclamation de l'indépendance de la Belgique.

Ces événements causèrent naturellement une grande satisfaction à Paris, où l'on détestait cordialement tout ce
qui se rapportait aux traités de 1815. La France était aux
côtés de la Belgique ; et peut-être y avait-il là une occasion
exceptionnelle pour récupérer les anciennes frontières
françaises dans le Nord. Le vieux roi des Pays-Bas fit appel
aux puissances. Louis-Philippe reconnut immédiatement
l'impossibilité d'une intervention française : tout ce qu'il
pouvait faire était de demander aux puissances d'imiter
son exemple et de laisser les populations des Pays-Bas
assurer leur propre salut. A titre de premier geste à l'égard
de l'Angleterre, il décida de rappeler de sa retraite le vétéran Talleyrand. On savait que Talleyrand était pacifique ;

il était l'une des combinaisons les plus frappantes du libéral
et du monarchiste, du démocrate et de l'aristocrate que
l'époque eût produites : sa vie tout entière avait été une
série de métamorphoses dramatiques. Talleyrand fut envoyé comme ambassadeur à Londres.

En annonçant aux puissances qu'à l'avenir la politique
française en Belgique et ailleurs serait basée strictement
sur le principe de non-intervention dans les affaires intérieures des autres pays, Louis-Philippe et le comte Molé,
son premier ministre des Affaires étrangères, ne pouvaient
guère escompter la pleine approbation de la Russie, de la
Prusse et de l'Autriche. Tout d'abord, Frédéric-Guillaume
de Prusse était le beau-frère du roi des Pays-Bas, et il estimait qu'il ne faisait qu'accomplir un devoir fraternel en
déplaçant quelques milliers de troupes vers le Rhin et la
frontière belge. Quand la nouvelle de cette mobilisation
arriva à Paris, Molé fit une démarche très nette. L'ambassadeur de Prusse était à Paris, mais sans lettres de créance
officielles. Il fut prié de venir voir le ministre des Affaires
étrangères dans une maison privée, et celui-ci lui fit connaître que si une armée prussienne franchissait la frontière
hollandaise, son maître considérerait cela comme un acte
de guerre contre la France. Si courroucé que fût Frédéric-
Guillaume de cette manifestation de l' « insolence française », il décida de ne pas courir le risque, et le mouvement
de troupes fut arrêté.

A l'ambassade de Grande-Bretagne, lord Stuart inclinait, avec le duc de Wellington, à considérer l'explosion
belge comme une « très mauvaise affaire », fort susceptible
de précipiter une guerre européenne.

Une grande agitation régnait à Paris. La Société des
« Amis du Peuple » recrutait et armait un bataillon qui
devait marcher au secours des frères belges. Les journaux
publiaient des appels demandant des hommes et de l'argent pour la cause belge. Mais partout régnaient l'agitation
et la violence, et les agents révolutionnaires de tous les
pays, surtout de l'Espagne et de l'Italie, faisaient de Paris
— et en particulier de la maison de l'ultra-libéral La

Fayette — leur quartier-général. L'annexion de la Belgique
était le nouveau cri de combat.

Et puis, il y avait l'Espagne. Stuart soupçonnait le gouvernement français de fermer les yeux sur les actes des
révolutionnaires espagnols, mais Molé protestait contre de
tels soupçons (1).

Néanmoins, il était exact qu'il considérait l'occasion
comme favorable pour exercer une petite pression sur le
monarque espagnol, qui avait négligé jusque-là de reconnaître le roi des Français, en provoquant ses craintes. La
permission donnée aux révolutionnaires espagnols de se
rassembler à la frontière française eut l'effet voulu, et
le ministre d'Espagne à Paris reçut ses lettres de créance
avant la fin du mois d'octobre.

Les puissances convinrent alors d'adopter la proposition
britannique et de réunir une conférence sur les affaires de
Belgique. Où les plénipotentiaires devaient-ils se réunir?
Naturellement, Londres, où la conférence sur la Grèce
venait de se tenir, paraissait la capitale la plus indiquée.
Mais Molé insista pour qu'elle se tînt à Paris. Quand le
duc apprit cette suggestion, il s'écria : « Impossible ! ».
C'était un « terrain trop agité »; il était absurde de penser
à discuter les affaires des Pays-Bas au milieu du « tour-
billon révolutionnaire » de la capitale française. Si les discussions avaient lieu à Londres, les plénipotentiaires pourraient accepter les propositions anglo-françaises sans avoir
à poser aucune question à leurs gouvernements, mais à
Paris ils seraient méfiants et insisteraient pour que toute
divergence fût soumise à leurs cours respectives.

Néanmoins, Molé persistait dans ses objections contre
Londres. Stuart de Rothesay ne savait que penser de cette
obstination. A la fin le mystère s'expliqua. Elle était due
à la présence de Talleyrand à Londres. Talleyrand était
frappé d'anathème par les ultra-libéraux et ceux-ci avaient
très mal accueilli sa nomination comme ambassadeur à
Londres. S'il représentait la France à la prochaine confé-

1. Stuart à Aberdeen (1er, 8, 11 octobre 1830).

rence, il exposerait son gouvernement à une attaque fatale de ses ennemis. Est-ce que lord Aberdeen désirait sa chute (de Molé) et peut-être celle de son royal maître ?

« Cette raison extraordinaire de l'hostilité à notre proposition, écrivait brutalement Aberdeen à Stuart, ne paraît pas au gouvernement de Sa Majesté digne d'un examen sérieux. » Molé était d'un autre avis. Il vit lord Stuart plusieurs fois et il menaça, si le ministère britannique persistait dans son attitude, d'envoyer un second plénipotentiaire à Londres, comme associé du prince Talleyrand.

Jusqu'où Molé serait-il allé ou quelles étaient exactement ses raisons ? On ne put le savoir, car des émeutes politiques éclatèrent à Paris (qui ne firent que confirmer les craintes de Wellington) et il y eut une reconstitution du cabinet sur une base plus libérale. Les membres conservateurs : Broglie, Molé, Guizot et Casimir-Périer donnèrent leur démission. Laffitte fut chargé de former un nouveau ministère.

Juste à ce moment-là, en Angleterre, le ministère de Wellington était chancelant. Le Parlement s'était ouvert le 2 novembre par un discours du trône, dans lequel les Belges étaient appelés « des sujets révoltés ». Le ministère proclamait que les troubles politiques à l'intérieur seraient sévèrement réprimés. Quinze jours plus tard le duc se prononçait hardiment contre les réformes, il fut naturellement battu. Le comte Grey devint premier ministre.

Ce bouleversement politique à Londres entraîna naturellement un changement d'ambassadeur à Paris. Cependant, depuis qu'il avait succédé à Wellington en 1815, jamais Stuart n'avait eu plus d'affaires importantes sur les bras, et, il faut le dire à son honneur, il les traitait avec habileté.

« Palmerston est entré, ma chère, et nous sommes dehors. » C'est ainsi que l'ambassadeur annonça la nouvelle à sa femme. Pour la seconde fois, après moins de deux ans à l'ambassade, ils allaient être remerciés. La pauvre lady Betty espérait que ce ne serait pas de nouveau les Granville, mais c'était espérer contre tout espoir : ce devait être les Granville, et on ne donna aux Stuart qu'un bref répit jusqu'à la fin de l'année.

Malgré les changements politiques survenus à Paris et qui avaient amené Sébastiani au ministère des Affaires étrangères, Talleyrand resta à son poste à Londres.

L'Angleterre, écrivait-il de là-bas, est le pays avec lequel la France doit cultiver les relations les plus amicales. Ses pertes coloniales ont fait disparaître une source de rivalité entre elles. Les puissances croient encore au droit divin des rois : la France et l'Angleterre sont seules à ne plus souscrire à cette doctrine. Les deux gouvernements ont adopté le principe de non-intervention. Que toutes les deux déclarent maintenant très haut qu'à elles seules elles sont résolues à maintenir la paix, et leurs voix ne s'élèveront pas en vain.

D'autre part, le moment paraissait réellement favorable pour inaugurer une ère nouvelle en Europe. La situation était assez semblable en France et en Angleterre. La révolution survenue en France avait agi sur l'Angleterre comme elle avait agi partout : elle avait précipité le triomphe des whigs. Les deux pays avaient de nouveaux chefs et en dépit de profondes différences de caractère, ces deux chefs étaient des hommes simples, de tendances libérales, qui avaient succédé à des souverains de l'école du dix-huitième siècle.

Les deux hommes d'État qui devaient réaliser cette Entente cordiale étaient lord Palmerston et le général Sébastiani. Nous avons déjà donné l'opinion de Palmerston sur Sébastiani. Il n'est point surprenant que lord Stuart de Rothesay n'eût grande confiance ni dans l'un, ni dans l'autre.

Palmerston avait alors quarante-cinq ans ; il avait été tory pendant dix-sept ans, avant de se séparer de ce groupe, en 1828, avec les autres partisans de Canning. Bien qu'il s'intitulât maintenant un whig, il n'était point membre du Club de Holland House. Il n'avait été infecté par aucune forme de doctrine révolutionnaire. Lorsqu'il visita Paris en 1829, il avait rencontré la plupart des chefs libéraux français, et avait vu très clairement que tous gardaient une profonde rancune contre les traités de 1815 et n'attendaient qu'une occasion de reporter les frontières françaises jusqu'au Rhin. Aucun n'avait été plus amer que Sébastiani, et cet homme était maintenant le ministre des Affaires étrangères de Louis-Philippe.

En outre, alors que le règlement de la question belge exigeait toute l'attention des puissances, l'agitation et les troubles reprenaient en Saxe et dans d'autres États allemands, et, le 28 novembre, une insurrection éclatait en Pologne que les Français saluèrent avec enthousiasme. Il y eut des réunions fort agitées et on vota des résolutions de sympathie en faveur des « Français du Nord », comme on appelait les Polonais.

« Toute cette agitation, écrivait lord Stuart, vient à point nommé pour Louis-Philippe et son ministère. Elle détourne l'attention populaire d'une autre question qui leur inspire de sérieuses craintes. » Cette autre question c'était le jugement de Polignac et de ses trois collègues qui avaient signé les ordonnances de juillet et avaient été arrêtés. La populace demandait bruyamment leur exécution, mais le roi était résolu à les épargner. Quand, donc, le 21 décembre, les pairs les déclarèrent coupables de haute trahison, ils furent condamnés seulement à la prison perpétuelle, et mis hâtivement en sécurité à Vincennes, hors des griffes d'une populace furieuse.

Il n'était pas étonnant que l'Angleterre fût accusée d'avoir sauvé Polignac de la guillotine ou du gibet. On soupçonna La Fayette lui-même d'avoir joué un rôle dans cet acte de pitié, mais, soit par excès, soit par insuffisance de zèle comme commandant de la Garde Nationale, il se fâcha alors et donna sa démission. Stuart écrivit à Palmerston qu'il croyait que cela pourrait avoir de graves conséquences, mais rien ne se produisit. Le ministère nomma le successeur de La Fayette, et la foule inconstante abandonna son héros.

Entre temps, la conférence belge avait été réunie à Londres et un armistice proclamé aux Pays-Bas. On se rendait compte que, si la Belgique devait être déclarée royaume indépendant, le problème du choix d'un roi serait hérissé de difficultés. Molé avait dit confidentiellement à Stuart, avant sa démission, que le gouvernement provisoire de Bruxelles désirait mettre sur le trône un des fils de Louis-Philippe. Il lui fut répondu que, comme la France était sur le point de participer à une conférence avec les autres puissances, cette proposition ne pouvait être envisagée un seul instant. Naturellement, le candidat évident c'était l'héritier du trône de Hollande, le prince d'Orange, qui avait toujours été populaire en Belgique. Mais après le bombardement d'Anvers par les Hollandais il devint impossible, et le 24 novembre le Congrès national de Bruxelles décréta l'exclusion de tous les membres de la maison d'Orange-Nassau. Un agent fut envoyé à Londres pour sonder Talleyrand et certains autres personnages et savoir si l'on accepterait le duc de Leuchtenberg. Ce jeune homme était le fils d'Eugène de Beauharnais, et par conséquent un Bonaparte. Mettre sur le trône un membre quelconque de la famille de Bonaparte était, de l'avis de Louis-Philippe, compromettre son propre trône. Il n'avait pas « d'objections personnelles contre lui, mais toutes considérations devaient céder devant la raison d'État ».

Un autre candidat était l'archiduc Charles d'Autriche, qui était appuyé par Grey et Palmerston ; mais Metternich fit savoir à ses partisans que l'archiduc refuserait la couronne· Le nom de Léopold de Saxe-Cobourg fut mis en avant.

En attendant, la Belgique était proclamée indépendante, et, tant à Bruxelles qu'à Paris, la question du roi à choisir prenait une importance grandissante. Dans la première capitale, il y avait un parti français qui voulait l'union avec la France, et un parti d'Orange, composé des partisans du prince d'Orange. A Paris, lord Stuart notait le langage du parti militaire, et notamment de Magnin et de Lamarque à la Chambre, qui, selon lui, accusait une hostilité à tout règlement susceptible d'exclure l'union future de la Belgique et de la France, et déterminait le roi à s'écarter des plans de l'Angleterre et des autres puissances (¹).

1. F. O. : Stuart de Rothesay à Palmerston (31 décembre 1830).

Cependant, dans son esprit, Louis-Philippe était aussi loin de consentir au choix de son fils, le duc de Nemours, qu'à toute union de la Belgique avec la France. A vrai dire, en ce qui concerne la première hypothèse, il avait été clairement informé que lord Grey — ou peut-être seulement Palmerston — la considérerait comme un cas de guerre (¹).

Stuart de Rothesay, en raison de son précédent séjour à La Haye et en Belgique, s'intéressait vivement à la question belge. Il souhaitait de tout son cœur rester rue Saint-Honoré pour contribuer à un règlement. La crise approchait, car bientôt un Belge de marque apportait à Paris une nouvelle offre de la couronne belge au jeune duc de Nemours de la part du gouvernement provisoire. Cette fois — pour apaiser le gouvernement britannique — on devait faire d'Anvers un port libre, ses fortifications devaient être détruites et le nouveau roi devait prendre pour épouse une princesse anglaise. A la suite du refus de Louis-Philippe d'accepter cet arrangement pour son fils, le parti français à Bruxelles transféra son appui au duc de Leuchtenberg et un trio de généraux français, bonapartistes notoires, arriva en Belgique.

Une émeute éclata à Paris et le roi citoyen s'alarma. Il ouvrit librement son cœur à l'ambassadeur de Grande-Bretagne, mais hélas! il était trop tard, le successeur de Stuart était déjà en route.

Cependant, les Stuart ne devaient pas échapper à toute violence. Il y eut quelques incidents graves avant leur départ de l'ambassade, et on ne savait pas exactement ce que le jour suivant apporterait. Le ministère, redoutant l'état d'esprit de la foule, restait dans une situation précaire. Résumant la situation, lady Stuart écrivait, au sujet des conseillers de Louis-Philippe, Laffitte, Soult et Sébastiani, qu'ils devaient « lui rester fidèles jusqu'au bout, ou se voir mis à la porte ».

Le 24 décembre 1830, elle écrivait :

1. « Cette déclaration, écrivait Sébastiani à Talleyrand, a au moins le mérite de la franchise ». Ce mérite n'a jamais fait défaut à Palmerston.

Maintenant que nous avons fini nos trois journées et que nous avons envoyé au lit notre garde nationale, après être restés debout pendant trois nuits, vous serez tous effrayés à notre sujet et vous vous demanderez comment cela finira... Les insurgés avaient réellement de mauvaises intentions et si la garde nationale n'avait pas été fidèle, leurs intentions se seraient réalisées. Il y a eu quelques moments très inquiétants... J'ai été très effrayée par certains bruits, qui tous se sont éteints progressivement.

La veille, cependant :

La situation paraissait encore plus alarmante, lorsqu'un piquet de dix soldats, avec un sergent, est venu pour veiller sur nous et nous protéger contre le pillage. Lord Stuart a renvoyé nos défenseurs, comme la plupart de nos collègues, mais pas tous... Nous ne courions pas grand danger, sauf de la part de ceux que Dupin désignait à la Chambre comme les plus dangereux perturbateurs, « les volcans ». C'est affreux de penser à la torture morale des pauvres prisonniers lorsque tous ces horribles cris atteignaient leurs oreilles ; deux fois, les portes ont été forcées. On me dit que Polignac était accablé par sa condamnation, qu'il n'avait pas du tout prévue... mais je suppose que sa pauvre petite femme sera contente qu'il soit sauvé. Tout ce mélange d'intrigues et d'ambitions est écœurant, et cette combinaison accroît beaucoup les chances de guerre générale.

Pendant tout ce temps, les Granville avaient attendu le départ des Stuart. Pour sa part, lady Granville supportait impatiemment ce retard, tant elle désirait revenir dans le faubourg. Mais, comme nous l'avons vu, les Stuart ne se pressaient pas, et nulle réponse ne vint à la première lettre de lord Granville, demandant à savoir la date exacte où lui et sa famille pourraient prendre possession de l'ambassade.

Le 30 décembre, lady Granville note :

Rien de lord Stuart hier, mais Mrs Hamilton, femme du secrétaire d'ambassade, écrit, évidemment par ordre, pour nous prier de ne pas venir trop tôt. Et cependant, nous irons !

En abandonnant l'ambassade, cette fois, lady Betty avait au moins conscience qu'avec le règne de Charles X avait pris fin une brillante époque mondaine dans la capitale française, et que personne n'en n'avait plus profité qu'elle-même. Mrs Augustus Craven, dans sa *Vie de lady Georgina Fullerton*, fille de lady Granville, dit que la première période des Granville coïncida avec l'une des époques les plus distinguées de l'histoire de la capitale française, époque qui ne ressemblait exactement à rien de ce qui l'avait précédé ou suivi. Mais, à coup sûr, sa description serait beaucoup plus vraie, parce que portant sur un plus grand nombre d'années, pour la période de lord Stuart de Rothesay.

Toute une combinaison de circonstances donnait à la conversation un intérêt et un charme sans précédent. Beaucoup de femmes mariées, dont les jeunes années avaient été frivoles, peut-être, transformées par les terribles épreuves de l'adversité, émouvaient leur auditoire par le récit de leurs souffrances et des difficultés qu'elles avaient eu à surmonter. Les hommes, d'autre part, soit parce qu'ils avaient subi les épreuves diverses et extraordinaires de l'exil — pénibles parfois, pleines d'aventures toujours — soit, parce qu'ils avaient pris part aux fameuses batailles dont le souvenir était encore vivant, apportaient au fonds commun de la conversation quelque chose de mieux que de vains commérages, sans y mêler jamais de choses ennuyeuses ni de banalités, grâce à une gaîté naturelle qui avait survécu à tout. La société ainsi composée était ranimée par le souffle de la paix restaurée, qui permettait aux étrangers de venir à Paris et aux Parisiens de voyager à l'étranger ; cela donnait à la vie populaire et mondaine une sensation de bien-être qui n'était pas encore devenue une habitude. C'est Paris surtout qui gagnait à cette situation. Un certain nombre de salons s'étaient rouverts et on y voyait fleurir sans effort la conversation, si chère aux Français parce qu'ils y brillent.

Cette période, dans laquelle la gaieté du présent s'alliait à la dignité du passé, dura jusqu'en 1830 (1).

Naturellement, comme le dit l'auteur, elle se prolongea un peu plus tard, bien que dans la suite les salons de Paris fussent divisés en plusieurs camps hostiles.

1. Mrs. A. CRAVEN, *Vie de lady Georgina Fullerton.*

CHAPITRE VII

DEUXIÈME PÉRIODE DE GRANVILLE

Lord Granville ne pouvait s'empêcher de trouver étrange que la première audience que lui avait accordée le roi de France comme ambassadeur de Grande-Bretagne, alors qu'il avait passé la nuit précédente dans une chambre de l'ambassade toute parfumée des souvenirs de la belle Pauline, hélas! partie pour toujours, eût à peu près pour unique sujet : les Bonaparte.

C'était là un sujet de conversation tout à fait démodé quand Granville avait quitté Paris moins de trois ans auparavant.

Dans sa première lettre à Granville (7 janvier 1831) Palmerston lui avait donné le conseil suivant :

Il ne serait pas mauvais que vous donniez à entendre, à la première occasion favorable, que, si nous désirons vivement cultiver la meilleure entente avec la France et vivre avec elle dans les termes de l'amitié la plus intime, c'est à la condition qu'elle se montre satisfaite du plus beau territoire qu'il y ait en Europe et ne cherche pas à ouvrir un nouveau chapitre d'empiètements et de conquêtes.

Je n'ai aucune crainte de guerre, ni d'aventures, écrivait lady Granville, sauf en ce qui concerne ces affreux Belges, et je crois qu'ils finiront bientôt par ne plus ennuyer personne qu'eux-mêmes.

Le danger venait de ce que le fils d'Eugène de Beauharnais, le duc de Leuchtenberg, avait réussi à rallier autour de lui les bonapartistes, tant en Belgique qu'en France. Or, en vertu des traités existants, aucun membre de la famille Bonaparte n'était autorisé à résider en Belgique.

Le roi fit donc savoir à Granville qu'il avait réfléchi à un moyen de sortir de la difficulté. Il avait découvert le remède qui convenait le mieux au nouvel État. Il avait également trouvé un moyen de convaincre l'opinion publique anglaise que le gouvernement français voulait réellement la paix. Il allait confier ses propositions à un agent diplomatique spécial qui les transmettrait immédiatement à Londres. Granville apprit avec quelque intérêt que l'agent diplomatique était l'ancien amant de la reine Hortense, belle-sœur de Napoléon (et mère du prince Louis-Napoléon). C'était le comte de Flahaut, père d'un personnage célèbre dans la suite : le duc de Morny, demi-frère de Napoléon III. Quant au prince qui devait être présenté comme un candidat idéal pour le trône vacant de Belgique, qui devait être acceptable pour tous, et concilier toutes les parties, c'était le prince de Bourbon Charles de Naples.

Granville était fort perplexe ; il le fut plus encore quand, à une audience postérieure, il entendit le roi développer son plan grandiose d'une alliance franco-anglaise offensive et défensive sur le continent. La France devait annexer une partie de la Belgique, l'Angleterre devait mettre une garnison à Anvers qui serait converti en une sorte de ville hanséatique, le prince Charles de Naples devait être placé sur le trône des Belges et les autres puissances seraient priées de ne pas intervenir. Quand Palmerston apprit tout cela, il répondit que « ces alliances n'étaient pas populaires en Angleterre, mais que si la France était attaquée injustement, on trouverait l'Angleterre à ses côtés ». Talleyrand lui-même, si partisan qu'il fût à ce moment-là d'une entente anglo-française, était absolument hostile à l'idée d'aider l'Angleterre à remettre un pied sur le continent. Il estimait que ce serait payer trop cher même un avantage aussi important que l'extension des frontières françaises sur la Belgique.

Entre temps, à l'ambassade, les Granville reprenaient contact avec la haute société parisienne et faisaient connaissance, tout d'abord, avec les principaux personnages politiques du jour. Ils assistèrent ensemble à une séance de la Chambre, et lady Granville nota :

Odilon Barrot parle d'une façon supérieure; il a un beau visage résolu, une belle voix et des manières « subjuguantes » dans un ensemble vulgaire. Benjamin Delessert a l'air d'un excellent fermier anglais; La Fayette a, par excellence, les manières, le ton et la voix de la bonne compagnie; il s'appuie au bord de la tribune et parle aux députés exactement comme nous dirions : « Étiez-vous à l'Opéra hier soir, M. un Tel? » Sébastiani a parlé remarquablement; sa voix a le timbre clair d'une cloche, et la solennité de ses manières ne fait pas mal dans ses fonctions ministérielles.

L'esprit vif de lady Granville, nous le constatons par ses lettres, saisissait la signification des changements politiques et sociaux survenus à Paris depuis la révolution de juillet. Les amis personnels et dévoués de l'ancienne famille royale, comme d'Escars, Chasteleux, Damas et Narbonne, s'étaient promptement retirés en province.

« Il y a ici deux partis différents entre lesquels se divise la haute société, avec un certain nombre de nuances. » Celles que l'on appelait « les dames du mouvement » — Mmes de Vandermont, de Boigne, de Montmorency, de Valençay et de Laborde — fréquentaient le Palais Royal et soutenaient le régime existant. D'autre part, il y avait les « dames de la résistance », qui comprenaient presque tout le faubourg Saint-Germain : Mme de Girardin « violente », Mme de Maille et certaines autres « presque ruinées », Mme de Jumilhoe, Mme de Noailles, Mme Théodore de Bauffremont, fille de la duchesse de Montmorency. De la part des deux dernières, il fallait s'y attendre. « Elles portent le deuil ; cela ne durera pas, c'est un très petit deuil. » « ... Tout le monde veut la paix. Tous ceux qui ont la tête saine et l'esprit juste aspirent à l'ordre; tout le monde aime et respecte la famille royale actuelle; tout le monde condamne Charles X et Polignac. »

En dehors de ces deux catégories, il y en avait une troisième : « les dames de l'attente ». On disait qu'elles se contentaient de surveiller la direction du vent.

Après avoir abandonné l'ambassade, les Stuart de Rothesay continuaient à résider à Paris dans un hôtel particulier, où ils recevaient un grand nombre de leurs amis et cela créait une situation très embarrassante pour les Granville.

J'apprends, écrivait lady Granville, que lord Stuart est plein de force et de bonne humeur; elle, pas très bien, assez déprimée, se désespère, me dit-on, de rester ici; mais, il a insisté sur ce point... Je crois que l'affaire est un peu plus compliquée que je ne pensais, je veux dire en ce qui concerne les relations mondaines.

En présence de cette menace de la création de deux camps mondains anglais distincts, lady Granville, s'inspirant de l'exemple de lady Betty, décida de donner un grand bal à l'ambassade en février. Mais maintenant, plus que jamais, il y avait des considérations pécuniaires.

C'était très différent autrefois, se plaint-elle, quand je n'avais qu'à dire comme les enfants : « encore, encore », pour la lumière, les fleurs, etc... Mais maintenant elle était obligée de se réduire et de ne dépenser que la moitié des sommes de jadis. « Cela me rend affreusement nerveuse et inquiète, surtout que je suis obligée de dire que les Stuart, qui économisaient dans la vie de tous les jours, donnaient des bals splendides. »

Cependant, bien à contre-cœur, Granville consentit à la dépense.

Pensez à l'état d'esprit de Betty, qui avait trois lampes doubles dans la serre et pour sept ou huit cents francs de fleurs ; et encore on la disait avare parce qu'elle mettait un peu de jolie moire blanche à la place d'une affreuse soie rouge ! Ainsi va le monde, mais il ne faut pas se préoccuper de ses critiques !

Le 21 janvier 1831, elle note :

Les Stuart et les Minto ont dîné ici mercredi, et hier j'ai emmené Betty à l'Opéra. Elle est bonne, intelligente, s'est parfaitement comportée dans une situation difficile, mais elle cause trop, à voix trop haute; elle est trop absente, trop affairée, avec des notions de toute espèce sur la politesse et les cérémonies. Cela diminue le plaisir que l'on pourrait avoir à lui atténuer, autant que possible, les ennuis de la situation fausse qui lui est imposée. N'en parlez pas. Mrs Hamilton m'a donné à entendre que ce qui la consolerait le plus, ce serait d'être considérée comme d'un plan au-dessus de la haute société d'ici : la première partout et toujours.

C'est ainsi que je vois les choses. Elle aime qu'on lui fasse de temps à autre une révérence et un sourire, serait heureuse de jouer avec moi le rôle de reine douairière régnante. Aussi, quand elle vient, nous jouons aux grandes dames, et tout va parfaitement. Lord Stuart et moi, nous sommes tout autrement, nous ne sommes pas le moins du monde entichés d'honneurs et de compliments.

Ma seule préoccupation c'est l'économie. Je me flatte qu'il y a une très grande différence, mais ce qui me tracasse c'est l'éternelle question de l'éclairage. Granville se moque absolument que tout cela soit moins brillant qu'autrefois. A la réflexion, c'est parfaitement juste, mais je constate à ma honte que mon esprit ne peut pas s'élever au-dessus de salles obscures et d'un bal mal éclairé.

A ce moment-là, l'esprit de Granville était absorbé par la diplomatie. La Belgique mettait en danger les relations franco-britanniques et l'accueil fait à Bruxelles au plan de Louis-Philippe concernant le prince Charles de Naples était complètement défavorable. Même le chef du parti catholique proclamait sa préférence pour le candidat Bonaparte. Le roi fut informé par son agent à Bruxelles que la seule façon d'empêcher l'élection du duc de Leuchtenberg était de consentir à celle du duc de Nemours. Il fallait défier les puissances, et notamment l'Angleterre, qui n'avaient montré aucun respect pour les intérêts de la Belgique dans sa querelle de frontières avec la Hollande. « C'est la voie qu'il faut suivre, même au risque d'une guerre. La Belgique serait avec nous corps et âme, et nous commencerions la campagne en possession des vingt-trois forteresses de la frontière, qui, toutes, sont pourvues d'un immense matériel ([1]). »

Le 4 février, Granville apprit que le fils de Louis-Philippe, le duc de Nemours, avait été choisi la veille comme roi des Belges et qu'une députation était en route pour porter officiellement la nouvelle au roi des Français.

Granville écrivit à Londres :

MON CHER PALMERSTON,

Je n'ai jamais vu un changement d'état d'esprit, d'humeur et de langage aussi rapide que celui que j'ai constaté aujourd'hui chez Sébastiani. A une heure il était ardent, belliqueux et monté sur ses grands chevaux ; à cinq heures et demie il vient chez moi pour m'annoncer la nouvelle télégraphique de l'élection du duc de Nemours, et pour me faire connaître, sur un ton très posé, très amical, le refus positif du roi ; il me prie d'effacer toute mention de ce qui s'est passé entre nous ce matin au sujet du protocole. Il a exprimé le désir d'agir en toute cordialité avec les autres puissances de la conférence, mais ce qu'il a exprimé avec le plus de sérieux, c'est son

1. Bresson à Sébastiani (31 janvier 1831).

désir que la confiance soit illimitée entre nous. Dites à lord Palmerston, a-t-il ajouté, que nous ne voulons pas lui cacher une pensée, et que je compte qu'il agira toujours avec la plus grande franchise.

Le cabinet britannique s'étant réuni et ayant décidé que si la couronne de Belgique était acceptée par le duc de Nemours, la guerre avec la France s'ensuivrait, Granville se rendit tout droit aux Tuileries et entendit déclarer une fois de plus par Louis-Philippe qu'il n'avait pas la moindre intention de permettre à son fils d'accepter le trône de Belgique. Ce qu'il voulait — ce qu'il avait voulu tout le temps — affirma-t-il à l'ambassadeur, c'était le prince Charles.

Mais il y avait une autre question plus grave encore. La Belgique était profondément mécontente de la façon dont la conférence de Londres avait établi sa frontière et fixé sa part de la dette publique, et le ministère français avait décidé d'appuyer ses vues. En conséquence, Sébastiani écrivit une lettre à Bresson, le représentant français de la conférence à Bruxelles, faisant connaître que la France refuserait son consentement à l'arrangement, « si les conditions n'étaient pas satisfaisantes pour les deux parties ». C'était là une très grave démarche, surtout parce que la lettre de Sébastiani avait été publiée dans les journaux belges sans avoir été d'abord communiquée à la conférence ou à l'ambassadeur de Grande-Bretagne à Paris. Palmerston indigné écrivit à Granville de demander une explication. Il était prié de faire ressortir que « quand un gouvernement juge à propos de désavouer les actes de son plénipotentiaire, il doit informer de ce fait les parties avec lesquelles l'engagement a été contracté, et non point, comme dans le cas présent, communiquer son désaveu à de tierces parties ». Palmerston laissait entendre que le ministère britannique aurait pu mettre fin, sans plus de façons, aux débats de la conférence ; il ne l'avait laissé continuer que « parce qu'il était convaincu que des explications satisfaisantes seraient données prochainement ».

Sébastiani, qui était personnellement très favorable à

la paix et avec qui, comme le disait Granville, il était réellement facile de s'entendre, se déclara gravement offensé. Il dit que Bresson n'était pas autorisé à publier sa lettre confidentielle, qui ne devait être montrée qu'aux députés de Bruxelles, et qu'en outre, la conférence de Londres n'avait aucun pouvoir pour faire plus qu'apporter sa médiation entre les parties en litige, qu'elle n'avait pas à leur dicter des ordres. « La France ne pouvait pas être membre d'une Sainte-Alliance revisée qui déciderait arbitrairement des affaires des nations (1). »

Et pour comble de malheur, les Hollandais étaient également devenus réfractaires. Ils occupèrent la citadelle d'Anvers et fermèrent l'Escaut à la navigation. Le gouvernement belge répondit en bloquant Maëstricht. Sur quoi Bresson et lord Ponsonby, représentants de la conférence, furent invités à présenter un ultimatum au gouvernement provisoire. Le représentant français, comptant sur l'appui de Paris, refusa de signer l'ultimatum. Palmerston chargea donc Granville d'informer Sébastiani que M. Bresson était immédiatement suspendu de ses fonctions de représentant de la conférence de Londres. « Très bien, milord, s'écria Sébastiani très agité (il n'était pas Corse pour rien), je garderai M. Bresson à Bruxelles comme ministre de France. »

Les premières audiences de Granville avec le ministre des Affaires étrangères Sébastiani avaient été assez amicales. Mais dans la suite, le ministre se fâcha au sujet de Palmerston qu'il n'aimait pas (et qui le lui rendait bien). Il accusa l'homme d'État anglais d'user d'intrigues et de duplicité dans sa politique belge, de dire telle chose à lord Ponsonby, ministre de Grande-Bretagne à Bruxelles, et une chose toute différente à Talleyrand. Granville en rendit compte à Palmerston qui écrivit (17 février 1831) :

(Confidentiel).

Mon cher Granville,

Il faudrait vraiment faire comprendre à Sébastiani qu'il serait bien aimable d'apprendre à rester maître de lui, ou, tout au moins, quand il n'y réussit pas, de passer sa mauvaise humeur sur ce qu'il

1. F. O. : Granville à Palmerston (11, 12 février 1831).

voudra et non sur l'Angleterre. Nous n'avons pas l'habitude d'être accusés de faire des dupes, et je vous prie de lui expliquer que Talleyrand a mal compris ce que je lui ai dit au sujet du prince de Naples et paraît l'avoir exagéré auprès de sa cour. Il m'a demandé d'inviter Ponsonby à cesser d'appuyer le prince d'Orange. Je lui ai dit que je conseillerais à Ponsonby de faire ce que je lui avais toujours dit de faire, à savoir de ne prendre parti en faveur de personne, mais je n'ai pas dit à Talleyrand — tout au moins je n'ai jamais eu l'intention de dire — que Ponsonby aiderait à faire triompher le prince Charles.

Lord Granville répondit (21 février) :

J'espère que la sévère mais salutaire leçon qui lui a été donnée (à Sébastiani) dans votre lettre confidentielle du 17, que vous m'avez envoyée par le ministère français des Affaires étrangères, aura pour effet de lui apprendre à rester maître de lui. C'est un procédé assez fréquent que de faire connaître indirectement à un gouvernement une opinion qu'il serait peu courtois d'exprimer directement, par des lettres dont on sait qu'elles seront ouvertes et lues.

Mais Bresson s'était déjà rendu compte que sa position était devenue impossible. Les Belges eux-mêmes se plaignaient qu'il les eût trompés en disant que son royal maître permettrait à la fin que le duc de Nemours reçût la couronne. Or, il apparaissait maintenant que Louis-Philippe n'en ferait rien, pas même pour écarter le danger de l'élection du Bonaparte. Les députés s'étaient rendus ridicules en élisant le fils du roi. Bresson essaya de s'expliquer, mais la seule explication qui les eût satisfaits aurait eu un effet lamentable, si on l'avait donnée, car il avait tellement excité les craintes du roi en exagérant l'agitation bonapartiste qu'il avait fini par obtenir son consentement à la candidature du duc de Nemours.

Vous connaissez l'auguste bouche d'où sont sorties mes dernières instructions, se plaignait-il à Sébastiani, vous les avez entendues? Ne craignez rien : elles resteront cachées au fond de mon cœur. Mais je ne puis pas revenir sur mes pas; je ne puis pas être l'homme d'un autre changement de politique; je suis obligé de vous demander de me remplacer. Je puis sacrifier mes intérêts, mais non mon honneur.

Le pauvre Bresson démissionna et rentra à Paris, et un autre représentant fut nommé à sa place par la conférence, au grand soulagement de Talleyrand.

Un service funèbre à l'occasion de la mort du duc de Bérri donna lieu à une explosion de colère de la populace de Paris. L'église et le palais de l'archevêché furent mis à sac et beaucoup d'objets furent détruits. Granville était dégoûté de la pusillanimité de la cour et du ministère et des concessions faites par le roi lui-même. On ordonna que les emblèmes religieux fussent enlevés de la façade des églises ; le buste de Louis XVIII au Louvre fut détruit, et l'historique fleur de lys fut effacée des armes royales.

Je suis allée au Palais Royal samedi, écrit lady Granville, et tout le monde m'a paru véritablement accablé. Nous avons grande confiance dans la garde nationale.

L'ambassadeur et sa femme firent ensemble une promenade (16 février) et l'ambassadrice nota :

J'ai vu les jouets vivants que sont les gardes nationaux, quelques-uns à cheval paradant sur les quais et sur les ponts. De petits rassemblements, ou des chuchotements : tout le monde très excité. Mme Apponyi (la femme de l'ambassadeur de Russie) est indignée de toute cette profanation et de ce scandale.

On s'aperçut très vite que Laffitte n'était pas assez fort pour faire face à la situation, et le 14 mars, il céda la place à Casimir-Périer en qui tous les meilleurs éléments avaient confiance. Mais Granville se félicita que Sébastiani restât aux Affaires étrangères et sa satisfaction fut partagée par tous ses collègues. « Les diplomates, écrivait lady Granville à sa sœur, sont tous très heureux que Sébastiani reste ; il est nettement pacifique. » Cependant les inclinations pacifiques de Sébastiani étaient précisément soumises à une dure épreuve dans certaines parties de l'Europe, en plus de la Belgique et de la Pologne (où les Polonais venaient de livrer une bataille sanglante aux Russes à Grochov). Une insurrection éclata en Italie contre le mauvais gouvernement du pape et le Saint-Père voulut la réprimer avec l'aide de troupes autrichiennes. Dès qu'il apprit cette requête, Sébastiani fit connaître à Metternich que le gouvernement français considérerait l'acquiescement de l'Autriche comme une déclaration de guerre à la France.

Metternich fit alors observer que les troubles italiens

étaient fomentés par les bonapartistes. On savait que le prince Louis-Napoléon servait dans l'armée rebelle à Civita Castellana. L'Autriche pouvait, à un moment quelconque, mettre fin à l'agitation républicaine en France et dans trois autres pays continentaux au moins, en permettant simplement que le duc de Reichstadt, jadis roi de Rome, fût proclamé empereur des Français.

Ce n'était pas là une vaine menace, et cela donna à réfléchir à Louis-Philippe et à son ministère. On décida d'agir avec beaucoup de précaution. La France devait, de concert avec l'Angleterre, exercer une pression sur le gouvernement pontifical pour qu'il procédât à certaines réformes. Metternich accepta, avec un empressement suspect, d'agir de concert avec Sébastiani et Palmerston. Tout paraissait prendre une tournure favorable, quand la nouvelle se répandit à Paris qu'un traité avait été conclu entre l'Autriche et le pape. Il se trouva que c'était une fausse nouvelle ; mais une autre information était authentique. L'empereur avait décidé d'écraser l'insurrection à Bologne, et les troupes impériales étaient déjà en possession de la ville. Granville alla immédiatement trouver le ministre des Affaires étrangères et le trouva dans un état de grande agitation. La guerre de la part de la France, dit-il, était inévitable, inévitable ! Granville rapporta cette déclaration dans la dépêche qu'il rédigea pour Palmerston cet après-midi-là (18 mars) à l'ambassade. Mais avant le soir il alla voir de nouveau le ministre et lui lut sa dépêche. Sébastiani, devenu plus calme, lui suggéra de substituer « la guerre est très probable ».

Et, en vérité, pendant une quinzaine, la situation fut très critique. Le 28 mars on prépara pour les Chambres un message demandant le vote de crédits militaires, en même temps qu'une note invitant l'Autriche à évacuer les États pontificaux. Lord Granville vit Casimir-Périer ce même jour : celui-ci lui dit qu'il restait optimiste, parce que les Autrichiens auraient écrasé les révolutionnaires de la Romagne avant que la note française pût arriver à Vienne, et quant au message aux Chambres, bien loin de précipiter

la guerre, il aiderait au contraire le roi à maintenir la paix (¹).
Le gouvernement était obligé de parler haut, pour ne pas
s'exposer aux reproches patriotiques du parti de la guerre.
Le roi lui-même affirma à Granville que, selon lui, il n'y
aurait pas d'hostilités. Le maintien du pouvoir temporel
du pape était un principe essentiel de la politique française ;
cinq ou six millions de ses sujets professaient la foi catholique romaine et il était déterminé à rester en bons termes
avec le chef de l'Église. L'opinion de Granville exposée à
Palmerston était que la Prusse refuserait de prendre part
à la lutte, si l'intervention autrichienne en Italie condui-
sait à une guerre avec la France. En ce qui concernait la
Russie, on ne pouvait avoir de certitude : le tsar, malgré
ses difficultés en Pologne, restait très belliqueux, et était
prêt à appuyer l'Autriche en toutes choses, surtout contre
la France.

Granville passa plusieurs semaines inquiètes jusqu'au
moment où il apprit que les troupes impériales avaient dis-
persé les insurgés italiens et rétabli une certaine tranquillité, sans transgresser l'esprit de l'appel pontifical. Sa Sainteté promit de faire certaines réformes et, le 17 juillet, les
Autrichiens regagnaient la frontière.

A propos d'un dîner offert aux Granville au Palais Royal,
lady Granville note :

Le roi et moi n'avons cessé de causer. Il m'a fait un récit détaillé
de toutes ces terribles journées. La reine était très souffrante; elle
est plus abattue que sa famille. Mᵐᵉ Adélaïde, égrillarde, délicieuse,
était assise près du roi et d'Odilon Barrot, le plus violent du parti
radical, l' « odieux Barrot », comme l'appelaient les « dames de la
résistance ».

Dans ses entreprises mondaines, lady Granville avait
l'habitude de compter beaucoup sur le jeune personnel de
l'ambassade.

Quant au secrétaire Hamilton, écrit-elle, mon seul regret est,
entre nous, que Granville ait un homme comme ce pauvre M. Hamilton, qui, à mesure qu'il vieillit et a moins de confiance dans ses
propres affaires, néglige complètement sa personne extérieure, n'a

1. F. O. France : Granville à Palmerston (28 mars 1831).

pas une seule idée ou qualité d'esprit qui puisse le rendre de la moindre utilité dans une branche quelconque de la diplomatie.

Mais Hamilton fut remplacé au bout de quelque temps par Arthur Aston, diplomate très capable, qui devait se distinguer dans la suite en Espagne et mériter l'éloge chaleureux de la reine Victoria. C'est lui qui remplit les fonctions de chargé d'Affaires en 1834, quand le duc de Wellington fut, pendant une brève période, ministre des Affaires étrangères et nomma son frère, lord Cowley, au poste d'ambassadeur.

De la même plume si pittoresque, nous avons un portrait des attachés :

Nous avons eu les attachés à dîner, écrit-elle peu de temps après son arrivée. Ils sont tous courtois et de bonne humeur. Ashburnham, rhumatisant, languissant, a je ne sais trop quel genre qui ne le rend pas très précieux, mais il paraît intelligent et a des manières de gentleman. Magennis a d'excellentes intentions, bon caractère, serait assez fat, s'il connaissait le moyen de le devenir, est assez prosaïque.

Waller, petit homme, excellente nature, plutôt vulgaire. Lord Harry Vane (¹), excellente nature, inoffensif Craddock (²), quelqu'un de très bien, prince russe de haut rang.

Les autres diplomates naissants qui passèrent à l'ambassade à ce moment-là furent Henry Bulwer (plus tard lord Dalling), qui était en train d'écrire, assurait-on, un livre sur la France et les Français, et le jeune et fort intelligent lord Normanby, qui avait déjà écrit un livre de ce genre.

1. Plus tard duc de Cleveland.
2. Plus tard lord Howden. Il venait d'épouser une Russe de haut rang.

CHAPITRE VIII

LA DIPLOMATIE VERS 1830

Le bal des Granville, qui eut lieu à la date fixée, fut un très grand succès ; cependant, chose étrange, les Stuart étaient toujours à Paris. Ce n'était pas tout : lady Betty continuait à fréquenter l'ambassade. Assise dans le boudoir de Pauline, lady Granville était ennuyée et en même temps amusée.

Je ne puis, écrit-elle, laisser ma pensée s'arrêter à Betty. Elle entre et elle sort comme elle veut, et elle est comme Hélène Robinson ou toute autre ici. Je serais navrée de la voir partir, de perdre une personne si agréable, si heureuse et je regretterais son absence à mes réunions, car elle sait causer et est pleine de vie et d'entrain. Elle est toujours heureuse de venir la première, de partir la dernière et de bavarder sans cesse. Elle sait dire bonjour à tous les visiteurs avec beaucoup plus de vigueur et d'empressement que je ne le fais moi-même. Elle est très estimée, très populaire, et les fautes qui ont pu être commises ici, on sait qu'elles sont exclusivement son œuvre à lui (¹). Il ne me semble pas qu'elle soit ici ; je ne pense à elle que lorsque je la vois. Personne ne se sent le moins du monde gêné de la trouver toujours assise à côté de moi et tous ses flatteurs continuent à lui faire leurs compliments parce qu'ils voient que je la complimente également. Mexborough (sœur de lady Stuart) est dans le ravissement et elle reste la bouche bée — comme Paul, le danseur — mais dans le plus grand silence, ne comprenant rien à ce qu'elle voit, si ce n'est « qu'elle n'a autour d'elle que des visions de félicité (²) ».

Évidemment, à en juger par cette étrange effusion,

---

1. Lord Stuart, le précédent ambassadeur.
2. Lady GRANVILLE, *Lettres.*

l'ambassadrice n'était pas à beaucoup près aussi enchantée qu'elle affectait de l'être ; et cependant, on peut dire que lady Stuart désarmait l'hostilité par sa candeur même.

Un peu plus tard, l'ambassadrice écrit :

Avec le temps j'aime beaucoup mieux Betty. Les gens ont cessé de s'étonner de la voir ici le soir, quand ils viennent me présenter leurs meilleurs compliments, qui sont choses fort agréables pour eux et pour moi. Quant à lui, il vient rarement, et se contente de rôder parmi les « douairières », comme il dit.

Au cours de l'été, quand le ministère anglais eut réussi à détourner une crise, « lord Stuart est venu à l'ambassade hargneux comme un petit chien bichon et grossier comme un ours ». « Je me suis dit que cela promettait », ajoute lady Granville. Car on savait parfaitement que Stuart de Rothesay caressait toujours l'espoir d'être nommé à un haut poste diplomatique, quand les tories reviendraient au pouvoir.

Comme l'affirmait cyniquement Stuart, « on n'en finirait jamais avec la question belge ». Par une journée charmante du début du printemps, laissant lady Granville et ses filles cueillir des safrans et des narcisses dans le jardin de l'ambassade, lord Granville se rendit aux Tuileries et eut une audience importante avec le roi des Français et le ministre des Affaires étrangères Sébastiani. La Belgique paraissait aussi impatiente d'avoir un roi que les autres pays de l'Europe étaient disposés à se débarrasser des leurs. Le choix de Louis-Philippe, le prince Charles de Naples, n'était pas satisfaisant. L'entrevue n'avait pas duré cinq minutes que Granville s'aperçut que cette candidature était déjà abandonnée.

« Comme le prince est un membre de la branche aînée des Bourbons, confessait Sébastiani, la France n'en voudrait pas probablement ». « Parfaitement, alors, dit Granville, l'Angleterre a un candidat à proposer. Que diriez-vous du prince Léopold de Saxe-Cobourg ? Est-ce que Votre Majesté appuiera sa candidature ? » Le roi accueillit cette suggestion avec froideur. Il fit observer que ce prince, veuf de la princesse anglaise Charlotte, vivant en Angleterre et recevant une pension anglaise de 50.000 livres par an, était difficilement acceptable pour les Français. Granville reconnut que lord Palmerston aurait préféré le prince d'Orange. Personnellement, il n'était point entiché de Léopold, qui avait, en 1829, offensé les puissances en revenant sur sa décision, quand celles-ci l'avaient choisi pour le trône de Grèce. Néanmoins, il était le meilleur candidat. Mais le roi s'obstinait à répondre que Léopold serait considéré en France comme un vice-roi anglais.

Puis, soudain, Sa Majesté changea de ton. Il y avait un moyen, suggéra-t-il, de rendre l'élection de Léopold plus acceptable en France. Si lui-même, ou les puissances pour lui, devaient renoncer aux portions de territoire du Nord qui avaient été enlevées à la France par les traités de 1815, eh! bien, cette considération pourrait, effectivement!... Granville vit de quoi il s'agissait : il ne pouvait personnellement rien promettre, mais il allait rapporter fidèlement la conversation. Sous la réserve que les Belges adhéreraient strictement au partage territorial accepté par le roi des Pays-Bas, le ministère français signifia, le 17 avril, son acquiescement au traité projeté. En retour, la Conférence consentait en principe à la destruction des forteresses formant barrière.

Mais la Belgique n'était nullement satisfaite du résultat de tous ces efforts en sa faveur. Le prince Léopold fut élu roi de Belgique le 4 juin, mais le Congrès national persistait à revendiquer le Luxembourg, qui avait été octroyé à la Hollande, et Léopold lui-même ne voulait pas accepter la couronne avant que cette question reçût une solution satisfaisante. Or, le Luxembourg faisait partie de la Confédération germanique et la Diète Fédérale serait tenue d'intervenir pour imposer le respect des décisions de la Conférence. Ce serait là quelque chose d'intolérable pour les Français, et Casimir-Périer dit à Granville qu'il lui serait impossible de contenir l'armée si les Prussiens et les Hollandais devaient attaquer les Belges « rangés sous le drapeau tricolore ». « Vous, Anglais, milord Granville, vous ne tenez pas suffisamment compte de la faiblesse d'un gouvernement issu d'une révolution ([1]). »

Granville voyait à Paris, comme son collègue Ponsonby à Bruxelles, que par leur obstination les Belges pouvaient facilement déclencher une guerre européenne. Après de longues et fastidieuses négociations, les puissances consentirent à une modification des conditions primitives. On prépara un nouveau protocole aux termes duquel le *statu quo* serait maintenu au Luxembourg, en attendant de futures négociations ; et à la suite de cet arrangement Léopold consentit enfin à accepter la couronne, à la condition encore que, si le roi des Pays-Bas refusait d'accepter le protocole, les puissances continueraient à le reconnaître comme roi des Belges.

Un jour, Hamilton entra dans le cabinet de Granville pour lui faire part de la dernière nouvelle venue de Hollande : non seulement le roi des Pays-Bas rejetait les conditions de la Conférence, mais il avait envoyé une note disant que « si un prince quelconque acceptait la couronne de Belgique sans avoir accédé aux « bases de séparation » établies dans le protocole du 20 janvier, il serait considéré comme en état de guerre avec Sa Majesté et comme son ennemi ».

Granville ne voulut voir là qu'une fanfaronnade. Mais le roi des Pays-Bas, pensant peut-être que la France n'irait pas au secours de Léopold, parlait très sérieusement. « Il semblerait, écrivait Granville, que le roi de Hollande escomptait plutôt l'approbation du gouvernement français que son opposition à une invasion hollandaise. » Car il y eut effectivement une invasion. Les hostilités commencèrent le 4 août.

« Je m'intéresse beaucoup à Léopold, écrit lady Granville (31 août) ; il paraît faire face à cette crise avec beaucoup de courage. » L'armée belge ne résista pas et aurait été battue par le général hollandais Chassé, sans l'arrivée de 50.000 soldats français, devant lesquels les Hollandais s'enfuirent au delà de la frontière. Quelle fâcheuse situation

1. F. O. Granville à Palmerston (10 juin 1831).

était ainsi créée ! Les Français, que la politique britannique avait pour princïpe de tenir à l'écart de la Belgique, étaient maintenant en force dans ce pays, et, comme le disait Granville, « ce serait le diable pour les en faire sortir ».

Comment tout cela était-il arrivé ? Était-ce dû à une entente secrète entre les Hollandais et les Français ? Palmerston, plein de soupçons, écrivait à Granville : « Talleyrand m'a proposé il y a quelque temps d'exciter les Hollandais à rompre l'armistice, de leur crier ensuite qu'ils avaient commis une chose honteuse, de voler au secours des Belges, de couvrir la Belgique de troupes, et de régler tout comme nous le jugerions à propos. » C'était là, sans aucun doute, un plan excellent, si on l'avait présenté quelques mois plus tôt, pour sortir de l'impasse ; mais, exécuté à ce moment-là par la France seule et à la suite de l'élection de Léopold, il paraissait devoir briser l'entente entre l'Angleterre et la France. La nouvelle de l'occupation française causa une grande émotion à Londres, les fonds nationaux tombèrent et les ministres furent profondément inquiets.

Sébastiani expliqua à l'ambassadeur de Grande-Bretagne que le ministère n'avait donné l'ordre aux corps français d'entrer en Belgique que parce qu'il fallait une action immédiate. Il donna à Granville l'assurance que, lorsque les Hollandais seraient partis, les troupes françaises repasseraient la frontière, et Granville accepta cette assurance.

Mais ni Louis-Philippe ni son ministre n'avaient compté avec l'humeur de la presse et de la population parisiennes. Quand *le Moniteur* annonça que l'armée du maréchal Gérard allait être rappelée, il y eut une violente explosion de mécontentement. Les chauvins français avaient compté qu'on resterait en Belgique. L'hostilité contre Sébastiani augmentait de jour en jour. Et il n'y avait pas seulement la reculade belge ; les Polonais avaient été abandonnés et les Russes étaient entrés dans la capitale de la Pologne. « L'ordre règne à Varsovie », avait annoncé brutalement Sébastiani à la Chambre. A la suite de cette offense, lui et Casimir-Périer furent attaqués par une populace furieuse sur la place Vendôme et ne purent s'échapper qu'à grand'-peine. Les représentations théâtrales furent interrompues par les émeutiers qui voulaient que tous les établissements de plaisir fussent fermés comme pour un deuil national. La capitale paraissait à la veille d'une autre révolution (¹). Sébastiani fit vivement ressortir à Granville la nécessité pour l'Angleterre de se joindre à la France et d'intervenir en faveur des Polonais vaincus. Il essaya de suivre le conseil qu'il venait de recevoir de Talleyrand, conseil qui mérite d'être enregistré pour toujours au Quai d'Orsay : « Rappelez-vous, quand vous rédigez vos propositions pour les Anglais, que vous avez affaire à un peuple de sang-froid, et que, par suite, il serait bon d'éviter l'emploi du langage émotif. »

Palmerston consentit à faire une remontrance, mais « cela fit peu d'impression ». Le tsar répondit avec hauteur qu'il ne pouvait pas admettre d'intervention étrangère dans la question polonaise.

En attendant, Léopold était dans un grand embarras. Quelles que fussent ses craintes d'une reprise du conflit avec les Hollandais, il n'osait pas continuer à régner sous la protection armée de la France. Le nouveau traité était infiniment plus mauvais pour la Belgique que le premier ; et cependant Léopold était forcé, soit de l'accepter, soit d'abdiquer ; et ainsi, avec des protestations, ce document célèbre fut finalement signé à Londres le 15 novembre 1831 entre la Belgique et les cinq grandes puissances. La Hollande protesta, mais son roi fut averti que tout acte d'hostilité contre la Belgique serait considéré comme une déclaration de guerre contre les puissances.

---

1. Lady Granville et sa fille se promenèrent sur les boulevards. Elles n'eurent point d'aventure fâcheuse dans la foule, « mais une vieille femme, furieuse, nous appela « ces chiens d'Anglais », parce que Dody lui avait marché sur le pied ».

Cependant, même dans le Paris des barricades, l'ambassadrice et son mari se sentaient en sécurité. « Ils entendirent même un homme expliquer : « Vois-tu, un ambassadeur — sais-tu ce que c'est qu'un ambassadeur? C'est comme un parlementaire; on n'y touche pas ».

« Amusante manière de voir », ajoute lady Granville.

Quand il s'agit de procéder à la destruction des forteresses de la frontière, une difficulté nouvelle surgit avec
la France qui, en raison de la nature particulière de sa
position, n'était pas partie à l'arrangement. Cette difficulté
fut amplifiée à Paris au point de menacer toute l'œuvre de
la Conférence. Au nom de son gouvernement, Granville
ne cessa de faire ressortir qu'il fallait apaiser les puissances;
qu'en raison de la dangereuse attitude de la Russie, il était
essentiel que la France conservât des relations amicales
avec l'Angleterre. « C'était là une question infiniment plus
importante que la question des forteresses (¹). »

Léopold se plaignait d'être « entre l'enclume et le mar-
teau ». S'il se mettait du côté de l'Angleterre et des puissances, il ne pouvait attendre aucun secours de la France.
S'il se mettait du côté de la France, le traité qui faisait de
la Belgique une nation indépendante pouvait ne jamais
être ratifié. Il lui fallait encore choisir, et il choisit les puissances.

Mais un règlement heureux de la question fut bientôt en
perspective. La Hollande fut amenée par la Russie à abandonner son attitude, et Léopold atténua l'animosité française par un expédient que lui avait suggéré son fidèle ami
et mentor Stockmar. Il demanda la main de la fille de Louis-
Philippe. Et peu de temps après il devint le gendre du roi
des Français.

Pendant tous ces mois d'épreuves, compliqués encore
de crises internationales sur d'autres points, Granville
n'avait cessé d'exposer l'attitude de l'Angleterre au gouvernement français. Une fois, il avait trouvé sa position à
Paris aussi difficile que celle de Talleyrand à Londres, mais
il avait d'excellents amis en Casimir-Périer et Sébastiani.
C'est à Granville encore qu'incomba la tâche d'expliquer
la grave situation politique de l'Angleterre pendant le vote
du « Reform Bill ». Casimir-Périer savait parfaitement que
si lord Grey était renversé, son successeur rendrait impossible une entente pacifique avec la France, et que cela

1. Granville à Palmerston (19 décembre 1831).

amènerait également la fin de son propre ministère. Mais cette fin devait être amenée d'une autre façon. Le 16 mai 1832, on apporta à l'ambassade la nouvelle que Casimir-Périer était mort. Le choléra asiatique venait d'envahir Paris et avait fait de nombreuses victimes, et le premier ministre, dont l'état de santé laissait à désirer depuis quelque temps, avait succombé. Sa mort, que Granville déplora sincèrement, fut immédiatement l'occasion d'une manifestation furieuse contre son parti et la monarchie d'Orléans. Les carlistes et les républicains se donnèrent la main sur son cercueil. Quinze jours plus tard, le général Lamarque, partisan intraitable de l'union de la Belgique avec la France, mourut également, et l'insurrection qui menaçait depuis longtemps éclata. Elle fut réprimée dans le sang, ainsi que le soulèvement provoqué en Vendée par la duchesse de Berri, mère du jeune prétendant, le duc de Bordeaux. Le mois suivant, les bonapartistes, à leur tour, reçurent ce que l'on croyait être un coup décisif par la mort survenue à Vienne du fils et héritier de Napoléon, le duc de Reichstadt.

Il n'était pas facile à Louis-Philippe de remplacer Casimir-Périer. L'affaire hollando-belge n'était pas encore réglée et il n'y avait pas d'entente précise avec l'Angleterre sur les mesures qu'il y aurait lieu de prendre si les Hollandais n'évacuaient pas Anvers. Le roi songea à appeler le maréchal Soult. Parmi les plus violents orateurs de la Chambre, il y avait un homme d'État d'un rude caractère, du nom de Dupin, qui, d'après ce qu'on avait dit à Granville, croyait avoir des droits à la présidence du Conseil. Le roi le manda auprès de lui et l'audience eut lieu. Il fut prié d'entrer dans le ministère. Quand il sut qu'il ne pouvait guère compter sur la première place ni même sur la seconde, Dupin devint insolent. Il aurait, dit-on, montré du doigt ses souliers à caboches et aurait demandé s'ils l'empêchaient de discuter les affaires avec « milord Granville ». La discussion s'échauffa et tous les deux s'oublièrent à tel point qu'à la fin, le monarque, furieux, saisit Dupin au collet et l'expulsa de son cabinet.

Dupin ayant été ainsi liquidé et les chefs de la bourgeoisie, les doctrinaires, comme Royer-Collard, Guizot et Broglie, ne pouvant être acceptés encore par le roi, celui-ci fit appel au maréchal Soult. Ce choix parut étrange, mais le roi affirma à Granville que les fonctions du vieux soldat seraient « purement nominales ». « En aucun cas sa nomination ne doit provoquer d'appréhension à l'étranger ; son amour de la paix est notoire ; et même l'appellation « d'apôtre de la paix » qu'il s'est donnée lui-même est presque devenue proverbiale (1). »

Quant au duc de Broglie, gendre de Mme de Staël, que le roi choisit comme ministre des Affaires étrangères, il ne pouvait guère manquer, en raison de son admiration bien connue pour la Constitution britannique, d'être agréable aux whigs. Mais Broglie se sentait dans un grand embarras. Il n'était pas disposé à entrer en fonctions dans cet état critique de l'opinion publique française, si l'impasse belge n'était dégagée une fois pour toutes. Il rencontra Granville chez Talleyrand, rue Saint-Florentin, et lui dit nettement que rien d'autre ne satisferait la France que la prise de la citadelle d'Anvers sur les Hollandais. Il savait, disait-il, combien les Anglais se méfiaient de toute aventure française en Belgique, mais, si le gouvernement britannique voulait appuyer la France sur ce point, il prenait l'engagement solennel qu'une semaine après la conquête de la citadelle, tous les soldats français seraient retirés du nouveau royaume.

Sans aucun doute le roi Guillaume IV, les tories et les magnats de la Cité allaient être hostiles à cette idée ; ils étaient favorables aux Hollandais, et la Belgique était loin d'être populaire en Angleterre. Mais Granville voyait, à mesure que les jours passaient, que le ministère français s'était engagé sur le projet, et que l'opposition ne ferait que l'exaspérer.

« Je tromperais Votre Excellence, écrivait-il à Palmerston, si je lui exprimais le moindre espoir que le gouver-

____

1. F. O. Granville à Palmerston (28 septembre 1832).

nement britannique, en refusant son approbation, pût empêcher une armée française d'entrer en Belgique. » Si Palmerston protestait, cela entraînerait probablement la démission de Broglie, et la cause des relations anglo-françaises avait beaucoup à redouter de son successeur.

Ces arguments décidèrent le gouvernement de lord Grey et, malgré l'alarme et les menaces de la Prusse (la neutralité de la Russie et de l'Autriche ayant été achetée), la France et l'Angleterre s'unirent et donnèrent à l'intraitable roi de Hollande jusqu'au 12 novembre pour évacuer la Belgique : faute de quoi les côtes hollandaises seraient bloquées par les flottes combinées, et trois jours plus tard une armée française s'emparerait de la citadelle et des forts d'Anvers. Le roi ayant refusé, une force française de 60.000 hommes commandée par le maréchal Gérard (qui avait dans son état-major deux des fils de Louis-Philippe) franchit la frontière et mit le siège devant Anvers. Le général Chassé tint jusque trois jours avant Noël, puis il capitula.

Le 27 décembre, après avoir remis la forteresse aux Belges, les Français tinrent leur promesse et repassèrent la frontière. L'affaire avait été délicate, car l'opinion publique anglaise était un peu choquée, pour ne pas dire offensée, par cette alliance militaire virtuelle avec la France contre ses anciens amis (et ennemis !), les Hollandais. Même alors, le vieux Guillaume refusa obstinément de signer le traité reconnaissant la souveraineté belge. Ce n'est qu'au bout de cinq mois qu'il se décida à signer une convention acceptant le *statu quo*, et c'est seulement en 1838 qu'il reconnut l'indépendance belge et la souveraineté de Léopold.

Entre temps, au milieu de tous ces tracas diplomatiques, de ces allées et venues entre l'ambassade et les Tuileries, de cette préparation et de cette expédition d'une foule de dépêches, la vie mondaine de l'ambassade continuait, et les bals, les réceptions et les dîners attiraient la meilleure société de Paris.

Il y avait des moments où lady Granville ne comprenait pas sa fille, Georgina, qui, pâle et distraite, passait trop

de temps à lire ou à dessiner dans le jardin ou à écrire dans
sa chambre, la chambre de Pauline. En outre, lady Georgina, à dix-sept ans déjà, commençait à montrer des signes
de cette ferveur religieuse qui, dans la suite, lui valut une
réputation de sainteté. Elle manifesta de bonne heure un
véritable dégoût pour les théâtres, les bals et les distractions, ce qui causait à ses parents beaucoup d'inquiétude.
Puis, un jour, on découvrit que lady Georgina aimait. Un
jeune sous-lieutenant des fusiliers marins, du nom de Fullerton, était l'heureux privilégié. Lui aussi était profondément épris, et quand par hasard on remarquait l'absence
de Georgina dans la salle de bal ou le salon, son frère ou
sa sœur n'avaient qu'à descendre dans le jardin pour voir
les deux amoureux se promener — de préférence au clair
de lune. Fullerton n'eut pas longtemps à attendre et le
mariage eut lieu à l'ambassade le 13 juillet 1833.

Lady Georgina avait alors vingt ans. Quand ils revinrent de leur lune de miel (dont ils avaient passé une
partie à Fontainebleau), Fullerton quitta son régiment,
entra dans la carrière diplomatique et fut attaché à l'ambassade, où il resta jusqu'en 1841.

Un an ou deux après le mariage de sa sœur, le jeune
Leveson Granville fut également nommé attaché, et ainsi,
pendant quelque temps, ce fut là une famille heureuse.
Dans la suite, Leveson s'éprit d'une belle jeune veuve
autrichienne, lady Acton, née Marie de Dalberg, qui, bien
qu'étrangère, trouva auprès de lady Granville un accueil
maternel. « Nous la trouvons charmante, écrivait-elle après
sa première entrevue avec la future femme de son fils (¹). »

Quant à lady Georgina, elle était très heureuse. Si elle
n'allait pas souvent au théâtre, elle ne détestait pas d'organiser des représentations privées, qui étaient une distraction fréquente à l'ambassade. Ainsi, après son mariage,
elle écrit à une amie :

____

1. Lady Granville veillait tendrement sur les débuts de la carrière de son
fils : son dévouement maternel fut récompensé par la profonde affection du
futur secrétaire aux Affaires étrangères. Il fut si accablé par sa mort, survenue en 1860, qu'il songea réellement à se retirer de la vie publique.

Si vous lisez les journaux, vous avez probablement lu le compte rendu d'un mélodrame qui a été joué ici, à l'ambassade, avec beaucoup de succès. Je n'ai pas paru sur la scène, mais c'est moi qui l'ai organisé et c'était très amusant. Les acteurs étaient Freddy et tous ces messieurs de l'ambassade, Henry Greville, H. Howard, lord Howden, le jeune Plunket. J'aurais voulu que vous voyiez Freddy en amant passionné : je vous assure qu'il a bien joué son rôle. Vous auriez tremblé, comme maman, quand on a tiré le coup de pistolet qui l'a fait s'écrouler ([1]).

Lady Georgina aimait à aller s'asseoir dans le jardin de l'ambassade et à rêver à son amour pour « un parfait mari ». Après la naissance de son premier bébé, elle écrivait, ravie : « Jamais aucun bonheur n'a égalé le mien sur la terre. »

Il y eut d'autres mariages auxquels l'ambassade prêta son autorité et son cadre. Ce furent les mariages célébrés dans la capitale française entre sujets britanniques qui voulaient que la cérémonie eût lieu sur un territoire théoriquement britannique ou qui désiraient profiter des services du chapelain britannique, qui, jusqu'à l'ouverture de l'église de l'ambassade, accomplissait les cérémonies de ce genre dans une aile de l'hôtel. Le 20 août 1836, un grand jeune homme de vingt-cinq ans, qui signait du nom de William Makepeace Thackeray, célibataire, fut uni à Isabella Shawe, célibataire ; quelques instants plus tard tous les deux montaient dans un fiacre qui les attendait et disparaissaient vers les Champs-Élysées. La jeune femme ne lui apportait point de fortune et lui-même n'avait alors pour toute ressource que sa plume ; mais leurs cœurs étaient pleins d'espoir et de confiance. Malheureusement cette union devait être assombrie par une tragique malchance.

Pour revenir à l'année du mariage de lady Georgina, les eaux diplomatiques étaient encore fort agitées et il fallait beaucoup d'habilité pour éviter les tourbillons. Le danger belge avait disparu, mais alors l'Égypte, la Turquie, la Grèce, l'Espagne et le Portugal vinrent tour à tour menacer les relations pacifiques anglo-françaises.

Le Foreign Office avait les meilleures raisons pour con-

1. CRAVEN, *Vie de lady Georgina Fullerton.*

sidérer avec méfiance le penchant de la France pour l'Égypte et particulièrement pour la province de Syrie. Les aventures de Bonaparte dans ce pays avaient éveillé en France des sentiments profonds et Granville savait que le souvenir de ces aventures était toujours vivant chez les Français. La conquête de l'Algérie était considérée par beaucoup de Français comme un pas dans la bonne direction et, à vrai dire, si on avait laissé les mains libres au malheureux Polignac, celui-ci aurait cherché à donner des subsides à Mehemet-Ali et à employer un corps de troupes égyptiennes contre l'Algérie. Plus tard, la France avait offert sa médiation entre le sultan et le pacha, mais si la politique britannique était absolument hostile à ce que la France mît le pied en Égypte, la politique des deux pays consistait encore beaucoup plus à empêcher la Russie d'intervenir.

« L'intégrité de l'Empire ottoman » était déjà un principe établi. Et cependant les armées victorieuses de Mehemet-Ali marchaient sur Constantinople et le sultan, désespéré, ne voyait pas d'autre remède que d'appeler la Russie à son aide. Les Russes s'empressèrent de répondre; mais, au dernier moment, le cœur manqua au sultan et il décida de céder l'Égypte et la Syrie à son vassal rebelle plutôt que de se jeter dans les bras des hérétiques. Néanmoins, le 8 juillet 1833, il concluait avec la Russie un traité fermant les Dardanelles aux navires de guerre de toutes les nations. Cela donnait à la Russie un avantage stratégique qui inquiéta les gouvernements français et anglais. Mais, pour le moment, ainsi que Broglie le disait à Granville, « il eût été imprudent pour la Grande-Bretagne et la France de fonder sur ce traité des mesures d'hostilité déclarée ». En attendant, elles devaient écarter une source de danger en surveillant Mehemet-Ali.

Toutes ces questions, auxquelles nous ne faisons que toucher ici, mirent à l'épreuve la nouvelle collaboration de l'Angleterre et de la France. Elles donnèrent beaucoup de peine à Granville, car en dépit de l' « entente », il y avait une atmosphère de méfiance réciproque. Chaque pays soupçonnait l'autre d'une arrière-pensée. Cela était vrai, naturellement, de toute l'Europe. Personne ne savait ce qui se passait dans l'esprit de Metternich, ni ne pouvait apprécier la mesure exacte de concordance qu'il pouvait y avoir entre ses paroles et ses intentions. Peut-être est-ce vrai de toute diplomatie dans tous les temps et tous les pays. Mais les relations entre Palmerston et Broglie — entre ministres et ambassadeurs — étaient compliquées non seulement par cette attitude soupçonneuse des deux peuples, mais par une tendance croissante de Louis-Philippe à avoir sa politique à lui dans les affaires européennes et à imposer ses vues personnelles à ses ministres.

Cette tendance fut très marquée lorsque des troubles dynastiques éclatèrent en Espagne et au Portugal. Nous nous bornerons ici à récapituler brièvement la situation internationale dans la mesure où elle eut une répercussion sur l'activité de l'ambassadeur de Grande-Bretagne à Paris.

Lorsque, en septembre 1833, le roi d'Espagne Ferdinand VII mourut, ce pays était plongé dans une guerre de succession. D'après l'ancienne loi de l'Espagne, quand il n'y avait pas d'héritiers mâles directs, les femmes pouvaient monter sur le trône. En 1713, pour empêcher l'union des couronnes de France et d'Espagne, on adopta une Pragmatique Sanction donnant la préférence à la ligne mâle, mais celle-ci fut abrogée en 1789 et l'abrogation fut confirmée en 1830 pour que le rejeton de la quatrième femme de Ferdinand, Christine de Naples, pût hériter de la couronne, s'il se trouvait être une fille. Cinq mois plus tard, une fille, Isabelle, naquit, et au grand dépit de Don Carlos, frère du roi, elle fut rapidement proclamée princesse des Asturies et héritière du trône. A la mort de Ferdinand, Christine se proclama régente, et la France et l'Angleterre s'empressèrent de reconnaître sa fille comme reine d'Espagne.

Une semaine plus tard, les partisans de son beau-frère criaient : « Vive Carlos V ! » et celui-ci était immédiatement proclamé roi à Vittoria.

Au même moment, la situation était également sérieuse dans le royaume voisin du Portugal. Là-bas aussi il y avait une jeune reine, Donna Maria, dont le père, Don Pedro, empereur du Brésil, avait abdiqué en sa faveur, en nommant son frère, Don Miguel, à la régence. Celui-ci viola son serment, abrogea la constitution et usurpa le trône. Don Pedro rentra au Portugal et, avec l'approbation de la France et de l'Angleterre, se mit à reconquérir le royaume de sa fille. Granville s'entendit alors déclarer par Broglie que le ministère français considérait comme essentiel à la paix de l'Europe que Don Miguel fût expulsé du Portugal et désirait que le gouvernement britannique se joignît à la France pour assurer cette expulsion. Mais Granville avait déjà entendu dire que le roi des Français caressait l'idée de marier l'un de ses fils à la jeune reine du Portugal, et Palmerston ne tenait pas du tout à ce que les Français étendissent leur influence au Portugal. Il désirait sincèrement voir régler les affaires de ce pays, mais il tenait beaucoup à ce que la France restât en dehors du règlement. Les affaires prirent une tournure favorable lorsque, au cours de l'été de 1833, la flotte de Miguel fut détruite et que le représentant de Donna Maria occupa Lisbonne.

Mais si jusque-là on avait empêché la France d'intervenir au Portugal, on n'arrivait pas à la dissuader de concentrer des troupes françaises à la frontière espagnole. Quand la nouvelle en parvint à Palmerston, celui-ci s'alarma et écrivit à Granville de demander une explication. Broglie assura l'ambassadeur que ni Louis-Philippe ni ses ministres n'avaient l'intention de faire franchir les Pyrénées aux troupes françaises, et il exprima de nouveau sa conviction qu'il n'y aurait point de paix dans la Péninsule tant que Don Miguel ne serait pas expulsé du Portugal. Les Français étaient prêts à respecter l'hostilité traditionnelle de l'Angleterre à une intrusion étrangère dans ce royaume. Mais si la France ne devait pas accomplir un devoir nécessaire, c'était à la Grande-Bretagne de s'en charger. Le gouvernement de Grey hésitait à envoyer des troupes au Portugal. Mais il se trouva que Don Carlos préparait déjà la guerre sur le territoire portugais contre le gouvernement de la reine Christine et ainsi l'Espagne pouvait régulièrement intervenir. On proposa donc à l'Espagne un traité aux termes duquel ce pays devait fournir une armée d'invasion et l'Angleterre les forces navales.

Quand Paris apprit que la France devait être exclue de cet arrangement, ce fut l'agitation habituelle. On aurait pu obtenir l'approbation de Broglie, mais celui-ci venait d'être forcé à démissionner sur une autre question. Granville et Talleyrand reconnurent que l'état de l'opinion publique française devait être pris en considération, et finalement Palmerston céda. Par le quadruple traité du 22 avril 1834, la France devenait partie consentante mais non active aux mesures qu'il y aurait lieu de prendre contre les deux prétendants dans la péninsule.

Un mois plus tard, le succès parut avoir couronné cet effort commun. Une bataille décisive fut livrée, les deux prétendants capitulèrent et tous les deux parurent abandonner la lutte. Don Miguel accepta une petite pension et se retira en Italie, et Don Carlos s'embarqua sur un navire de guerre britannique pour Londres. Mais la satisfaction des Alliés fut de courte durée. Les carlistes étaient si loin d'être écrasés que quelques semaines plus tard, Don Carlos, traversant la France en secret, était de nouveau à leur tête et que le trône de la petite reine Isabelle était une fois de plus en danger. Il était évident, maintenant, que les gouvernements anglais et français devaient agir avec plus de vigueur.

Chacun des deux pays, il convient de le signaler, avait ses raisons particulières pour accorder une aide matérielle à la jeune reine d'Espagne.

Les deux pays désiraient naturellement mettre fin à la lutte entre les christinos et les carlistes, qui prenait un caractère sanglant. Mais la France avait toujours cherché à établir son influence en Espagne, pour n'avoir pas à craindre une attaque du côté des Pyrénées, au cas d'une guerre sur sa frontière de l'Est. En fait, la loi salique de l'Espagne avait été un avantage pour la France. Maintenant qu'elle était abolie, il y avait toujours une chance pour qu'un archiduc autrichien épousât la reine d'Espagne.

Louis-Philippe lui-même avoua à lord Granville que, personnellement, il préférait l'absolutiste Don Carlos plutôt que de voir établir des institutions libérales sous la reine régente. Et « il avait grand'peur que la péninsule ne devînt le refuge de tous les révolutionnaires et républicains de l'Europe. » Mais, en dépit de cette manière de voir, le roi de France et ses ministres n'osèrent pas rester à l'écart. Ils craignirent leur propre peuple ; ils n'osèrent pas courir le risque de l'isolement en Europe, s'ils se séparaient de la Quadruple Alliance.

D'autre part, la raison (indiquée longtemps après) qu'avait Palmerston d'aider le peuple espagnol à établir une forme de gouvernement constitutionnelle était « qu'on aidait ainsi à assurer l'indépendance politique de l'Espagne, et on ne doutait pas que le maintien de cette indépendance ne fût favorable à de grands intérêts britanniques ». Ces grands intérêts britanniques étaient d'empêcher que la France parlât trop haut à Madrid.

Pendant tout ce temps, Paris était rempli d'agitateurs et le courage du roi (il en avait beaucoup) était constamment mis à l'épreuve. Lady Granville note, le 29 juillet 1835 :

Hier a été une journée horrible. Dans la matinée, une tentative d'assassinat contre le roi, ses fils et tout son entourage. Broglie a eu un bouton et son nœud de cravate emportés par une balle, Flahaut l'oreille de son cheval ; le duc de Trévise a été tué ainsi que plusieurs autres généraux et officiers distingués. Cependant, l'enthousiasme qu'on a montré pour le roi dépasse tout ce qu'on peut imaginer.

Louis-Philippe était opposé à ce qu'on prêtât un appui armé à la reine régente, et quand celle-ci fit appel à lui, il demanda l'avis de Granville, et il dit à la reine que tout ce qu'il pouvait faire était de lui prêter la Légion étrangère, alors au service de la France à Alger. Le gouvernement britannique ne vit pas d'objection à cela : la loi sur l'enrôlement à l'étranger fut suspendue en Angleterre et officiers et hommes de troupe furent encouragés à entrer au service de la reine d'Espagne. A l'automne 1835, plusieurs milliers de volontaires anglais et français s'embarquèrent pour l'Espagne. Don Carlos répondit en proclamant que toute personne de nationalité non espagnole, prise les armes à la main contre lui, serait fusillée. L'Angleterre fut indignée de cette déclaration et voulut que la France se joignît à elle pour protester. Granville vit Louis-Philippe et ses ministres. Tous, à part le duc de Broglie, étaient absolument hostiles au genre de démarche que proposait le gouvernement de lord Melbourne. Ils firent ressortir que si la France usait d'un langage menaçant envers Don Carlos et si ses menaces restaient sans effet, il faudrait certainement envoyer une armée française au delà de la frontière, et les deux gouvernements avaient déjà reconnu que ce serait là une mesure peu sage. Mais, protestait Granville, une remontrance au sujet d'un décret aussi barbare était véritablement un devoir de la France à l'égard de ses soldats qui venaient d'être transférés au service de l'Espagne. Ses paroles furent accueillies avec froideur : on ne pouvait rien faire.

Granville avait maintenant la certitude que Louis-Philippe sympathisait secrètement avec les carlistes. Déjà, l'année précédente, le roi avait été sur le point d'exécuter le projet, qu'il avait personnellement conçu, de marier l'un de ses fils à la jeune reine Marie de Portugal ; ce projet avait été déjoué par le mariage de la reine avec le prince Ferdinand de Saxe-Cobourg, alliance qui porta un coup décisif à l'influence française à Lisbonne.

A Madrid, tout le monde connaissait la rivalité des intérêts français et anglais en Espagne. Don Carlos se vantait ouvertement que les Français étaient de son côté, et on signalait à Granville que l'on pouvait voir sur la route, entre Bayonne et Irun, un flot ininterrompu de fourgons transportant ouvertement des munitions et des vivres à l'armée des insurgés. Mais toute la satisfaction qu'il put obtenir fut « qu'une plus grande vigilance serait exercée à la frontière ». Le commerce lucratif continua.

Et puis, l'ambassadeur se trouva bientôt en présence d'une affaire vraiment délicate. La reine régente avait le plus grand besoin d'argent. Le Trésor était vide, en grande

partie à cause de l'insignifiance du produit des importations
(dont la contrebande était responsable). Mendizabal, le
premier ministre, fit savoir au représentant britannique à
Madrid que, si l'Angleterre consentait à prêter un million
et demi de livres sterling, l'Espagne lui accorderait en retour
un tarif largement préférentiel. Villiers, l'agent britannique,
hésitait, car s'il voyait les avantages de l'affaire, il n'avait
pas qualité pour la traiter. Mendizabal eut raison de ses
scrupules et un traité fut immédiatement rédigé et signé.
Il fut envoyé à Paris sous pli cacheté pour être transmis
par Granville à Palmerston. « La reine, Mendizabal, mon
secrétaire particulier et moi-même, écrivait Villiers, nous
sommes les seules personnes qui ayons connaissance de la
transaction. »

Granville était scandalisé. Il estimait si grande la nécessité de garder secrète cette transaction, qu'il ne permit
même pas aux attachés de l'ambassade d'en avoir vent.
Dans une lettre privée, il écrivait à Palmerston : « On n'ai-
mera pas cela ici. On pense déjà que Mendizabal est entièrement sous l'influence anglaise et cette admission des produits manufacturés anglais à un tarif réduit, même achetée
par la garantie d'un emprunt, confirmera beaucoup cette
impression. »

Malgré ses précautions, le secret transpira [1].

Louis-Philippe était furieux. Comme ses ministres étaient
empêchés par une promesse de silence de formuler une
plainte auprès de l'ambassadeur de Grande-Bretagne,
Mendizabal fut averti que si cette affaire aboutissait, « la
Quadruple Alliance subirait certainement des modifications
d'une nature que l'Espagne regretterait ».

Quand le traité fut entre les mains de Palmerston, celui-
ci reconnut immédiatement qu'il était impossible. L'Angleterre ne le ratifierait jamais. On proposa donc un traité

---

1. « Il est extrêmement probable, remarque Sir John Hall, que le secret
fut découvert par Christine elle-même. Peut-être désirait-elle obtenir les
bonnes grâces de Louis-Philippe, et, en exposant Mendizabal à sa colère, elle
espérait peut-être faciliter le retour au pouvoir des moderados. » (*L'Angleterre et la Monarchie d'Orléans*, page 195.)

commercial d'une autre sorte, mais Mendizabal ne voulut pas en entendre parler, et, ainsi, l'affaire échoua. Les négociations de Granville avec le duc de Broglie au sujet de cette délicate question furent les dernières qu'il eut à mener avec ce dernier comme ministre des Affaires étrangères. Le ministère donna sa démission, et M. Thiers, auteur et journaliste déjà célèbre, entreprit de former un gouvernement. Ce changement accentua encore la tendance de Louis-Philippe à diriger sa politique extérieure. Agacé par le « blocus matrimonial » que les légitimistes se vantaient d'avoir établi autour de la monarchie orléaniste, il s'efforça dès lors d'atteindre le but dynastique particulièrement cher à son cœur. Il vit en Thiers l'homme qui pouvait l'aider.

Peu de temps après, les affaires d'Espagne en vinrent à une crise sanglante. Mendizabal fut chassé de ses fonctions. Les carlistes triomphèrent partout. Madrid était sous le régime de la loi martiale. Les gardes royaux se mutinèrent, le capitaine-général Quesada fut assassiné et la malheureuse reine régente fut terrorisée. Pendant que toute l'Espagne était ainsi bouleversée, Louis-Philippe faisait des ouvertures à l'Autriche et, après l'avoir suffisamment flattée dans une ou deux affaires diplomatiques, il crut le moment venu de demander pour son fils aîné la main d'une archiduchesse autrichienne. Metternich fut d'un avis différent, et la demande fut rejetée.

Mais, si vexé que fût Louis-Philippe de cet échec, il ne put être amené à examiner un instant le plan de revanche de Thiers. Thiers savait que l'Autriche craignait avant tout une intervention française active en Espagne. Son idée était d'intervenir en renforçant ingénieusement la Légion française en Espagne et en la mettant sous le commandement d'un général français célèbre. Mais, au dernier moment, le roi mit son veto à tout cela. Il ne consentirait jamais à aider les jacobins espagnols —, jamais!

La réponse du ministre fut de donner sa démission, et Granville, qui s'était momentanément réjoui de l'adhésion de Thiers, fut alors informé que le comte Molé était le nouveau ministre des Affaires étrangères et que dorénavant la France ferait tout son possible pour se séparer de l'Espagne. « Nous ne pouvons pas exposer les soldats français à l'influence des sociétés révolutionnaires espagnoles. » Ainsi la France se retira pratiquement du Quadruple Traité au moment précis où les carlistes étaient déchirés par des dissensions, où le général des christinos, Espartero, avait remporté une grande victoire, et où les modérés n'avaient besoin que de secours en hommes et en argent pour rétablir la paix.

Il n'est point étonnant, dans ces conditions, que le ministère britannique ait omis l'allusion d'usage à la France dans le discours du roi (son dernier), à l'ouverture du Parlement en 1837. Granville signala que cet « oubli » avait fait grande sensation à Paris. Tout le monde y vit un coup — quelques-uns parlèrent d'un coup mortel — porté à l'entente anglo-française.

Mais il n'y a jamais de coups mortels pour l'entente anglo-française ; il n'y a que des intervalles de moindre existence.

CHAPITRE IX

L'AMBASSADE ET LE NOUVEAU RÈGNE

Telle était la situation diplomatique entre les deux pays quand, en Angleterre, la jeune reine Victoria monta sur le trône. Le travail et les responsabilités de l'ambassadeur de Grande-Bretagne à Paris ne firent que s'accroître avec le nouveau règne.

Charles Greville, qui était allé à Paris cet été-là, écrivait :

J'ai fait une promenade à cheval avec lord Granville ces deux derniers jours. Il m'a beaucoup parlé de la France et des affaires françaises. Sa situation ici est extrêmement agréable parce que toutes les affaires des deux pays sont traitées par lui, et que l'ambassade de Sébastiani est un peu plus que nominale. Il en est ainsi depuis longtemps : cela a commencé à l'époque de Canning; puis l'intimité qui existait entre le duc de Broglie et l'ambassadeur a confirmé cet usage pendant son ministère, et la principale cause de la haine de Talleyrand contre Palmerston a été le refus de ce dernier de modifier cet usage quand il était en Angleterre, et son humiliation de constater que le rôle qu'il jouait à Londres venait après celui de l'ambassadeur de Grande-Bretagne à Paris (1).

Au mois d'octobre de la première année de son règne, la reine écrivait elle-même à son oncle Léopold :

Lord Granville se plaint beaucoup de Molé et dit que, s'il a une attitude très cordiale et amicale à notre égard et s'il parle de son désir de voir les ministres des Affaires étrangères des deux pays entretenir de meilleures relations que précédemment, chaque fois que lord Granville lui demande de faire quelque chose de décisif (suivant les propres termes de lord Granville), « il évite la discus-

---

1. Greville. *Journal* (25 juin 1837).

sion »; il dit qu'il lui faut du temps pour réfléchir avant de donner une réponse, et il élude toute réponse chaque fois qu'il s'agit d'une affaire importante. Vous voyez, mon cher oncle, que cela n'est pas satisfaisant. Je ne vous dis cela que parce que je crois que vous aimez à savoir ce que Molé dit à notre ambassadeur ; cela diffère de ce qu'il vous a dit. Je suis sûre que tout ce que vous dites de Louis-Philippe est vrai ; sa situation est très particulière et très difficile...

L'année suivante, au couronnement de la reine, le roi des Français envoya en Grande-Bretagne un personnage qui se révéla d'un grand secours pour les relations anglo-françaises. Ce personnage était le maréchal Soult, dont le nom fut tout d'abord proposé officieusement par Louis-Philippe à l'ambassadeur de Grande-Bretagne au cours d'une soirée [1].

Le vieux soldat ne fut pas seulement enchanté de l'accueil qu'on lui fit. Il reconnut aussi la solide valeur de l'amitié britannique pour son pays. Il jugea sage de tenir intégralement les engagements du Quadruple Traité et, quand le ministère Molé tomba et qu'il fut de nouveau appelé à former un cabinet, les circonstances lui permirent de donner à la politique française en Espagne une direction inverse. Dans ce pays, de l'avis de Granville, Espartero était maintenant sur le chemin du succès et il n'avait besoin que d'un peu d'aide vigoureuse, notamment d'un arrêt des approvisionnements, pour régler l'affaire de Don Carlos. Soult seconda loyalement l'effort britannique en donnant à la flotte française et aux autorités de la frontière l'ordre de coopérer activement avec les autres gouvernements contre le prétendant.

Vers le milieu de septembre 1839, lord Granville reçut l'agréable nouvelle que Don Carlos et le reste de ses partisans avaient été refoulés au delà de la frontière et immédiatement désarmés par les autorités locales françaises. Leur chef fut emmené à Bourges où il fut gardé sous une étroite surveillance [2].

---

1. « Le roi et Granville étaient assis et causaient à voix basse derrière un écran. Le duc d'Orléans me dit « un sujet pour H. B. ! » (Lady GRANVILLE, *Lettres*, 12 janvier 1838).

2. Cependant l'Espagne était loin d'être débarrassée de ses troubles. Une farouche bataille politique se déchaîna entre les « moderados » et les « pro-

Dans l'année de l'avènement de Victoria, les Stuart de Rothesay avaient fait une courte apparition à Paris et lady Stuart, qui était maintenant une femme imposante de quarante ans, vint un jour avec sa fille, Louisa, à l'ambassade pour revoir le théâtre de ses anciens triomphes mondains. « Lord Stuart ne viendra pas », note lady Granville, sur un ton peu flatteur. « Betty est embarrassée; elle ouvre la bouche comme un épagneul haletant de chaleur. »

Miss Louisa Stuart (la future lady Waterford), maintenant une belle jeune fille de vingt ans, était venue voir le lieu chéri de sa naissance et se promenait bientôt dans toute l'ambassade, inspectant la chambre à coucher de la princesse Pauline, et toutes les pièces qui lui étaient si familières, et le jardin qui commençait à prendre un aspect charmant.

Les deux dames, qui avaient été jadis de grandes rivales mondaines, avaient beaucoup de questions diplomatiques et familiales à discuter : quelques mois auparavant, on avait dit à lady Granville que Louisa Stuart était sur le point d'épouser un certain M. Tomline, « avec 25.000 livres sterling par an, beau, agréable, jeune, mais lady Betty s'y oppose. Cela convient tout à fait à la jeune fille, mais la mère veut un rang, et particulièrement lord Douro ».

Mais aucun des deux projets n'aboutit; bien que l'argent eût été bien accueilli par lady Stuart dont la fortune avait été sérieusement entamée par les dépenses de l'ambassade et les extravagances de son mari. Il avait toujours été un grand collectionneur et il avait rapporté de France des quantités de meubles, de tableaux, d'objets en pierre ou en bois sculpté. Entre autres choses, il avait acheté « pour un prix dérisoire », ce qu'il y avait de mieux dans les trésors de l'Hôtel Ney. Il avait reconstruit le château de son grand-père — lord Bute — à Highcliffe, près de Christchurch, avec l'argent de sa femme. Lady Betty n'était plus la

gressistas » dans laquelle la reine régente, qui était foncièrement anti-démocrate, joua un jeu dangereux. C'est l'amour qui finalement causa sa perte : car elle avait secrètement épousé un beau soldat de la Garde du nom de Nunoz, et ses ennemis menacèrent de divulguer le fait. Elle fut forcée d'abdiquer et, dans la suite, en mai 1841, Espartero saisit les rênes du pouvoir.

femme crédule et docile d'autrefois. Et trois ans après leur départ de l'ambassade, elle écrivait à son mari une lettre plutôt dure au sujet de Highcliffe et de ses prodigalités. Il lui avait affirmé que les réparations ne coûteraient que 5.000 livres; or, à son arrivée, elle constata qu'on avait encore besoin d'au moins 10.000 livres.

Avec quoi allons-nous vivre? demandait-elle, indignée. Cent livres par mois pour tout. Je vous ai demandé instamment d'attendre que vous ayez non seulement payé vos dettes, mais économisé de l'argent pour vivre... Ce n'est pas amusant d'avoir été ainsi trompée par vous. Jouissez de Highcliffe si vous pouvez! bien que, en plusieurs sens, à mes dépens!

L'année qui suivit la visite des Stuart à Paris, lady Stuart emmena sa fille Louisa en Écosse au fameux tournoi d'Eglinton. Le succès de la jeune fille fut si grand que, de l'avis de beaucoup de spectateurs, elle aurait été proclamée Reine de Beauté, si l'on n'avait décidé que ce titre ne pouvait être porté que par une femme mariée. « Sur la grande estrade, j'ai vu, pour la première fois votre belle petite-fille », écrivait un ami à lady Hardwicke, « et jamais je n'ai rien vu de plus aimable dans ma vie. Elle surpassait certainement de beaucoup la Reine de Beauté ([1]). »

C'est dans ces circonstances que Louisa rencontra lord Waterford et les relations aboutirent à un amour réciproque et à un heureux mariage.

Nous voudrions anticiper un peu ici et indiquer brièvement la carrière ultérieure de Stuart de Rothesay. Il désirait depuis longtemps réparer sa fortune par une autre ambassade; après des années d'attente, il eut ce qu'il voulait quand les tories revinrent au pouvoir en 1841. Son vieil ami et compatriote, lord Aberdeen, le nomma à Saint-Pétersbourg ([2]).

---

1. HARE, *Histoire de deux nobles vies.*
2. Melbourne avait écrit confidentiellement à la reine (12 septembre 1841) que la nomination d'un certain lord comme ambassadeur aurait été « manifestement et notoirement mauvaise » mais qu'il importait assez peu qu'un tel fût ambassadeur à Vienne ou même à Saint-Pétersbourg ou à Paris, plutôt que tel autre. « Stuart de Rothesay et Strangford ne valent pas grand'-chose ni l'un ni l'autre, mais il sera difficile à lord Aberdeen de ne pas accueillir leur demande. »

« Suivant son habitude, nous dit-on, Stuart quitta l'Angleterre subitement, sans prendre congé », après avoir invité sa femme et sa plus jeune fille à le suivre au cours de l'été. Hélas! Stuart n'était pas seulement très atteint dans sa fortune : il avait mené une existence folle, et sa santé n'en avait pas moins souffert que sa réputation diplomatique. Il craignait qu'au dernier moment quelque chose ne vînt retarder ou même annuler sa nomination. Il savait que la jeune reine Victoria, tout comme son ennemi Palmerston, le considérait d'un œil peu favorable. Ses craintes n'étaient pas complètement dénuées de fondement. Quand Victoria apprit que Stuart non seulement avait été nommé à Saint-Pétersbourg, mais était effectivement parti sans venir lui baiser la main, elle en fut profondément irritée. Elle écrivit à sir Robert Peel : « La reine a vu dans les journaux que lord Stuart de Rothesay est déjà parti. La reine a de la peine à le croire, attendu qu'aucun ambassadeur ou ministre n'a jamais quitté l'Angleterre sans avoir auparavant sollicité et obtenu une audience, la reine désirant toujours les voir avant qu'ils se rendent à leur poste. Sir Robert aurait-il l'obligeance de demander à lord Aberdeen si lord Stuart de Rothesay est parti ou non ? »

Mais Stuart avait d'excellentes raisons pour renoncer à la cérémonie, et il était déjà à mi-chemin.

Quand il fut parti, l'ancienne tendresse de lady Betty pour son mari réapparut et elle lui écrivit une longue lettre affectueuse, remplie de nouvelles et de bavardages (22 novembre 1841), qui se terminait par une supplication au sujet de sa santé :

Et maintenant, mon très cher, ne m'en veuillez pas si je vous rappelle que de nombreuses années se sont écoulées depuis votre dernier séjour en Russie; je vous en prie, prenez garde, car il se pourrait que vous ne fissiez pas les mêmes choses avec la même impunité, et je vous en prie, faites la connaissance de médecins anglais, pour que vous puissiez en avoir un, si quelque chose ne va pas.

Malheureusement les choses n'allèrent pas; Stuart fut atteint d'une paralysie étrange dans laquelle il perdit le contrôle, non de ses facultés mentales, mais de ses jambes.

« Ses jambes l'emportaient », disait Bloomfield, son secrétaire à Saint-Pétersbourg. Il ne pouvait pas s'arrêter et se
heurtait fréquemment à un réverbère, à une grille ou à
quelque fonctionnaire scandalisé de la cour impériale.

Il traîna ainsi jusqu'en 1844, après avoir vu sa fille Charlotte mariée à lord Canning (1).

Lady Stuart lui survécut jusqu'en 1866, et dans sa vieil-
lesse elle se plaisait à rappeler les merveilleux moments
qu'elle avait passés à Paris après Waterloo, ses premières
années de mariage, la naissance et l'enfance de ses deux
filles, si belles, à l'ambassade.

Mais il faut que nous revenions aux Granville et à l'année 1839, où de graves troubles menaçaient la paix de l'Europe, amenant la France et l'Angleterre à deux doigts de
la guerre. Cette fois, il s'agissait de l'Égypte. Granville
se sentit grandement soulagé quand Henry Bulwer fut
nommé secrétaire de l'ambassade et chargé d'Affaires pendant l'absence de l'ambassadeur.

Votre Majesté connaît bien Bulwer, écrivait Melbourne dans la
suite à la jeune reine. Il est intelligent, ardent, actif, quelque peu
amer et caustique et assez méfiant. Un homme de caractère plus
droit aurait mieux fait, mais il serait facile d'en trouver beaucoup
d'autres qui auraient fait plus mal.

Finalement, Bulwer se révéla d'un secours inappréciable
pour Granville et pour les intérêts britanniques à un moment critique, et, sans l'arrivée au pouvoir des tories sous
Peel deux ou trois ans plus tard, il aurait pu être le successeur de Granville.

Il est difficile de donner une idée du travail d'un ambassadeur et de l'influence qu'il peut exercer sur les affaires

---

1. Au sujet de lady Canning, qui mourut aux Indes en 1861, lord Granville, alors secrétaire aux Affaires étrangères, écrivait à son mari qui devait
la suivre si rapidement dans la tombe : « J'ai peine à croire ce que j'ai à leur
dire (à la famille de lady Canning, dont sa mère lady Stuart de Rothesay)
au sujet de l'une des plus nobles, des plus courageuses et des meilleures
femmes qui aient jamais existé. »
Lady Canning avait écrit précédemment au sujet de la mort de lady
Granville qu'elle était « l'une des amies les plus sincères et les plus affectueuses
qu'elle eût jamais eues; et elle évoquait le souvenir « de son cher et bon visage
et de sa voix exquise ».

internationales, sans donner tout au moins un résumé de la situation politique du moment.

L'Égypte devait, pendant plus d'un demi-siècle, figurer au premier plan dans les négociations diplomatiques et les différends entre la France et l'Angleterre.

Juste à ce moment-là, au Caire, Mehemet-Ali s'efforçait d'assurer sa complète indépendance vis-à-vis du sultan, et il édifiait un empire arabe qui s'étendait déjà de Khartoum au Golfe Persique et menaçait les communications de l'Angleterre avec l'Orient, bien que Palmerston craignît surtout la rivalité et de la France et de la Russie. Cependant, lorsque la longue préparation des armées et des armements, à laquelle se livraient l'Égypte et la Porte, aboutit à la guerre, en 1839, les relations officielles anglo-françaises étaient amicales, grâce surtout à Soult et à Granville.

Palmerston disait avec fierté : « Nous sommes en complet accord ; nos relations ne sont pas celles d'un gouvernement avec un autre, mais celles de deux collègues dans le même cabinet. » Cette affirmation était plutôt exagérée. En tout cas, elle n'était pas vraie pour les deux peuples. Et cette aimable cordialité n'existait ni dans l'armée, ni dans la marine française comme on s'en aperçut très vite. Le sultan Mahmoud mourut et eut pour successeur un fils de seize ans. Il avait été convenu que les flottes française et britannique coopéreraient pour amener une suspension des hostilités et un règlement immédiat de la question d'Orient. Or, ce qui se passa, c'est que Mehemet-Ali poussa ses forces en avant malgré les alliés, et que l'amiral turc livra traîtreusement toute son escadre au pacha d'Alexandrie. Mais le plus fâcheux de l'affaire était que l'amiral français Lalande n'avait pas remué le petit doigt pour empêcher cela. Soult dit à Granville qu'il ne comprenait pas, que la conduite de Lalande était inexplicable (¹).

Mais l'explication était assez simple, bien qu'elle n'ait pas été divulguée à ce moment-là.

Le prince de Joinville, qui servait alors avec Lalande,

____

1. F. O. Granville à Palmerston (29 juillet 1839).

fit l'aveu suivant : Dans toute la flotte française il y avait une haine profonde de l'Angleterre et un désir intense de venger les anciennes défaites. Le pacha d'Égypte était considéré comme l'allié de la France dans une lutte dont tout le monde espérait et croyait qu'elle aurait lieu prochainement. L'amiral Lalande était donc nettement justifié à encourager l'amiral turc à livrer sa flotte à Méhémet-Ali.

Le fait que le capitaine Walker et les autres instructeurs navals britanniques au service de la Porte furent également emmenés chez l'ennemi de l'Angleterre à Alexandrie ne fit qu'accroître la satisfaction générale de la marine française.

Granville se rendait clairement compte de l'absolue inutilité de la diplomatie, quand elle opère, même avec la plus grande douceur, dans une atmosphère nationale hostile. Si les peuples, et en particulier les membres des grands services de l'État, ne sont pas inspirés par des sentiments amicaux, l'habileté des hommes d'État ne peut suffire à amener une véritable coopération.

L'ambassadeur était découragé et ne nourrissait qu'un faible espoir de voir les Français et les Anglais s'unir pour obliger Méhémet-Ali à rendre la flotte turque. Au mois d'août, Granville remit l'ambassade à Bulwer. Lady Granville et lui allèrent passer quelque temps auprès de la reine au château de Windsor, où Sa Majesté profita de l'occasion pour faire connaître à Granville ses vues sur la France. On peut voir par ses lettres quelles étaient ces vues ; elle paraît avoir eu l'impression que Granville était « trop l'instrument de lord Palmerston ».

Palmerston était alors dans une splendide condition pou la lutte. Cinq grandes puissances s'étaient réunies et une note collective avait été envoyée au pacha. C'était un grand coup que d'avoir amené la Russie dans ce concert, mais cela inspirait naturellement une profonde méfiance en France et dans les milieux whigs en Angleterre. Soult dit à Bulwer que « c'était avec un sentiment de pénible étonnement qu'il constatait qu'un homme d'un jugement

aussi éclairé que lord Palmerston caressait cette idée avec
tant de complaisance ». Mais le secrétaire aux Affaires
étrangères savait ce qu'il faisait. Il savait ce qu'il y avait
réellement dans l'esprit de Louis-Philippe ; il savait que par
tous les moyens le roi voulait aider le pacha à obtenir la
possession héréditaire de l'Égypte, de la Syrie et de l'Ara-
bie, et à se rendre complètement indépendant de la Porte,
et que si la France seule figurait dans cet exploit, alors la
Grande-Bretagne pourrait dire adieu à toute influence en
Orient. Lord Holland et ses amis whigs estimaient qu'il
s'agissait simplement de savoir si l'Angleterre devait
rompre avec la France libérale pour entrer dans une alliance
avec la Russie autocratique. Ils forcèrent Palmerston à
inscrire dans ses arrangements avec la Russie des garanties
embarrassantes qui les annulaient. Toute démarche entreprise en vue d'un règlement était entravée. On ne pouvait
obtenir de Soult un acte. « Il y a dans les conseils français,
signalait Bulwer, du positif et du vague à la fois, du positif
pour ce que l'on ne fera pas et du vague pour ce que l'on
pourrait faire ([1]). »

Soult persistait à se méfier de la Russie et il ne cessait
d'exprimer sa conviction que le véritable objectif de cette
puissance était d'amener une rupture dans les relations
anglo-françaises. La vérité est que lui et son royal maître,
comme beaucoup d'autres en Europe, s'étaient fait de la
puissance militaire de Méhémet-Ali et de la capacité de
son armée une idée très supérieure à la réalité. Palmerston
était convaincu que 15.000 hommes des meilleures troupes
turques agissant de concert avec une flotte britannique suf-
firaient pour chasser les Égyptiens de la Syrie, si seulement
les Français unissaient leur autorité à celle des puissances.

Granville retourna à Paris et trouva le cabinet Soult
battu et démissionnaire. A contre-cœur le roi manda de
nouveau Thiers. Bien que celui-ci pût désirer sincèrement
une bonne entente avec l'Angleterre, lui aussi croyait fermement à la force militaire de Méhémet-Ali et à l'impos-

1. F. O. : Bulwer à Palmerston (13 septembre 1839).

sibilité de le chasser de l'Égypte et de la Syrie. Il était donc hostile à l'envoi d'une force armée contre lui. Un nouvel ambassadeur de France avait remplacé Sébastiani à Londres. Ce n'était ni plus ni moins que M. Guizot, le futur ministre des Affaires étrangères, déjà célèbre comme auteur et historien constitutionnel. Guizot commença sa carrière d'ambassadeur en exposant à Thiers ce qui suit :

Le gouvernement britannique a deux intérêts en jeu dans la question d'Orient : le désir de tenir la Russie éloignée de Constantinople et la crainte de l'influence française en Égypte... Par une singulière combinaison de circonstances, la Russie est disposée à abandonner ses prétentions à l'exercice d'un protectorat exclusif sur l'empire ottoman et à aider l'Angleterre à affaiblir le pacha d'Égypte... La Grande-Bretagne sait cependant qu'en soutenant sa politique elle peut porter atteinte à sa bonne entente avec la France. Pour conserver l'amitié de la France elle fera quelques concessions, mais j'incline à croire qu'elle n'a pas l'intention de laisser échapper cette occasion d'atteindre ses buts en Orient.

Dans sa réponse, Thiers estimait qu'il fallait désapprouver toute action des puissances, « les divergences entre la France et ses alliés étant trop marquées ». Mais il n'y avait pas à craindre, dans l'état actuel de la politique anglaise, que l'Angleterre se séparât de la France sur la question d'Orient. Comme M. Thiers connaissait peu lord Palmerston !

En attendant, après avoir reconnu l'importance pour les intérêts français d'un règlement séparé entre la Porte et le pacha, si on pouvait l'amener d'une façon quelconque, Thiers n'hésita pas à envoyer un de ses amis, un journaliste parisien, en mission secrète de propagande à Constantinople. Ce personnage était Costa, le fondateur et directeur du *Temps*. Costa entra immédiatement en relations avec le beau-frère du jeune sultan, Fethy-Pacha, qui était ministre du Commerce, et il s'efforça de lui démontrer qu'il était essentiel pour la Porte de conclure rapidement la paix avec Méhémet-Ali. L'Angleterre, disait-il, avait ses raisons machiavéliques de désirer que le sultan fît la guerre au pacha. C'était une très dangereuse doctrine que de préférer que l'Angleterre s'emparât elle-même de l'Égypte plutôt que de voir celle-ci rester entre les mains du vassal rebelle

du sultan. « Ce que l'Angleterre prend, elle le garde », déclara sourdement ce journaliste.

Et ce n'était pas tout ; la France avait d'autres agents
tant au Caire qu'à Constantinople qui s'efforçaient d'annuler toutes les mesures prises par les puissances. Heureusement leurs intrigues furent connues de l'ambassade britannique à Paris. Palmerston vit alors qu'il n'y avait rien à faire
avec la France, et qu'il n'y avait pas lieu de retarder une
rupture très nette. Si l'Angleterre abandonnait le sultan
à cause de la non-coopération de la France, la Russie re-
prendrait sa vieille « position séparée et isolée » à l'égard
de la Turquie. Cette scission diviserait l'empire ottoman
en deux États distincts dont l'un serait une dépendance
de la France et l'autre un satellite de la Russie. Non seulement l'Angleterre serait tenue à l'écart, mais sa situation
aux Indes serait compromise. Plutôt que de consentir à
cela, Palmerston déclara qu'il abandonnerait son porte-
feuille. Ses collègues hésitèrent, mais finirent par céder,
et, sans qu'il y eût d'autres consultations avec M. Guizot,
le 15 juillet une convention pour la pacification du Levant
fut signée par les plénipotentiaires de la Grande-Bretagne,
de la Russie, de l'Autriche et de la Prusse d'une part, et
par ceux de la Turquie de l'autre. C'était la France qui
était ainsi mise à l'écart.

Quand la nouvelle en parvint aux Tuileries, elle créa une
véritable consternation. Perfide, trois fois perfide lord
Palmerston ! Mais, comme Palmerston l'expliqua à Granville, c'était la seule voie que l'on pût suivre. « Le secret était
essentiel. La France n'aurait jamais participé à une con-
trainte contre Méhémet-Ali et l'aurait certainement averti
de toutes les mesures navales ou militaires que les alliés
projetaient contre lui. »

Ce qui fâchait surtout Louis-Philippe et Thiers, c'était
le silence dans lequel l'Angleterre avait agi, le brutal
manque d'égards pour les sentiments de la France. En se
rendant au Palais, Bulwer s'attendait à une explosion,
mais Thiers resta admirablement maître de lui. « Ah !
M. Bulwer, s'écria le roi, je sais que vous avez voulu me don-

ner une leçon ; je le sais, mais — il leva son royal index — cela pourrait être une leçon dangereuse pour tout le monde!»

Lorsque, le 27, la nouvelle fut publiée dans la presse parisienne, il y eut une panique immédiate à la Bourse et une baisse considérable des valeurs. On déclara que la convention était pour la France une insulte, qu'il fallait laver dans le sang. Le 1ᵉʳ août, on publia une ordonnance royale renforçant l'armée et la marine. L'anglophobie s'empara de nouveau de la populace et lord Granville, qui était en congé et souffrant, se hâta de retourner à son poste.

A propos de cette crise, il convient de faire remarquer que Thiers le démagogue, qui dans son journal *le National* fulminait contre l'Angleterre, et M. Thiers, ministre des Affaires étrangères, étaient deux personnages différents (ainsi qu'il devait le dire bientôt à Bulwer).

Il écrivit à Guizot que l'Angleterre avait été égarée. « Elle ne se rendait pas compte de l'ampleur de la tâche dans laquelle elle s'était embarquée ; il fallait faire entendre raison à son ministre des Affaires étrangères, etc... »

Traitez lord Palmerston comme il vous a traité. Questionnez-le hardiment. Demandez-lui s'il a des plans quelconques pour favoriser un soulèvement en Syrie et ce qu'il se propose de faire si le pacha rejette catégoriquement les propositions du sultan. Pressez-le ferme. Mettez-le dans l'obligation de confesser qu'il a agi avec beaucoup de témérité. Mais ayez soin, ajoutait-il, de formuler vos questions de telle sorte que, s'il refuse de répondre, vous ne soyez pas forcé de rompre les relations. Car pour le moment la France doit se contenir.

Mais Palmerston avait l'habitude d'être pressé ferme, et Guizot, malgré tout son talent de persuasion, ne put l'amener à s'écarter d'un doigt de son chemin. Cet isolement qui offensait si profondément Louis-Philippe et irritait ses sujets, la France ne le devait qu'à elle-même.

Le roi écrivait à son gendre, Léopold de Belgique, qui se trouvait alors au château de Windsor :

Je dis maintenant du traité du 15 juillet que c'est plus qu'une faute, c'est un malheur dont les conséquences sont incalculables. La situation est particulièrement pénible pour moi qui ai toujours repoussé avec indignation l'idée que l'Angleterre pût jamais entrer dans une alliance sans la France. Je constate que j'ai eu tort. Pour le moment, nous ne pouvons qu'attendre et voir venir. Mais il y a une chose que nous devons faire, c'est d'armer, et c'est ce que nous faisons avec vigueur. Notre règle doit être l'expectative. Il faut que nous voyions ce que l'Angleterre a l'intention de faire avant de décider ce que la France fera, soit pour restaurer, soit pour maintenir l'équilibre des forces (¹).

Entre temps, Granville et Bulwer avaient recueilli des renseignements et envoyé à Palmerston des rapports sur l'activité navale et militaire française. On ne pouvait dire jusqu'où irait le ressentiment de la France. L'amiral Stopford, commandant l'escadre de la Méditerranée, avait déjà reçu l'ordre de couper toutes les communications par mer entre l'Égypte et la Syrie et d'empêcher tout mouvement de la flotte du pacha. Il fut particulièrement chargé de surveiller « tout mouvement soudain de l'escadre française à la suite d'ordres qui pourraient être envoyés de Paris sous le coup de la colère qui naturellement s'emparerait du gouvernement français quand il se verrait dans une situation isolée. »

A vrai dire, dans certains pays de l'Europe, on considérait la guerre entre la France et l'Angleterre comme certaine. Thiers, tout en niant une possibilité de ce genre dans ses conversations avec Bulwer, ne cessait de parler de guerre avec ses intimes. Vers le milieu de septembre, une ordonnance royale décrétait la construction, depuis longtemps projetée, des fortifications de Paris. Louis-Philippe paraissait plus belliqueux encore que ses ministres. Aux Tuileries il reprocha hautement et amèrement aux ambassadeurs de Prusse et d'Autriche la conduite ingrate de leurs cours à son égard. Alors que les idées révolutionnaires bouillonnaient dans toute l'Europe, il avait livré leur bataille : pendant dix ans il avait tenu les révolutionnaires en échec. « Mais, cria-t-il assez haut pour que Bulwer pût l'entendre, ils feraient mieux de ne pas trop me provoquer. J'ai mis de côté le bonnet rouge. Un jour peut-être, ils auront la désagréable surprise de constater que je l'ai repris. » Quant au duc d'Orléans, le fils aîné du roi, il disait à tout le

_____

1. Sir J.-R. HALL, *L'Angleterre et la monarchie d'Orléans.*

monde que la France avait été insultée. Il était soldat, et
« à tout prendre, il préférait périr dans l'action plutôt que
d'être tué dans une rixe de rue et de mourir dans le ruisseau. »

Les choses en vinrent à un tel point que Bulwer fut averti
que la populace complotait une attaque contre l'ambassade de Grande-Bretagne. Des bandes d'oisifs parcouraient
le faubourg Saint-Honoré en chantant *la Marseillaise* et
en maudissant, comme ils l'avaient fait cent fois auparavant et et comme ils le feront sans doute souvent encore,
la « perfide Albion ».

Au milieu de tout cela, on reçut du Caire un appel de
Méhémet-Ali invoquant la protection et la médiation de
la France. Il déclarait qu'il était prêt à accepter du sultan
le gouvernement des principales provinces syriennes pour
son fils sa vie durant, et à abandonner immédiatement la
Crète, les Lieux-Saints et Adana. Mais il ne pouvait se ré-
soudre à renoncer à la possession héréditaire de l'Égypte.
Thiers déclara qu'à son avis il y avait dans cette proposition la base d'un règlement pacifique.

Il s'était toujours montré très amical dans ses relations
avec Bulwer. Il décida alors d'essayer l'effet d'une menace
voilée. Le 8 septembre, Bulwer était allé voir le ministre
au magnifique château qu'il habitait à Auteuil.

« Je l'ai trouvé faisant les cent pas dans une longue
pièce, et je l'ai rejoint. Après un tour ou deux, il s'est arrêté
et a dit : « J'ai des dépêches de Walewski. (Le comte avait
été envoyé en Égypte en mission spéciale auprès de Méhémet-Ali.) Il a terminé ses négociations avec le pacha. »
Thiers a déclaré que la France considérait comme tout à
fait justes et raisonnables les conditions jugées accep-
tables par le pacha. « Si votre gouvernement veut agir
avec nous, en persuadant le sultan et les autres puissances
de les accepter, il y a une fois de plus « une cordiale entente »
entre nous. » Si l'Angleterre refusait, la France se considérerait comme « obligée d'appuyer le pacha ».

« En disant ces mots, il fixa les yeux sur moi et ajouta
gravement : « Vous comprenez, mon cher, la gravité de ce
que je viens de dire ? »

« Parfaitement, dis-je, avec un air voulu d'imperturbabilité. Vous voulez me faire comprendre que si nous acceptons l'arrangement fait par l'intermédiaire de Walewski, vous et nous, nous sommes les meilleurs amis du monde; sinon, vous entendez vous prononcer pour le pacha et partir en guerre contre nous en sa faveur. »

Cette froideur surprit plutôt Thiers et il se hâta de faire remarquer qu'il avait parlé à son visiteur en tant que citoyen privé et non en tant que premier ministre. Bulwer le remercia d'avoir fait cette distinction et dit qu'il allait rentrer à l'ambassade, rédiger une dépêche rendant compte de la conversation et revenir pour la faire approuver par M. Thiers.

Bulwer rentra donc à l'ambassade et rédigea une dépêche à Palmerston qui commençait ainsi :

Excellence, vous savez que j'ai dit plus d'une fois que, dans la fâcheuse position où les affaires l'ont placé, M. Thiers s'efforcerait de trouver un moment où il pourrait dire au roi : « Il faut que vous me suiviez même jusqu'à la guerre, si je le juge à propos, ou je vais vous laisser exposé à l'opinion publique telle qu'elle s'exprime par les journaux.

Le chargé d'Affaires britannique disait encore que, sur cette base, le roi n'hésiterait pas à accepter la démission de M. Thiers.

Thiers lut le projet de dépêche et dit d'un ton de reproche : « Mon cher Bulwer, comment pouvez-vous vous tromper ainsi? Vous gâtez une carrière pleine de promesses. Le roi est beaucoup plus belliqueux que moi. N'envoyez pas cette dépêche. Faites connaître à lord Palmerston ce que vous pensez de notre conversation. » Bulwer y consentit et refit sa dépêche, mais dans une lettre privée et confidentielle il disait qu'il croyait maintenant que Thiers voulait réellement la paix.

Palmerston rit de la lettre de Bulwer et il écrivit :

Si Thiers vous tenait encore le langage de la menace, même avec les circonlocutions les plus vagues, je vous prie de lui répondre exactement comme il vous parlera, et, avec cette habileté verbale que je sais que vous possédez, faites-lui savoir, de la manière la plus amicale et la plus inoffensive, que, si la France jette le gant, nous le ramasserons; et que si elle entre en guerre, elle perdra certainement ses navires, ses colonies et son commerce avant d'en voir la fin; que son armée d'Algérie cessera de lui donner de l'inquiétude, et que Méhémet-Ali sera tout simplement jeté dans le Nil (1).

Palmerston se montrait là d'une belle franchise. Et pourtant, pendant tout ce temps-là, « Pam » était littéralement assiégé par ses collègues du cabinet et par tout ce que l'on appelait le parti français au Parlement et au dehors, pour qu'il changeât sa « fatale » politique. Il faillit être « chassé » du cabinet. Mais au milieu de toute cette agitation des partis dans les deux capitales il tint bon. Il rejetait l'idée d'une guerre avec la France. Il ne pouvait pas admettre que le peuple français ou le roi de France permît jamais à un gouvernement de se battre contre toute l'Europe pour que Méhémet-Ali gardât la Syrie.

Pendant qu'il défendait ainsi sa politique auprès de la reine et de ses collègues, les actes avaient remplacé les paroles en Orient. Le sultan avait officiellement déposé son vice-roi rebelle, et les alliés commençaient le blocus de l'Égypte et de la Syrie. Beyrouth, violemment bombardée, tomba. Ibrahim se retira à bout de forces devant les alliés.

Quand la nouvelle de cet événement parvint à Paris, l'émotion devint de la fièvre. La France y vit une humiliation nationale intolérable. « Le canon de Beyrouth, écrivait le poète Heine alors à Paris, retentit douloureusement dans le cœur de tous les Français. »

Louis-Philippe informa, par lettre privée, Léopold que la populace française était déchaînée dans sa haine contre l'Angleterre.

Notre peuple est persuadé que l'Angleterre veut réduire la France au rang d'une puissance de second ordre... Plus je crois que l'union de l'Angleterre et de la France est la base de la paix du monde, plus je regrette de voir provoquer une telle irritation entre nos deux nations. C'est cet abaissement de la France qui l'étouffe.

On attribuait au jeune duc d'Orléans le nouveau mot

---

1. 22 septembre 1840. BULWER, *Vie de Palmerston.*

d'ordre national : « Plutôt périr que de souffrir cette ignominie. »

Mais il n'y avait aucune espèce d'ignominie pour la
France dans cette situation. L'Égypte n'était qu'une
excuse à l'effervescence nationale. Comme l'a avoué plus
tard Balzac, qui avait une connaissance si exacte et si profonde de ses compatriotes : « Il est dans le caractère français de s'enthousiasmer, de se colérer, de se passionner pour
le météore du moment, pour les bâtons flottants de l'ac-
tualité. Les êtres collectifs, les peuples, seraient-ils donc
sans mémoire? (1) »

Avec une fermeté et une sagacité politique étonnantes
pour une jeune fille de vingt et un ans, Victoria écrivait à
son oncle le 26 septembre 1840 :

J'ai vu vos lettres à Palmerston et la réponse qu'il vous a faite,
et je vous envoie un papier de lord Melbourne. Je vous assure que
j'ai donné à ces affaires ma plus sérieuse attention. Il serait, à vrai
dire, extrêmement désirable que la France revînt à nous, et je
considère comme très sage ce que propose Metternich. Permettez-
moi de dire que la France s'est mise elle-même dans cette malheureuse situation. Je sais (car j'ai vu tous les papiers) comment elle
a été priée de se joindre à nous — et je sais de quelle étrange façon
elle a refusé —; je sais également que la France accepte en principe, mais qu'elle doute seulement de l'efficacité des mesures. En
quoi donc « la France est-elle outragée ? » pourquoi armer quand
il n'y a pas d'ennemis? pourquoi pousser le cri de guerre? mais cela
est fait et a produit beaucoup plus d'effet que le gouvernement
français ne le voudrait maintenant, je crois ; et maintenant la France
doit réparer tout cela et calmer l'agitation et l'inquiétude, ce qui
n'est pas facile. Cependant, bien que la France ait tort, tout à fait
tort, il convient que la France soit apaisée et qu'elle reprenne sa
place parmi les cinq puissances. Je suis sûre qu'elle pourrait le faire
facilement (2).

1. *Eugénie Grandet.*
2. Le roi Léopold répondit ainsi à sa nièce : « Je ne puis vous dissimuler
que les conséquences peuvent être très sérieuses, d'autant que le ministère
Thiers est appuyé par le parti du Mouvement, et qu'il est aussi peu soucieux
des conséquences que votre propre ministre des Affaires étrangères — et
beaucoup moins encore — car Thiers ne serait pas fâché de voir bouleverser
tout ce qui existe. Il est fortement imprégné de toutes les idées de renommée
et de gloire qui furent celles d'une partie de l'époque républicaine et impériale : il ne s'alarmerait guère à l'idée d'une Convention gouvernant de nouveau la France, parce qu'il croit qu'il serait homme à gouverner l'Assemblée,
et il m'a dit l'année dernière qu'il voyait là, pour la France, peut-être la plus
puissante forme de gouvernement. »

Granville informa officiellement M. Thiers que la déposition de Méhémet-Ali était « simplement une mesure de coercition » et qu'elle ne serait pas maintenue si le pacha « acceptait promptement les conditions du traité ».

L'état d'excitation de l'opinion publique française n'était pas cependant sans effet sur le ministère Melbourne. Lord John Russel persistait à croire la guerre imminente. Il insistait pour qu'un conseil de cabinet fût réuni le 10 octobre, car il avait l'intention de proposer que « lord Granville fût prié de demander au gouvernement français quelles seraient les conditions que la France considérerait comme satisfaisantes pour le règlement immédiat des affaires d'Orient ». Mais la réunion fut retardée. Finalement, le 16, à la suite de deux dépêches de Thiers, il fut convenu que Palmerston écrirait « pour demander instamment à la Porte de ne pas déposséder définitivement Méhémet-Ali de l'Égypte ».

Je crois que les autres ministres étrangers à Constantinople recevront des instructions semblables; Palmerston enverra cette dépêche à Granville (ce soir, je crois) pour qu'il la communique à Thiers. Et j'ai fait promettre à Palmerston de mettre dans la dépêche à Granville « que ce serait une grande satisfaction pour l'Angleterre si cela pouvait ramener la France à cette alliance (avec les quatre autres puissances) d'où nous l'avons vue se retirer avec tant de regret (¹) ».

Entre temps, Granville avait eu la preuve des projets belliqueux de M. Thiers. Le 12 octobre, il reçut d'une personne, qui réclamait une récompense en argent, l'information que le gouvernement français était sur le point de saisir une des îles Baléares qui appartenaient à l'Espagne. Ce coup, en dehors de l'effet qu'il produirait sur l'Espagne et sur l'opinion des cours absolutistes, qui étaient contre Espartero et les radicaux, donnerait à la France le contrôle de la Méditerranée Occidentale. Granville envoya immédiatement un messager spécial à l'ambassade de Madrid pour avertir son ami, Aston. Une remontrance à Louis-Philippe s'imposait; mais ce monarque subissait

1. Victoria à Léopold (16 octobre 1840).

déjà un profond changement moral. Le 13 octobre, il avait essuyé un coup de feu d'un fanatique qui déclarait être par profession « un conspirateur et un exterminateur de tyrans ([1]) ».

Il paraissait évident que le déclanchement d'une guerre étrangère serait suivi d'une révolution à l'intérieur. La bourgeoisie aussi bien que l'aristocratie commençaient à s'alarmer sérieusement. Et cependant le premier ministre, Thiers, continuait à pousser à la guerre. Il rédigea un discours du trône qui, entre autres choses, annonçait l'appel sous les drapeaux de 150.000 hommes de plus. Louis-Philippe en rejeta catégoriquement les termes et Thiers démissionna. Soult fut mandé auprès du roi et consentit à former un ministère de concert avec Guizot, qui devait être remplacé à l'ambassade de Londres par le baron Bourqueney ([2]).

Le gouvernement de Thiers avait plongé la France dans de graves difficultés. Il avait porté au prestige de la monarchie d'Orléans un coup dont celle-ci ne se releva jamais.

Si, écrivait Palmerston, nous avions cédé à la France à cette occasion, nous aurions fait d'elle le dictateur de l'Europe, et son insolence n'aurait pas connu de bornes. Nous nous serions bientôt querellés avec elle sur une question affectant directement les intérêts ou l'honneur des deux pays, et sur laquelle peut-être aucune des deux parties n'aurait pu céder avec honneur.

En même temps, il écrivait à la reine (11 novembre 1840) ces lignes qui étaient également vraies :

Votre Majesté peut être assurée qu'il y a en France une masse considérable de personnes, possédant des biens et se livrant à l'industrie, qui sont résolument hostiles à une guerre non nécessaire, et déterminées à y opposer la révolution. Et bien que ces personnes

---

1. Lady Granville écrivait : « Quel affreux attentat, hier, contre la vie du roi ! quelle reconnaissance nous devons à Dieu d'avoir sauvé sa vie et l'existence de son pays et d'avoir peut-être épargné à toute l'Europe des malheurs incalculables ! »

Croker écrivait à lord Brougham : « Le pauvre Louis-Philippe mène l'existence d'un chien enragé et je crains qu'il ne subisse bientôt la mort réservée généralement à ces bêtes-là. »

2. La situation à laquelle Guizot avait à faire face fut complètement changée par la chute d'Acre, la défaite des forces de Méhémet-Ali et sa soumission à la Porte. A la suite de ces événements, ce n'est que tout à fait à contre-cœur et seulement sous la pression des puissances que le sultan consentit à accorder à son vassal le « pashalik » héréditaire de l'Égypte.

n'aient pas été jusqu'à présent au premier plan, leurs voix se seraient fait entendre si la question de la paix ou d'une guerre non provoquée était venue pratiquement en discussion.

A propos des sentiments antifrançais éveillés sur le continent, Metternich écrivait :

M. Thiers aime à être comparé à Napoléon. En ce qui concerne l'Allemagne, il lui ressemble étroitement; et même, on peut dire avec raison qu'il le surpasse. En six semaines, il a fait autant dans ce pays que l'empereur en dix années de guerre et d'oppression.

Granville, dont la carrière diplomatique approchait maintenant de sa fin, continua à signaler les difficultés que les ministres français rencontraient pour apaiser l'opinion publique. Car la France, en face d'un fait accompli en Orient, ne pouvait que se tenir à l'écart. La construction des fortifications de Paris qui coûta cent cinquante millions de francs, aida grandement à maintenir la tranquillité dans la populace, pendant que Guizot poursuivait ses efforts en vue de ramener son pays dans le concert européen. Cette tâche fut finalement réalisée au mois de juillet suivant, lorsque les plénipotentiaires de toutes les puissances, y compris la France, signèrent la Convention des Détroits, par laquelle ils prenaient, au nom de leurs pays, l'engagement de faire prévaloir le principe de la fermeture des Dardanelles et du Bosphore aux navires de guerre des puissances. Ainsi, dans une certaine mesure, l'isolement de la France prit fin. Ce fut d'ailleurs à peu près le dernier acte du ministère Melbourne. Les élections de 1841 se tournèrent contre lui; Peel revint au pouvoir, et un changement fut opéré à l'ambassade de Paris.

Depuis quelque temps, la santé de Granville était mauvaise. Il avait fait une grave chute de cheval, et il est possible que cet accident ait précipité les attaques de paralysie qui ont suivi. Mais l'effort intellectuel qu'il avait dû fournir les deux dernières années avait été trop intense et, au printemps de 1841, il tomba sérieusement malade. Par conséquent, même si Melbourne était resté au pouvoir, il devait y avoir un changement à l'ambassade de Paris. Lady Granville emmena son mari malade à Rome : elle sentait qu'elle avait joué son rôle et elle était prête à céder la place à une autre.

La seule personne qui eût un réel chagrin de ce départ, était sa fille, lady Georgina. Il est facile de s'imaginer la mélancolie qui s'empara d'elle quand elle se vit obligée de quitter cette magnifique demeure de son enfance, où elle avait grandi, avait vécu jeune fille, s'était mariée, et où son enfant était né. Nous dirons plus encore : l'ambassade était le lieu où son intelligence s'était éveillée à des mondes nouveaux et où ses pensées, bien que vaguement encore, avaient commencé à prendre une direction qui faisait présager un immense changement spirituel. L'ambassade lui était chère à tous les points de vue. C'est donc de tout son cœur que lady Georgina écrivit les vers suivants, qui expriment d'une manière émouvante son amour pour ces lieux et qui contiennent un touchant hommage à son père chargé d'années :

Adieux à l'ambassade de Grande-Bretagne
à Paris en 1841.

Adieu, vieille demeure ! mes oreilles ne percevront plus
les heureux sons que j'aimais tant, lorsqu'à la fin
du voyage ta porte s'ouvrait pour me saluer ;
mon cœur se gonflait et bondissait d'une joie indicible
dans ma poitrine, à la pensée des heures prochaines
où les doux entretiens alterneraient avec le repos
dans l'affectueuse atmosphère du foyer.
Pour toujours, je te dis un triste adieu — et en ce jour
de la séparation, mes yeux débordent de larmes.
Je pleure les joies évanouies et les chagrins passés
que j'ai connus sous ton toit... Je suis venue toute enfant dans ton
                                      [enceinte,
j'ai joué sur tes pelouses et erré dans tes bosquets,
mes rêves de jeune fille ont été rêvés dans tes murs
et les années se sont enfuies comme des heures.
Tout ce qui a marqué profondément ma vie,
les fortes émotions, les changements importants
sont — plus que je ne saurais le dire —
à tout jamais intimement unis à ton image
par la joie, la souffrance, l'expérience acquise ;
Mais mon souvenir le plus tendre ira vers un coin chéri,
où j'ai vécu des jours pleins d'un bonheur trop grand
pour la terre : vers ta chambre, ô ma mère !
Revivrons-nous jamais cette communion dans l'allégresse et le
                                      [chagrin,

ces épanchements de nos joies et de nos peines,
ces lectures, ces méditations, ces rêves côte à côte,
ces longs entretiens, qui, tristes ou gais,
étaient toujours pleins de douceur et,
dans les moments d'épreuve, allégeaient le fardeau de nos cœurs
et chassaient leur tristesse? Dieu le sait!
Que l'avenir soit sombre ou lumineux,
il ne sera jamais ce que le passé a été pour moi.
Adieu, chère demeure! c'est la feuille de la séparation
que j'arrache au livre de mes souvenirs, et quand je vois
tristement tes portes se refermer derrière moi,
je suis pénétrée d'émotion reconnaissante et d'orgueil filial
à la pensée bénie que pendant les années disparues,
que mon cœur évoque et que j'ai passées sous ton toit
aux côtés de mon père, je l'ai vu travailler à une
seule tâche, à maintenir la paix entre deux grandes
nations, en fils fidèle de l'Angleterre et en ami
de la France. C'est pour cette tâche qu'il a vécu
et ses efforts n'ont pas été vains.
Récemment encore lorsque les sombres nuages de la discorde ont
surgi et que le spectre de la guerre a montré son sinistre visage,
menaçant deux royaumes des plus horribles
maux, c'est à lui qu'il fut donné de calmer la tempête.
Fort de la droiture naturelle de son cœur,
de sa franchise intrépide, reconnue de tous,
et de sa loyauté, art suprême de l'homme d'État,
il sut intervenir, réconcilier et guider,
et apaiser les flots tumultueux (1).

Le bruit était parvenu précédemment aux Granville
que lord Londonderry devait prendre la succession à l'ambassade; le nom de lord Jersey fut également mentionné.
Lady Granville note (30 septembre) : « Lord Castlereagh
dit : « Mon père (Londonderry) veut avoir Paris et il faut
qu'il l'ait! » Lady Jersey : « Paris ou Vienne nous satis-
fera. »

Mais, comme nous le verrons, aucun de ces deux aristocrates ne devait être le successeur de lord Granville.

____

1. Une copie manuscrite de ce poème est en la possession de l'actuel lord
Granville.

CHAPITRE X

LE PREMIER LORD COWLEY

———

Lord Melbourne écrivait confidentiellement à la reine qu'il désirait « faire au sujet des nominations diplomatiques une observation générale qu'il jugeait importante. Lors d'un changement de gouvernement, le changement soudain de tous les ministres auprès des cours étrangères ou d'un grand nombre d'entre eux est un mal qu'il faut éviter, car cela évoque l'idée d'un changement général de politique et vient troubler tout ce qui a été réglé. Georges III y fut toujours hostile et déconseilla toujours des déplacements aussi nombreux, parce qu'ils tendaient à ébranler à l'étranger la confiance dans le gouvernement en général et à lui donner un caractère d'incertitude et d'instabilité. Il serait bon que Votre Majesté fît cette remarque à lord Aberdeen. »

En ce qui concerne Paris, la maladie de lord Granville avait, comme nous l'avons dit, rendu un changement absolument nécessaire. En choisissant son successeur, le nouveau ministre des Affaires étrangères pouvait difficilement négliger les titres du diplomate, d'un certain âge, qui avait déjà servi nominalement comme ambassadeur pendant quelques jours, en 1834. Henri Wellesley, lord Cowley, était en outre un frère du duc de Wellington dans le ministère duquel Aberdeen avait déjà servi. La seule question était de savoir si Cowley n'était pas trop vieux et trop infirme. La princesse Lieven écrivant de Paris au comte Grey (6 août 1841), disait que « la nomination de Cowley serait agréable à Paris », mais elle craignait que « sa santé ne fût trop mauvaise ». Cowley se chargea de dissiper tous les doutes de ce genre en déclarant « qu'il ne s'était jamais si bien porté ». En outre, il avait songé depuis longtemps à passer ses dernières années à Paris. Il alla donc à Paris.

Il y fut accompagné par lady Cowley (née Cecil) et leur fille. La nouvelle ambassadrice était la seconde femme de Cowley, sa première ayant été répudiée pour une affaire avec le marquis d'Anglesey qui coûta à celui-ci 24.000 livres de dommages et intérêts. Lady Cowley était un modèle de convenance ; elle était profondément pénétrée de ces principes de conduite qui avaient déjà révolutionné la société anglaise depuis l'avènement de la jeune reine. Elle envoya chercher la liste des visites de l'ambassade et elle se mit à la reviser. Certains noms, trop fameux, furent rayés. A ses dîners et à ses réceptions, libertins et aventuriers brillaient par leur absence. En réalité, seules les dames anglaises qui avaient été présentées à la cour furent reçues à ses thés et à ses soirées. Il faut rendre à lady Granville cette justice qu'elle s'était fait une règle de ne jamais faire de présentations d'Anglaises à la cour de France. Quand ses compatriotes voulaient l' « entrée », elles étaient obligées de s'adresser ailleurs.

Naturellement, il y eut de la consternation dans certains milieux parisiens, mais lady Cowley tint bon et, de l'avis de la femme libérale qui l'avait précédée, elle avait pleinement raison.

Deux saisons plus tard (mars 1843), lady Granville écrivait de Rome :

Je crois que lady Cowley est surtout impopulaire auprès de ceux qui sont offensés par ses réformes mondaines ; or, d'après ce qu'on me dit, ces réformes ont été de grandes améliorations. Elle est cent fois meilleure ambassadrice que moi ; elle est peut-être plus audacieuse.

Un quart de siècle auparavant, le frère de Cowley, le duc de Fer, avait commencé son ambassade en abordant, avec Louis XVIII et ses ministres la question d'un traité avec la France sur la traite des noirs.

Depuis lors, deux accords séparés avaient été conclus — en 1831 et 1834 — en vue de la suppression de ce barbare trafic. Suivant les dispositions de ces accords, les croiseurs français et anglais étaient autorisés à arrêter et à visiter tous les navires suspects des deux nationalités. Mais cette mesure n'était pas assez vaste, et Palmerston, dont l'horreur pour la traite des noirs était intense, avait fini par persuader les autres puissances de consentir à une nouvelle convention. On en rédigea une, mais, à cause de son hostilité personnelle contre le ministre anglais, Guizot traîna les choses en longueur pour que Palmerston n'en eût pas l'honneur (¹). A l'arrivée de lord Aberdeen, la tactique de Guizot changea et, en décembre 1841, le traité fut signé à Londres. Mais l'affaire ne devait pas se conclure si facilement. Ainsi que Louis XVIII l'avait dit à Wellington, l'opposition à l'esclavage n'avait jamais été aussi ardente en France qu'en Angleterre, et, maintenant, les députés français et la presse parisienne se mirent à crier que c'était là simplement un nouveau stratagème par lequel l'Angleterre allait réaliser son arrogante politique du contrôle des mers. La convention ne put donc pas être ratifiée pour le moment. Pendant près d'un an, le protocole fut laissé en suspens dans l'espoir d'un changement de l'opinion publique, puis lord Cowley fut informé que la France entendait se retirer des arrangements (²).

C'était là un mauvais début. Mais l'attention de Cowley allait être absorbée par les difficultés des deux pays au sujet de l'Espagne. Paris était devenu un foyer d'intrigues

---

1. « Guizot s'est bien mal comporté en refusant de signer le traité sur la traite des noirs, alors que l'on avait convenu depuis si longtemps de le signer : il est bien peu sage d'irriter le précédent gouvernement qui peut si facilement revenir aux affaires, car Palmerston n'oubliera ni ne pardonnera les offenses, et alors la France serait en plus mauvaise posture qu'auparavant avec l'Angleterre. » Victoria à Léopold (8 septembre 1841).

2. Trois ans plus tard, on arriva à un accord et le traité du 29 mai 1845 suivait dans leur esprit les conventions antérieures, sauf que dans les eaux africaines le droit de visite devait être exercé par une escadre mixte anglofrançaise.

espagnoles. La reine Christine qui, en 1840, avait été obligée de prendre le chemin de l'exil et de céder la place à Espartero, son successeur à la régence, s'était installée dans un hôtel de la rue de Courcelles qui devint rapidement le rendez-vous de tous ses partisans. En outre, Christine avait décidé que le temps était venu de trouver un mari à sa fille, la reine Isabelle, bien que celle-ci n'eût encore que douze ans. Elle avait tout d'abord pensé à un prince anglais, puis, successivement, à un membre de la famille de Saxe-Cobourg et à l'archiduc Charles d'Autriche. Mais tous ces projets avaient dû être abandonnés.

Il apparut très vite que le roi de France caressait secrètement certaines idées à lui sur cette intéressante question. Persuadé que les « constitutionnalistes » avaient triomphé à Madrid et que le trône espagnol était suffisamment stabilisé, il estimait que son fils ferait un excellent mari pour la petite Isabelle. Il pensait également qu'une alliance entre les Bourbons d'Espagne et la maison d'Orléans serait une excellente chose pour la maison d'Orléans, et aussi, naturellement, pour la France. Cependant, les suggestions qu'il fit à Christine n'eurent pas, tout d'abord, beaucoup de succès. La reine donnait à entendre qu'elle avait « d'autres vues pour sa fille »; mais comme elle vivait alors à Paris et qu'elle tenait à avoir l'appui de Louis-Philippe pour le dessein qu'elle avait conçu de chasser Espartero, elle était évidemment obligée de montrer beaucoup de tact. Lord Cowley en vint très vite à partager l'opinion bien arrêtée de Bulwer qu'il y avait une entente entre le roi et Christine au sujet du mariage d'Isabelle.

Victoria ne faisait aucun mystère de ce qu'elle pensait à ce sujet. Elle écrivait à Aberdeen :

La reine se voit obligée de dire qu'elle craint que les Français ne soient au fond de tout cela, car leur jalousie à l'égard de notre influence en Espagne est telle que la reine craint qu'ils ne préfèrent voir renaître, dans une certaine mesure, la guerre civile, plutôt que de voir l'Espagne continuer à vivre dans la tranquillité avec notre appui... Il y aurait lieu, très certainement, de déjouer les intrigues françaises.

Elle écrivait encore, le 17 octobre :

Le fait que la reine Christine réside à Paris nous inspire beaucoup de méfiance et est fort regrettable; tous ceux qui ont vu la reine et qui l'ont connue quand elle était régente, savent qu'elle est intelligente et qu'elle eût été fort capable de gouverner si elle s'était préoccupée de remplir ses devoirs. C'est ce qu'elle n'a pas fait : elle a gaspillé son temps à des amusements frivoles et a négligé lamentablement ses enfants, pour les abandonner à la fin.

Victoria était « certaine que lord Aberdeen sentirait avec elle toute l'importance qu'il y a, pour l'Angleterre, à ce que l'Espagne ne soit pas assujettie aux intérêts français; car il est évident que la France veut en arriver là. Le mariage de la reine Isabelle est une question très importante et la reine est également certaine que lord Aberdeen se rend immédiatement compte que nous ne pourrons jamais la laisser épouser un prince français. »

Quand, en octobre 1841, une insurrection éclata contre Espartero — laquelle fut immédiatement écrasée — les soupçons se portèrent immédiatement sur le gouvernement français, et le régent d'Espagne demanda à Louis-Philippe d'expulser Christine de France. La demande fut rejetée et les relations entre les deux pays se tendirent. Et, sur une fausse dispute à propos de l'étiquette diplomatique, l'ambassadeur de France quitta Madrid. Louis-Philippe déclara à lord Cowley qu'il n'avait jamais eu l'intention de présenter un de ses fils comme candidat à la main d'Isabelle. Néanmoins, il s'opposerait à son mariage avec tout prince qui n'appartiendrait pas soit à la branche espagnole, soit à la branche napolitaine de la famille des Bourbons. Cela réduisait sensiblement le champ des possibilités. Mais le ministère britannique se refusa absolument à reconnaître le droit du roi de France à disposer de la main de la jeune souveraine espagnole. C'était, disait lord Aberdeen, « une affaire exclusivement espagnole, qui devait être réglée uniquement par des considérations touchant le bonheur de la reine et la prospérité de son pays ». Très justement — répondaient les Français — et ces conditions seraient admirablement remplies par son mariage avec un prince français.

— C'est possible, répliquait Aberdeen, mais une union de la reine d'Espagne avec un fils de Louis-Philippe renver-

serait l'équilibre des forces et se heurterait inévitablement
à l'opposition de l'Angleterre, et non pas seulement de
l'Angleterre.

Peu de temps après son arrivée à Paris, lord Cowley eut
la visite à l'ambassade du conseiller confidentiel de la reine-
mère, le comte Toreno. Il vint plusieurs fois, et chaque fois,
il déclara nettement que Christine aimerait mieux avoir
pour gendre un prince de Cobourg qu'un prince de Bourbon.
En même temps, l'ambassadeur percevait des signes que
la résolution de Louis-Philippe était maintenant prise et
qu'il ne voudrait pas entendre parler d'un autre mari
qu'un Bourbon pour Isabelle; et même Cowley inclinait à
croire qu'il nourrissait sérieusement l'idée d'appuyer ses
prétentions par la force des armes [1].

Pour le moment, il pensait atteindre ses buts par des
moyens secrets. Ainsi commença la longue série d'intrigues
et de chicanes qui, six ans plus tard, amenèrent la chute
de la dynastie d'Orléans.

En juillet 1842, tout Paris tressaillit à la nouvelle que le
duc d'Orléans, fils aîné de Louis-Philippe, qui faisait de si
fréquentes visites à l'ambassade et dont le mariage avait
donné lieu à tant de réjouissances cinq ans auparavant,
avait été renversé de son phaëton près de la porte Maillot
et mortellement blessé. Il était le père du futur comte de
Paris, et sa mort fut un grand chagrin pour le roi et la reine.

Dans la maison du roi, il y avait à ce moment-là un certain général Athalin, dont les relations avec Mme Adélaïde,
sœur du roi, étaient notoires. Athalin était également l'ami
et le confident de Christine. Une insurrection contre Espartero éclata à Barcelone en novembre 1842. Lord Cowley
avait la preuve que la reine-mère avait fourni de l'argent
aux révolutionnaires et que Athalin avait été plusieurs fois
en rapports avec les conspirateurs, à Paris et en Espagne.
Le consul de France à Barcelone était particulièrement
mêlé à l'affaire. Il portait le nom de Ferdinand de Lesseps,
qui devait être fameux dans la suite, à un autre titre. On

1. Cowley à Aberdeen (6 mai 1842).

ne voit pas très bien le rapport entre l'activité d'un ingénieur civil et une conspiration politique; il est probable que le jeune de Lesseps cherchait simplement un emploi à son exubérance intellectuelle. Cowley fut cependant prié de faire entendre que cet homme était un danger et d'exprimer à M. Guizot l'espoir que le gouvernement français « ne le laisserait pas dans le poste où son activité s'était indûment déployée ». Louis-Philippe refusa d'écouter la suggestion. Lesseps avait été extrêmement précieux dans le dernier coup porté au régent, dont on voyait enfin le pouvoir chanceler. Si capable qu'il fût, il avait trop d'ennemis à combattre à la fois. L'armée abandonna son idole, et à la fin, en juillet de l'année suivante, Espartero tomba.

Cependant, il aurait pu ne jamais tomber si, comme Louis-Philippe l'avait confié à l'ambassadeur de Grande-Bretagne à Paris, il avait travaillé au mariage de la jeune reine avec un Bourbon. Cette politique lui aurait assuré l'appui de la France. Cowley, dans la suite, en vint à cette conclusion que c'était une idée à creuser dans l'intérêt de la paix européenne, et peu à peu Aberdeen allait partager sa manière de voir. Palmerston, avec le plus vigoureux patriotisme du monde, avait beaucoup fait pour séparer l'Angleterre de la France; il fallait maintenant faire quelque chose pour les rapprocher. Ce quelque chose fut apporté par la visite que la reine Victoria fit au roi de France à Eu, en septembre. En apparence, c'était là une affaire de pure courtoisie, mais, comme M. Guizot et lord Aberdeen avaient accompagné le roi et la reine, il y eut là, pour les parties en cause, l'occasion de mettre en bonne voie un accord mutuel (1).

1. Aberdeen écrivait dans la suite : « En ce qui concerne l'infante, ils ont déclaré tous les deux (le roi et Guizot), de la manière la plus positive et la plus explicite, que jusqu'au jour où la reine serait mariée et aurait des enfants ils considéreraient l'infante précisément comme sa sœur et que tout mariage avec un prince français serait absolument hors de question. Le roi a dit qu'il ne tenait pas à ce que son fils eût la perspective de monter sur le trône d'Espagne; mais que, si la reine avait des enfants par lesquels la succession serait assurée, il ne s'engageait pas à s'interdire la possibilité de profiter du grand héritage que l'infante apporterait à son fils. Mais tout cela était incertain et demanderait, en tous cas, un certain temps; car je voyais fort bien que ce n'était pas seulement un mariage et un enfant, mais des enfants qu'il fallait pour assurer la succession. »

Au retour des deux monarques, la cordialité se manifesta dans plusieurs sens et elle eut pour effet d'alléger considérablement les fonctions de lord Cowley.

Dans le discours du trône des deux monarques, en 1844, il fut parlé de l' « entente cordiale » entre les deux pays. Mais Cowley ne se faisait pas d'illusions. Il connaissait trop bien la fixité du dessein secret de Louis-Philippe, l'activité des démagogues et l'inconstance de l'opinion publique française pour espérer une longue période de repos diplomatique. En fait, l'année n'était pas écoulée que l'Angleterre et le pays auprès duquel il était accrédité étaient de nouveau à couteaux tirés. Cette fois, les difficultés avaient une origine tout à fait inattendue. Un amiral français ayant établi un protectorat français sur l'île de Tahiti, le consul de Grande-Bretagne, un ancien missionnaire du nom de Pritchard, fut si indigné de ce procédé qu'il poussa la souveraine locale, la reine Pomaré, à demander la protection de l'Angleterre. Le résultat fut que le colérique amiral, qui portait le nom de Dupetit-Thouars, débarqua des troupes, déposa la reine et planta le drapeau français dans l'île. Comme si cela n'était pas suffisant, on répara l'affront fait à Pritchard en arrêtant celui-ci et en l'emprisonnant pendant quatre jours dans le donjon d'un blockhaus. Puis on l'expulsa de Tahiti.

Toute cette affaire avait pris quelques mois, et elle avait donné une excellente occasion d'éprouver la force de l'entente cordiale. Au milieu de tout cela, pendant que l'opinion publique anglaise s'indignait et que les députés chauvins fulminaient à la Chambre, le propre fils du roi, le prince de Joinville, jugea l'occasion opportune de publier une brochure sur « les forces navales de la France » du point de vue spécial d'une guerre avec l'Angleterre! Il faut rendre au roi cette justice qu'il était étranger à cette publication et qu'il fut très déconcerté par l'imprudence de son fils. Néanmoins, lorsque le Maroc donna un sujet de plainte aux Français en Algérie, ce ne fut pas très rassurant de voir que l'escadre chargée d'aller punir l'empereur du Maroc était commandée par le même prince de Joinville.

Les nouvelles de Tahiti plongèrent les deux pays dans la plus vive agitation. « Jamais, depuis que je suis dans ce pays, écrivait l'ambassadeur de France à Londres, je n'ai rien vu de pareil... » Si l'Angleterre était en effervescence, on peut s'imaginer quelle était la situation à Paris. Cowley signalait que la presse parisienne invitait bruyamment le gouvernement à soutenir ses officiers et à refuser à l'Angleterre toute espèce de réparation, même au risque d'une guerre. A l'Opéra, on donna *Charles VI* qui apporta aux Parisiens une occasion toujours bienvenue de crier « A bas l'Angleterre! »

Évidemment, la situation demandait une très grande prudence. Guizot se réfugia dans le silence. « Plus l'agitation est grande, plus il devient nécessaire de lui laisser le temps de se refroidir. » Aberdeen non plus n'était pas pressé, mais le retour de Pritchard en Angleterre, le récit de ses griefs et de l'agression française rendirent tout nouveau délai impossible. Aberdeen dit à Cowley de voir M. Guizot et de lui faire comprendre que si l'on n'offrait pas satisfaction volontairement, sous une forme quelconque, il serait obligé d'envoyer une demande « formelle et détaillée » de réparation.

Puis, la nouvelle arriva du Maroc que Tanger avait été bombardé par les Français.

Véritablement, quand ils se rendirent l'un aux Tuileries et l'autre à Downing Street, Cowley et le comte de Jarnac avaient l'impression que la guerre entre l'Angleterre et la France était cette fois inévitable. En dépit des conseils de leurs gouvernants, les Français avaient travaillé à cette guerre et ils entendaient suivre leur voie. Cowley, sur les instructions de son gouvernement, déclara à M. Guizot que l'attaque contre Tanger, après ses assurances réitérées que la ville serait respectée en toute circonstance, avait grandement surpris le gouvernement britannique. « Toute occupation de la côte du Maroc ne pourrait manquer d'être considérée comme très grave par la Grande-Bretagne et de conduire à de grands maux. »

Guizot prit tout cela avec calme. « Ce serait une honte

que la paix du monde fût troublée à cause de Pritchard,
Pomaré et d'Aubigny. » Mais l'affaire avait depuis longtemps dépassé ces personnalités relativement insignifiantes ;
et maintenant Aberdeen ([1]) et Guizot, et les chefs des deux
pays, n'en étaient plus les maîtres. Cowley apprit que le
roi et les officiers de la marine française étaient furieux des
lettres publiées par le *Times* et émanant d'officiers de la
marine britannique qui avaient assisté au bombardement
de Tanger, mettant en doute les capacités de commandement de Joinville et les qualités combatives des marins
français.

Le danger avait été, suivant le mot de la reine Victoria,
« imminent » ; les deux pays avaient été pendant des semaines à deux doigts de la guerre, mais, une fois de plus,
le nuage passa. Guizot consentit à payer à Pritchard une
indemnité en argent, et l'amiral coupable fut blâmé, juste
à temps.

En ce qui concerne le Maroc, le maréchal Bugeaud avait
remporté une victoire décisive sur les Maures, et Joinville
avait détruit les forts de Mogador. L'honneur français étant
ainsi satisfait et les deux commandants ayant reçu l'ordre
de ne pas poursuivre la campagne plus longtemps qu'il
n'était nécessaire, une paix fut bâclée, et l'armée et la
flotte françaises revinrent à Alger.

Quelques semaines plus tard, malgré toute cette tempête,
Louis-Philippe jugea le moment propice de rendre à la
reine Victoria la visite que celle-ci lui avait faite l'année
précédente. Il était le premier roi de France à faire une
visite à un souverain d'Angleterre. Huit siècles auparavant,
un duc normand régnant avait fait une visite de ce genre-là,
mais le résultat en avait été désastreux pour la dynastie
anglaise. Cette fois, le motif était purement pacifique, et
les loyaux Anglais réservèrent un cordial accueil à l'hôte
de leur reine.

---

1. « Palmerston n'aime pas Aberdeen et a une petite opinion de lui. Il le
considère comme faible, timide et susceptible de diminuer la réputation et
l'influence du pays. Votre Majesté sait que lord Melbourne ne partage pas
cette opinion ou, en tout cas, qu'il ne va pas, à beaucoup près, aussi loin que
que lord Palmerston. » [Melbourne à la reine Victoria (17 janvier 1842).]

Entre temps, la reine Christine avait fait ses bagages et était rentrée en Espagne. Avec la chute d'Espartero et l'exécution par Ramon Narvaez, capitaine-général de la Castille, de deux cents hommes politiques libéraux, l'Espagne était virtuellement revenue à l'absolutisme. Le gouvernement parlementaire était à peu près suspendu, et les Cortès avaient été contraints de mettre fin à la question de la régence en déclarant terminée la minorité de la reine Isabelle, bien qu'elle n'eût pas encore quatorze ans. La question d'un époux pour cette malheureuse petite reine vint occuper une fois de plus l'attention des trônes et des chancelleries.

« Je crois, écrivait Cowley, que Louis-Philippe songe au mariage de Montpensier (son plus jeune fils) avec la sœur d'Isabelle. » Le candidat du roi au trône d'Espagne était le comte Trapani, frère du roi Bourbon de Naples, jeune homme terne et disgrâcié de seize ans, élevé par les Jésuites à Rome. Christine paraissait pencher pour le jeune prince Léopold de Cobourg. Mais, quel que dût être le mari d'Isabelle, le mariage de Montpensier avec sa sœur devait être différé jusqu'à la naissance d'un héritier. Cela, Louis-Philippe l'avait, comme nous l'avons vu, très clairement et explicitement déclaré à lord Aberdeen.

Pendant les vacances de Pâques 1846, lord Cowley reçut à l'ambassade la visite d'un Anglais de marque. C'était l'ancien ministre des Affaires étrangères, lord Palmerston, accompagné de lady Palmerston.

Le gouvernement français, dit Henry Bulwer, étant tout aussi désireux d'être en bons termes avec un homme qui allait être bientôt au pouvoir, que celui-ci d'être en bons termes avec le gouvernement français, des amis communs organisèrent une série de réceptions où il se rencontra et put causer, dans l'intimité, avec les principaux personnages de la Chambre. Chez Mme de Lieven, il y eut un dîner auquel il rencontra M. Guizot, et chez lady Sandwich un dîner où il rencontra M. Thiers et M. Roger du Nord. Il fut présenté au roi par lord Cowley, et, naturellement, prié à dîner aux Tuileries. On se pressait autour du ministre, qu'on admirait de n'avoir point peur. La gaîté et l'aisance de ses manières ne furent pas moins appréciées pour être accompagnées de la grâce et du charme de sa femme, et, en deux semaines, elles firent de lui l'homme le plus populaire de Paris. Ayant rencontré M. de Montalembert, qui venait de se livrer à une violente attaque contre lui chez Mme Delmar, il traversa la salle, alla vers lui et, en lui tendant la main, lui dit : « Je suis charmé de vous revoir », mettant ainsi parfaitement à leur aise l'hôtesse et ses invités qui avaient craint une rencontre fâcheuse. Tout Paris retentit des éloges que l'on fit de sa bonne éducation, et ce « terrible Palmerston » devint « ce cher lord Palmerston ». Avant sa rentrée en Angleterre, la perspective de son retour comme secrétaire aux Affaires étrangères n'inspirait plus, des deux côtés de la Manche, aucune appréhension.

Il n'est pas douteux que Palmerston, placé dans un milieu mondain qui lui plaisait, pouvait être un homme fort agréable. Mais ses idées sur la politique française ne subirent en réalité aucun changement. On pourrait presque dire qu'elles furent confirmées par sa visite.

C'est ainsi qu'il écrivait :

Autant on s'était persuadé chez nous que les Français nous aimaient et tenaient à être nos amis, autant on est indigné de l'hostilité non déguisée qu'ils nous montrent et de leurs efforts systématiques pour saper nos intérêts dans toutes les régions du globe. Nous, le gouvernement précédent, nous savions parfaitement tout cela depuis 1835, date à laquelle la France commença à changer de politique à l'égard de l'Angleterre, et de la conciliation et de l'amitié passa à l'inimitié et à l'agression ; mais à notre époque, sauf pour l'affaire de Syrie en 1840-41, cette guerre déclarée a été faite par les Français hors des regards du public ; et les braves gens d'Angleterre ont été amenés à croire que l'explosion d'inimitié contre nous en 1840-41 fut occasionnée par quelque procédé discourtois de notre part à propos du traité de juillet 1840. Mais, maintenant que les Anglais voient qu'ils ont eu pendant près de trois ans un gouvernement qui a constamment cédé à la France sur tous les points et presque léché la poussière devant son alliée la France ; et que, malgré tout cela la France devient de jour en jour plus envahissante, plus arrogante, plus blessante et plus hostile, même les plus calmes et les plus pacifiques d'entre nous commencent à envisager une guerre avec la France comme un événement qu'aucune prudence de notre part ne pourra longtemps empêcher et auquel nous devons nous préparer à fond sans perdre un instant. Dans cette guerre, le gouvernement aura l'appui unanime de la nation, et toutes les nouvelles charges qui pourront devenir nécessaires à cet effet seront supportées de bon cœur.

Il était difficile, à coup sûr, de parler plus franchement.

Lorsqu'à la fin de juin lord Aberdeen donna sa démission avec le ministère Peel, Palmerston se trouva une fois de plus au Foreign Office. Pendant son éloignement du pou-

voir, il n'avait point pris la peine de se tenir au courant de
la question du mariage espagnol, et maintenant, à son retour, il n'exprimait aucune préférence pour un candidat
quelconque. Mais il était fort inquiet de la situation politique de l'Espagne.

« Après une lutte de trente-quatre ans pour la liberté
constitutionnelle, l'Espagne se trouve sous un système de
gouvernement presque aussi arbitraire dans la pratique,
quoiqu'il puisse être en théorie, que n'importe quel autre
de son histoire. » De l'avis de Palmerston, elle était en 1846
dans les griffes d'une « tyrannie écrasante », c'est-à-dire des
amis de M. Guizot, les moderados.

Quand la copie de cette dépêche à Bulwer, qui était alors
ministre à Madrid, parvint aux Tuileries, lord Cowley
signala à Palmerston qu'elle avait causé beaucoup d'ennui
au roi. Mais Louis-Philippe était encore plus ennuyé de la
conduite de son ambassadeur à Madrid, qui avait donné à
la reine Christine l'assurance que, quel que fût le Bourbon
que sa fille choisirait pour époux, le mariage du duc de
Montpensier pourrait être annoncé en même temps que
celui de la reine. Il déclara que le comte Bresson était allé
trop loin, que l'Angleterre n'y consentirait jamais. Mais en
trois semaines, il changea d'état d'esprit. Le 29 août, à
minuit, la reine se décida enfin à épouser don Francisco
de Asis, duc de Cadix.

J'apprends également, écrivit Bulwer, que, dès que la reine eut
signifié son intention d'épouser son cousin, le comte Bresson demanda officiellement la main de l'infante pour le duc de Montpensier, en déclarant qu'il avait pleins pouvoirs pour négocier et
conclure cette affaire.

C'était à vrai dire une affaire très sérieuse.

Mais longtemps avant cet événement, Palmerston avait
décidé que lord Cowley avait une santé trop chancelante
pour être à la hauteur de la situation. Le vétéran reconnut
lui-même qu'un changement était inévitable, et il ne fut
pas surpris d'apprendre qu'il pouvait attendre son successeur pour le mois d'août. Les Cowley ne firent point de
visites d'adieux ; ils se mirent à chercher un autre logement

dans Paris, et ils restèrent dans cette capitale jusqu'à la mort de lord Cowley, en avril suivant.

Cowley eut la satisfaction de savoir que son fils et héritier avançait rapidement dans la carrière diplomatique; mais il ne pouvait guère prévoir que ce fils occuperait, au bout de si peu de temps, le poste élevé de son père et de son oncle à l'ambassade.

C'est un fait curieux, qui vaut d'être mentionné ici, que ces liens de parenté fréquents entre ambassadeurs et secrétaires aux Affaires étrangères, au dix-neuvième siècle. Cela tient en partie à ce que la carrière diplomatique est, heureusement peut-être, plus ou moins une chasse gardée de l'aristocratie; mais il est particulièrement remarquable qu'il y ait eu trois Wellesley dans l'espace de quarante ans; alors qu'un ambassadeur, Henry Bulwer (lord y Dalling) épousait la fille du premier lord Cowley, et que son neveu, le second lord Lytton, devenait plus tard ambassadeur à son tour. Nous aurons à parler dans la suite de lady Feodorovna Wellesley, fille du comte Cowley, qui devait être ambassadrice.

CHAPITRE XI

ARRIVÉE DES NORMANBY

« Normanby partira demain pour Paris », écrivait lord Palmerston du Foreign Office, le 17 août 1846, à l'ambassadeur qui venait de se retirer, faubourg Saint-Honoré.

Constantin Phipps, marquis de Normanby, plus connu sous le nom de comte de Mulgrave, avait été gouverneur des colonies et lord-lieutenant d'Irlande. Il avait fait un essai au ministère, dont on ne peut guère dire que ce fut un succès. Mais il se flattait de connaître Paris à fond, et il avait en effet acquis une réputation considérable par ses romans et ses peintures de la société française (¹).

C'est ainsi que Normanby, jeune homme encore, écrivait :

Je ne puis m'empêcher de considérer la France comme une nation vaniteuse autant que fière. Le public français ne peut permettre un instant à aucun de ses écrivains de lui dire ses quatre vérités. Il faut qu'on le flatte. Tous ceux qui s'approchent de lui doivent lui présenter leurs hommages. Le grave historien ou le philosophe doit avoir une phrase ou un paragraphe en l'honneur de la grande nation. L'essayiste doit tresser des couronnes du même genre, et le dramaturge doit aussi faire sa réclame. Le critique qui s'aventure à faire l'éloge de Shakespeare doit avoir soin de ne pas oublier Racine... Notre orgueil insulaire n'a rien d'aussi peu libéral que cela (²).

---

1. *La France et les Français, Arabelle*, etc... Dans une de ses lettres, lady Granville avait écrit à sa sœur, en 1838 : « lord Normanby est chargé de toute espèce de messages pour vous deux. Il s'est rendu très sympathique ici, et je le regrette beaucoup ».

2. *La France et les Français*, 1828.

Cette éloquente perspicacité était parfaite, mais il y avait en faveur de Normanby un facteur plus puissant encore : sa femme était une des dames d'honneur de la reine au sujet desquelles il y avait eu une querelle entre la reine et Peel, et son frère, le colonel Charles Phipps, était le secrétaire particulier de Victoria. Cela le mettait dans une situation avantageuse auprès de sa souveraine; mais cet avantage était compensé, il faut le dire, par les relations hostiles qui existaient entre son chef immédiat, lord Palmerston, et la reine. Les six années que Normanby passa à l'ambassade devaient être les plus orageuses et les plus dramatiques qu'on y ait enregistrées. Il était à peine depuis quinze jours à Paris que le ministre français des Affaires étrangères, M. Guizot, confirmait officiellement la nouvelle du double mariage de la reine d'Espagne et de sa sœur.

Palmerston fut choqué de la duplicité de Louis-Philippe, et ses ressentiments furent partagés par la reine Victoria et, on peut le dire, par toute la nation britannique. La reine écrivait à son oncle :

L'affaire du double mariage de la reine d'Espagne et de Montpensier a été réglée d'une manière infâme et nous devons faire des remontrances. Guizot a eu le front de dire à lord Normanby que, s'il avait dit tout d'abord que Montpensier n'épouserait l'infante qu'après que la reine serait mariée et aurait des enfants, le fait d'avoir indiqué le fils de Léopold comme l'un des candidats avait tout changé, et que l'on avait dû tout régler dès maintenant! Cela est trop fort... Il faut faire savoir au roi que nous sommes indignés et que cette conduite n'est pas le moyen de maintenir l'entente qu'il désire. En outre, la chose a été faite avec une déloyauté particulière. Je dois rendre à Palmerston cette justice qu'il prend tout cela avec beaucoup de calme et agira avec modération dans cette affaire (1).

Palmerston écrivait à Normanby (27 septembre 1846) :

Nous devons essayer d'empêcher le mariage, et, s'il est retardé, nous pouvons y réussir. On m'offrira peut-être de le retarder jusqu'à ce que des enfants soient nés, à la condition que nous aidions alors à le réaliser. Nous ne pourrons jamais nous engager à cela. Nous nous y opposons absolument et en tout temps... Au cas où la reine aurait des enfants, ce serait une belle épreuve de force entre l'Angleterre et la France. S'il se faisait maintenant, il y aurait une

____

1. Victoria à Léopold (7 septembre 1846).

violation de promesse et une déloyauté scandaleuse de la part du
ministre français… J'ai écrit personnellement à Jarnac et je lui ai
dit verbalement, ainsi qu'à Dumont, que, si ce mariage a lieu, ce
sera la première fois que les promesses et les déclarations d'un roi
de France ne sont pas exécutées. Je constate que j'ai été trop élo-
gieux pour les prédécesseurs de Louis-Philippe. N'en parlez à personne mais la reine écrit au roi de France une réponse bien sentie à
la lettre qu'il lui a adressée. Elle a fait cette lettre elle-même, de
concert, je suppose, avec le prince Albert. Et je ne l'ai vue qu'après
qu'elle a été écrite. La reine demande l'exécution de la promesse
qu'il lui a faite de différer le mariage jusqu'à ce que la reine ait des
enfants. Dans sa lettre à la reine, il ne disait rien sur ce point, et il
ne fait allusion qu'à la promesse faite par Guizot à Aberdeen. Elle
ne s'occupe pas de ce qui s'est passé entre les ministres et elle
insiste seulement sur ce qui a été dit entre les souverains.

Dans une autre lettre à l'ambassadeur, il s'exprimait
ainsi :

Les Français attachent beaucoup d'importance à ma dépêche
de juillet à Bulwer, et ils prétendent avoir trouvé ou cru trouver que nous donnions ainsi un encouragement à Cobourg, et
que cela les déliait de tous les engagements pris par eux de ne
pas marier Montpensier à l'infante avant que la reine eût des
enfants au pluriel et non un enfant au singulier. Mais les dates et
les faits minent le terrain sous leurs pas; car vous voyez par la
dépêche de Bulwer que quelques jours avant que Bresson se rendît
au Palais et emportât par une attaque de nuit un double mariage,
Bulwer s'était rendu au Palais, au su de Bresson, et avait officiellement recommandé, de la part du gouvernement anglais, non point
Cobourg mais Enrique; par conséquent, lorsque Bresson demanda
l'infante pour Montpensier il savait qu'il n'y avait pas de danger
imminent de voir la reine épouser Cobourg. Notre reine et le prince
Albert ont parfaitement raison dans toute cette affaire, et ils sont
profondément écœurés de la mauvaise foi de Louis-Philippe et de
Guizot.

On a souvent dit que Palmerston et le rival de Guizot,
Thiers, étaient en étroit accord personnel, et même que
des correspondances secrètes avaient été échangées entre
eux. Greville, dans son *Journal*, accuse Palmerston d'avoir
permis à lord Normanby de fournir à Thiers des documents
diplomatiques relatifs à la question des mariages espagnols.
Greville s'était rendu à Paris à ce moment-là dans le dessein très net d'essayer de restaurer l'Entente et il était
effectivement l'hôte de Normanby à l'ambassade : il est
possible et même probable que les attaques de Thiers contre
Guizot aient été dues en partie aux renseignements spé-

ciaux transmis par Palmerston ou par ses agents. Palmerston n'hésitait jamais à se servir de tous les instruments qui lui permettaient d'atteindre ses buts. Mais, comme le fait remarquer Sir John Hall, le grand discours de Thiers sur les mariages espagnols, qui produisit tant d'effet sur l'opinion publique française, est rempli de preuves documentaires et ces preuves sont toutes contenues dans le livre bleu britannique qui avait été déjà publié [1].

Tout d'abord, Palmerston était plein d'éloges pour la diplomatie du nouvel ambassadeur. Il lui écrivait (9 octobre 1846) :

> Vous avez merveilleusement agi dans tous vos rapports avec Guizot, et nous sommes tous enchantés de la manière dont vous remplissez vos fonctions. L'habitude de la discussion est très utile aux ambassadeurs.

Il estimait que Guizot avait fait piètre figure dans toute cette affaire;

> Mais, ajoutait-il, je suppose que tout ce qui le préoccupe c'est de faire prévaloir son point de vue, et qu'il ne s'inquiète nullement de savoir comment il répondra aux objections. J'aurais cru cependant qu'il aurait montré plus de souci de sa réputation.
>
> Lansdowne m'écrit que, lorsqu'il a lu votre dépêche rendant compte des arguties produites au sujet de l'époque où ces mariages devaient avoir lieu, il a laissé tomber le papier de stupéfaction, tant ce déploiement d'habileté contrastait avec certaines déclarations sur la valeur de la sincérité et de la loyauté qu'il avait entendu faire à Guizot.

Pour comprendre l'intensité des sentiments suscités en Angleterre, il faut se rappeler que l'expérience faite par elle au dix-huitième siècle lui avait montré le danger d'avoir à faire, toute seule, à deux puissances bourboniennes. Elle avait donc fait un principe essentiel de sa politique d'empêcher le retour de ce danger. Quand le gouvernement absolu du roi Ferdinand VII avait été restauré par les Français, Canning avait répondu par un coup fameux. Il avait reconnu les colonies espagnoles révoltées, « appelant le Nouveau-Monde à rétablir l'équilibre de l'Ancien ».

Cette fois, le ministère britannique était désarmé. Six

---

1. HALL, *L'Angleterre et la monarchie d'Orléans.*

semaines plus tard, en dépit de toutes les remontrances, le double mariage fut célébré à Madrid. Paris fut naturellement transporté de joie par cet échec de la politique britannique. Grâce surtout à l'habileté et à l'audace de l'ambassadeur de France à Madrid, M. Bresson, Louis-Philippe et son ministre Guizot avaient atteint le but qu'ils poursuivaient depuis des années; mais ils avaient également porté un coup fatal à l'Entente cordiale.

Les autres monarques européens, qui ne se sentaient point très rassurés devant le flot montant de la démocratie et qui avaient leurs raisons pour vouloir rester en bons termes avec leur frère français, « le roi citoyen », ne songèrent point à lui envoyer une réprimande, et ils se tinrent à l'écart de toute l'affaire. On entendit seulement Metternich grogner qu'il n'y aurait jamais eu aucune difficulté si l'Angleterre avait tout de suite permis à Don Carlos de monter sur le trône d'Espagne.

Il convient de dire ici que longtemps plus tard Normanby en vint à douter que le mariage espagnol eût été chez le roi un projet bien établi; il était plutôt persuadé que ce mariage était la réalisation « d'une intention à demi conçue, sur laquelle Guizot avait anticipé ». Il pensait que le comte Bresson, « ayant trouvé une occasion, qui pouvait ne jamais se reproduire, d'atteindre ce qu'on lui avait appris à considérer comme un objectif national, avait dépassé les instructions du ministre et engagé son gouvernement ». Quoi qu'il en soit, ce que Bresson avait fait pesa lourdement sur son esprit. Il fut nommé dans la suite à Naples.

Je me rappelle, écrivait Normanby après la chute de Louis-Philippe, la soirée qui précéda son départ de Paris. Nous étions tous les deux au Théâtre Historique, et lorsqu'il entra dans ma loge pour prendre congé, je m'efforçai de le réconforter dans sa dépression évidente en lui disant que l'on ne pouvait avoir de résidence plus agréable que Naples, quand on était obligé de quitter Paris. Il me répondit avec désenchantement : « Pour moi, il paraît que je ne fais que du gâchis partout où je vais ! »

Trois mois plus tard, il se donnait la mort dans un accès de délire.

Lord Normanby eut bientôt sur les bras non seulement une querelle diplomatique, mais une dispute personnelle avec le ministre français des Affaires étrangères : l'ambassadeur rapporta certaines paroles qu'aurait prononcées Guizot et celui-ci les nia publiquement. Palmerston écrivit :

John Russell et moi avons trouvé que certaines parties de votre dépêche, écrite, comme elle l'a été, dans l'excitation du moment, étaient trop vives, et nous avons pensé que ces passages n'étaient pas essentiels à votre complète justification. L'extrait, tel que je le donne, contient un démenti brutal à Guizot, et la dépêche que je vous envoie dit que c'est vous que je crois et non lui. Je suis obligé de dire cependant que ses insinuations ne sont pas considérées comme des accusations contre vous. La partie de son discours qui a frappé tout le monde ici est celle où il avoue qu'au moment du mariage il a trouvé juste de tricher parce que vous étiez un adversaire, et dans une affaire où il considérait les intérêts de son pays comme engagés.

Les Normanby commirent alors une faute étrange qui mit en émoi tout Paris et fallit amener la démission du marquis.

Au plus fort de la querelle lady Normanby donna un bal, et une carte fut envoyée, suivant l'usage, à M. Guizot. Lady Normanby annonça dans la suite que cette carte avait été « envoyée par erreur ». Suivant la version de l'ambassadeur, cette déclaration n'avait été faite qu'en réponse à M. Guizot qui s'était vanté que lord Normanby avait « reçu l'ordre » de Londres d'envoyer l'invitation et qui prétendait voir là une preuve que le gouvernement britannique ne le soutenait pas dans la querelle.

En tout cas, Guizot considéra cela comme une insulte, et il porta l'affaire à la tribune de la Chambre. Palmerston estima que l'ambassadeur et sa femme avaient montré peu de tact dans l'affaire.

Je vous dirai, écrivait-il, que, l'invitation ayant été envoyée même par erreur, il eût mieux valu admettre qu'elle avait été envoyée suivant la règle, et laisser ainsi Guizot libre de s'y rendre ou non, à son gré. Mais il a fort habilement profité de ce que vous avez dit que l'invitation avait été envoyée par erreur, et il s'est efforcé d'organiser contre vous une levée de boucliers... Une autre fois que vous donnerez une réception ou un bal, vous inviterez les ministres, comme d'habitude, comme si rien ne s'était passé. A vrai dire, la chose n'a pas été considérée ici comme aussi injurieuse qu'elle paraît l'avoir été à Paris.

Néanmoins, le bruit courut que lord Normanby avait donné sa démission d'ambassadeur et provoqué Guizot en duel.

Normanby envoya immédiatement un démenti et Palmerston, très mécontent de toute cette affaire, lui donna un nouveau conseil d'ami.

MON CHER NORMANBY,

J'ai reçu votre dépêche qui m'a été apportée par un domestique de Rothschild. Je suis heureux que vous l'ayez écrite parce qu'elle pourra servir de base pour contredire, à l'occasion, les informations qui pourraient parvenir ici, et il est bon que votre récit puisse être présenté à la reine au cas où une affirmation à ce sujet lui aurait été faite par ses correspondants aux Tuileries. Comme vous le dites, ces mensonges poussent à Paris, comme les champignons, mais ils meurent avec la même rapidité, et le mensonge d'une semaine est vieilli et oublié avant que la contradiction de la semaine suivante puisse le rattraper. La seule chose que vous ayez à faire est de défendre votre position et de ne pas quitter votre poste. Si vous partiez en congé, Guizot se vanterait de vous avoir chassé; même si vos amis devaient présenter l'affaire autrement et dire que vous êtes parti pour marquer votre mécontentement ou celui de votre gouvernement, Guizot ne ferait jamais rien qui pût être considéré comme une excuse; et alors, si vous reveniez, cela équivaudrait à une soumission.

L'incident fut vite oublié en présence des événements beaucoup plus graves qui se produisirent alors. Néanmoins Bulwer écrivit dans la suite que, selon lui, lord Normanby avait commis « une erreur grave, et même grossière, tout à fait inexplicable chez un homme de cette éducation ».

En Italie, un nouveau pape, libéral, avait été élu dans la personne de Pie IX, à un moment où la situation politique des États pontificaux était aussi mauvaise que possible. Il résolut de procéder aux réformes, réclamées depuis longtemps, que la politique réactionnaire de son prédécesseur avait différées. Ces concessions à l'agitation révolutionnaire furent regardées de travers par la plupart des autres cours européennes, ainsi que par le « roi citoyen », dont la peur croissante des innovations surpassait même celle de l'empereur d'Autriche. Mais, dans leur politique d'opposition, Louis-Philippe et son ministre Guizot devaient avoir soin de ne pas réveiller l'esprit démocratique de leur peuple. Un agent secret fut donc envoyé à Vienne, et une correspondance commença avec le prince Metternich.

En avril, le nonce du pape à Paris eut une longue entrevue avec lord Normanby. Il lui fit part de sa crainte que Sa Sainteté ne rencontrât de grandes difficultés à exécuter les réformes projetées. On ne pouvait attendre aucune aide des Français, et il était par suite absolument nécessaire que la cause des réformes en Italie reçût « un appui moral plus actif de l'Angleterre ». Il se rendait compte qu'il y avait des objections constitutionnelles à l'établissement de relations diplomatiques directes entre l'Angleterre protestante et le Saint-Siège, mais il proposait que l'on envoyât à Rome une commission britannique spéciale pour faire une enquête sur la situation. Normanby rapporta naturellement cette conversation au gouvernement britannique qui se montra favorable à la requête du pape. Palmerston proposa alors lord Minto pour une mission en Italie. Mais la reine et le prince Albert objectèrent qu'une démarche de ce genre, qui comportait un encouragement pour les libéraux italiens, serait considérée par l'Autriche comme un acte d'hostilité et comme menaçant son existence en tant que puissance italienne.

Cependant, là encore Palmerston fit prévaloir ses vues, et Minto partit; mais ses mouvements furent suivis d'un œil très défavorable par l'Autriche et la France. Il avait reçu l'ordre de visiter tout d'abord la Suisse, qui était également dans une situation alarmante. Protestants et catholiques, libéraux et cléricaux étaient à couteaux tirés, et le pays paraissait à la veille d'une guerre sanglante. La seule chance de paix semblait résider dans le rappel des turbulents Jésuites par le pape. Tout d'abord, la France avait rejeté la proposition faite par l'Autriche d'intervenir, Louis-Philippe ne tenant pas à susciter un nouvel antagonisme britannique. Puis, comme la perspective d'un renouvellement de l'Entente cordiale restait lointaine, le roi et ses ministres étaient maintenant d'humeur à coopérer avec Metternich. Mais quelle forme la coopération pouvait-elle bien prendre? On n'osa pas employer les troupes françaises pour servir la cause des Jésuites.

A son arrivée en Suisse, Minto commença la campagne en exposant les vues du gouvernement britannique, « l'ami sincère et désintéressé de la Suisse », et en conseillant la modération et l'observation rigoureuse du Traité de Vienne, afin d'éviter la guerre entre les cantons. Mais les choses étaient allées déjà trop loin. La Diète se réunit et prononça la dissolution, par les forces armées de la République, du « Sonderbund », ainsi qu'on appelait l'alliance des sept cantons catholiques.

La France voulut alors intervenir de concert avec les autres puissances signataires du Traité de Vienne et elle sonda le gouvernement britannique à ce sujet. Palmerston répondit par l'intermédiaire de lord Normanby que l'Angleterre « ne pouvait se permettre de penser que l'explosion de la guerre civile pût délier les puissances des engagements qu'elles avaient pris de maintenir la neutralité de la Suisse ». En outre, elle considérait que la présence des Jésuites dans ce pays était la source de toutes les difficultés et qu'ils devaient être éloignés, soit par le pape, soit par la Diète suisse. A cet effet, l'Angleterre était prête à se joindre à une médiation, mais le refus par l'un ou l'autre parti d'accepter la médiation ne devait fournir aucune excuse à une intervention armée dans les affaires intérieures de la Suisse (¹).

Ces paroles produisirent leur effet; les puissances tombèrent d'accord sur ce point, bien qu'à contre-cœur, et la clef de la situation passa dans les mains du ministre britannique des Affaires étrangères. Une note commune fut signée à Londres et était prête à être transmise le 26 novembre. Mais les Suisses n'avaient pas attendu toutes ces mesures prises en leur nom. Le général genevois Dufour, avec 100.000 hommes et 260 canons, se mit en campagne pour faire exécuter le décret de la Diète. Le 23 novembre,

---

1. F. O. Palmerston à Normanby (16 novembre 1847).

Dufour avait livré bataille, remporté une victoire écrasante sur les sept cantons ; les Jésuites s'étaient enfuis, et quelques jours plus tard le « Sonderbund » appartenait au passé.

Lorsque la nouvelle en parvint à Paris, on accusa l'Angleterre d'avoir secrètement fomenté cette suppression violente du « Sonderbund ». Sir Robert Morier a prétendu alors et dans la suite que le ministre britannique des Affaires étrangères avait poussé Peel, le jeune secrétaire de la légation de Grande-Bretagne à Berne, « à accomplir son fameux exploit de précipiter la guerre du « Sonderbund [1]. »

L'ambassadeur de France à Berne informa Guizot que, lorsque Peel reçut la nouvelle de Londres que les puissances envisageaient une médiation, il envoya immédiatement un message pressant le général Dufour de marcher sur Lucerne et d'attaquer l'armée du « Sonderbund ». Quoi qu'il en soit, les Suisses n'étaient pas alors d'humeur à écouter des propositions de médiation étrangère. Ils ne pouvaient admettre le droit des puissances à intervenir : l'alliance des sept cantons avait été un acte de simple rébellion que le gouvernement central avait eu la force de réprimer.

Naturellement, cette réponse hautaine du pouvoir exécutif radical suisse fut saluée par les nationalistes italiens, les libéraux allemands et les réformateurs français comme une victoire pour la cause de la liberté politique et une défaite cléricale. Elle poussa partout les nationalistes à l'action, et au début de la nouvelle et fatale année de 1848 le roi de Naples et de Sicile était forcé d'accorder une constitution. Metternich, voyant l'Europe ainsi troublée, écrivait à un de ses amis : « Vous et moi, nous ne sommes pas destinés à finir nos jours en paix. »

L'histoire de la révolution française de 1848, la brusque abdication du « roi-citoyen » et sa fuite peu glorieuse en Angleterre sous un déguisement sont bien connues de tous ceux qui ont lu l'histoire de France.

Ces gens-là, écrivait Normanby au sujet des révolutionnaires français, étaient convaincus que leurs affaires matérielles avaient

1. *Mémoires et lettres* de Sir Robert MORIER.

souffert de la rupture de l'alliance anglaise. La construction des chemins de fer en France avait conduit, comme en Angleterre, à une formidable explosion de spéculation. L'inflation anormale des prix fut suivie d'une réaction inévitable. Mais cette dépréciation inattendue des actions des nouvelles sociétés ne fut pas attribuée à ses véritables causes. Les spéculateurs se persuadèrent que leurs pertes étaient dues au peu de goût que montrait le public britannique à placer ses capitaux dans les chemins de fer français, en raison du changement que les mariages espagnols avaient amené dans les relations politiques des deux pays...

Le roi de France avait « déchaîné un grand malheur sur sa famille, sur la France et sur l'Europe. Un gouvernement modéré et constitutionnel, s'accompagnant d'une renonciation à tous projets ambitieux pour la famille royale à l'extérieur, aurait peut-être posé les fondations d'une paix permanente, de l'ordre et de la liberté en Europe. L'égoïsme et la ruse ont détruit ce que la loyauté et la sagesse auraient peut-être maintenu. »

Les fonctions de Normanby furent suspendues par l'abdication du roi, et elles le restèrent jusqu'au jour où il fut nommé commissaire auprès de l'Assemblée nationale.

Je ne puis vous donner, écrivait Palmerston, que des instructions provisoires. Restez à votre poste, entretenez des relations officieuses et utiles avec les hommes qui, d'une heure à l'autre, peuvent avoir la direction des événements, mais ne nous engagez en rien.

Le 27 février, en apprenant que Normanby avait de véritables difficultés à cause du manque d'argent comptant, il griffonna la note suivante : « Je vous envoie cent souverains par ce courrier et je vous en enverrai cent autres par le prochain. »

« Cela est bien de « Pam », aurait remarqué lady Normanby, d'envoyer cent souverains dans ce pays qui fait tant de bruit pour nous en envoyer un seul ! »

Normanby resta donc tranquillement à l'ambassade, assurant toute la protection possible aux Anglais résidant à Paris, et se bornant à observer, au jour le jour, les événements politiques. Il note dans son journal (24 février) :

Lady Normanby reste ici et garde tout son entrain; mais pour le moment il n'y a ni police ni troupes, et de nombreux gardes nationaux se promènent avec des compagnons qui n'ont pas l'air très francs; ainsi nous ne pouvons nous fier qu'à notre porte, qui est solide, et au droit des gens.

Le récit le plus étrange qu'eut à faire Normanby fut celui de la fuite de la jeune duchesse de Montpensier, instrument inconscient des desseins dynastiques de Louis-Philippe et de sa chute. Quand la famille royale s'enfuit précipitamment des Tuileries envahies par la populace, la pauvre jeune femme fut oubliée. Elle n'avait que seize ans. Une année à peine s'était écoulée depuis qu'avait eu lieu son malheureux mariage avec le fils du roi. On disait qu'elle était enceinte. On raconta à Normanby qu'on l'avait vu errer toute seule et pleine d'angoisse parmi la foule des Tuileries. La personne qui l'avait reconnue n'avait pas osé faire un signe, de peur de causer sa perte. Il n'est point étonnant que l'ambassadeur ait été, comme homme et comme artiste, profondément ému par le récit de cette situation.

Quand on se rappelle toute la peine que l'on avait prise pour lui rendre ce château agréable, les sacrifices par lesquels on y avait réussi et la réception triomphale qui lui avait été réservée tout récemment encore, il paraît étrange qu'il ne se soit trouvé personne pour se faire un devoir d'assurer un refuge à une femme si jeune, si douce, si faible et si belle, qui, même auprès des étrangers, avait tous les droits à ce qu'il peut y avoir encore de chevaleresque dans le monde. Juste à ce moment-là cette illustre enfant errait complètement seule, courant à tout moment le danger d'être victime de la fureur populaire, sa seule protection contre les insultes étant l'impossibilité apparente qu'une personne aussi gâtée et adulée pût se trouver dans un aussi lamentable abandon (¹).

Le lendemain matin, à sept heures, deux dames vinrent à l'ambassade de Grande-Bretagne. L'une d'elles avait été officiellement attachée au Palais. Elles demandèrent à lord Normanby d'aider à faire sortir de France la jeune princesse dont elles avaient alors la charge, et de la faire partir pour l'Angleterre. Normanby prit immédiatement les dispositions nécessaires. Il n'aurait pas été l'homme de lettres qu'il était, avec un vif penchant pour le roman sentimental, s'il ne s'était livré à d'autres réflexions sur l'étrangeté de tout cet épisode. Quel contraste entre l'arrivée de la du-

---

1. NORMANBY, *Journal de la Révolution de* 1848.

chesse de Montpensier dans son pays d'adoption, un an auparavant, et la manière dont elle était maintenant obligée de le quitter, peut-être pour toujours ! Toute l'Europe avait été invitée au mariage, et tous les pays y avaient envoyé leurs représentants, à l'exception d'un seul, qui s'était tenu à l'écart ; et maintenant, c'était par l'intervention de l'ambassadeur de ce seul pays qu'elle allait, sous un nom d'emprunt, gagner les rivages britanniques !

Malheureusement, le passeport britannique ne fut pas d'une grande utilité et la petite princesse eut à subir maintes aventures pénibles, notamment parmi la populace d'Abbeville, avant de rejoindre son époux et de retrouver la sécurité.

Quelques jours plus tard, une dame qui occupait un hôtel situé tout près de l'ambassade arriva précipitamment et demanda à voir lady Normanby. Elle avait apporté tous ses bijoux pour les mettre en sûreté, et elle déclara qu'elle venait d'être réveillée par son mari qui avait été de service toute la nuit à la garde nationale et qui lui avait dit que la populace était tout près de là et essayait de brûler le palais de l'Élysée. Si elle y réussissait, avec le vent violent qui soufflait alors, les maisons adjacentes étaient perdues. Normanby alla aux renseignements et apprit bientôt que les incendiaires avaient été arrêtés à la dernière minute par la garde nationale. Ils avaient été dispersés à la baïonnette et les flammes avaient été éteintes. Aussitôt après, on écrivit à la chaux, sur la façade de l'Élysée, « ambulance nationale », pour assurer sa protection et pour lui épargner le sort qu'avaient déjà subi les Tuileries.

Le 15 avril, la reine Victoria écrivait à son oncle :

J'ai eu par lady Normanby un curieux récit de l'ouverture de l'Assemblée. Il n'y a aucun enthousiasme véritable, mais une terrible confusion ; les « Blouses » se mêlent de tout et arrêtent les orateurs quand ils ne leur plaisent pas. L'opinion est que cela ne peut pas durer.

Le 9 mai, elle écrivait encore :

Je vous joins une autre lettre de lady Normanby, qui est un récit bien curieux et bien triste sur les pauvres Tuileries, mais le respect que l'on témoigne à ce pauvre Chartres est bien touchant. Mais pourquoi montrer une pareille haine contre le pauvre Nemours et contre la reine? Il est possible que la cause de l'impopularité de Montpensier soit son mariage.

La situation restait confuse à Paris en dépit de l'éloquent appel de Lamartine à ses compatriotes. Normanby note, dans son *Journal* :

Je vois que les journaux anglais continuent à faire de Lamartine un grand héros. Je n'ai pas besoin de dire que si je ne partage pas tout à fait ce sentiment, ce n'est pas par manque de sympathie personnelle, mais j'ai trop bien vu ce qui s'est passé dans les coulisses. Il a d'excellents sentiments, mais il n'a pas de principes fermes, et il n'est personne qui, à sa place, puisse avoir tant de vanité, sans quelque jalousie au fond du cœur... Ce qui fait de Lamartine un homme précieux pour nous, c'est qu'il est le seul de tous ces personnages qui aime véritablement l'Angleterre, bien que tous aient plutôt peur d'une querelle avec nous pour le moment.

Le 21 juin, Victor Hugo, romancier, dramaturge, pair et poète, l'intransigeant citoyen Hugo, fit un discours, son premier en qualité de membre de l'assemblée. Il saisit l'occasion, au grand écœurement de Normanby, pour vilipender l'Angleterre :

Ce qui ajoute à mon inexprimable tristesse, c'est que les autres nations jouissent et profitent de nos malheurs. Alors que les souffrances de Paris sont au paroxysme, souffrances que nos ennemis prennent pour l'agonie, Londres est rempli de joie, Londres s'amuse. Oui, l'Angleterre, en ce moment, s'assied en riant au bord de l'abîme dans lequel la France est tombée.

Un autre orateur était M. Caussidière, qui répondait à l'attitude strictement correcte de l'Angleterre en exhortant ses compatriotes à annihiler le commerce anglais. « Il faut, conseillait-il, attaquer l'Angleterre dans son sein ([1])! »

On se plaignit alors que la position de lord Normanby à Paris fût équivoque. Pourquoi avait-on laissé passer des mois sans prendre les dispositions nécessaires pour l'accréditer auprès de la nouvelle République? Les Français nous

---

1. L'ingratitude des républiques même naissantes devait éclater bientôt. Quelques jours après ces deux discours, « les travailleurs de France », dont les deux orateurs avaient exalté les vertus, mettaient à sac la maison de Hugo, place Royale, et M. Caussidière, craignant pour sa vie, allait chercher asile dans un pays qu'il voulait attaquer « dans son sein ».

en faisaient un grief, surtout parce que cela les empêchait
d'avoir un ambassadeur à Londres. Palmerston était tout
disposé à leur donner satisfaction, mais, quand il en fit la
proposition à la reine, celle-ci y fut hostile.

Comme l'arrangement proposé pour le moment (8 août), écrivait-
elle, ne doit être que provisoire, la reine estime que la nomination
d'un ministre maintenant laissera toute liberté d'avoir un ambassadeur dans la suite, si on le juge nécessaire ou avantageux, tout
en résolvant la question pour le moment. Il serait beaucoup plus
difficile, dans la suite, de retirer un ambassadeur et de le remplacer
par un ministre. La République française aimerait, sans aucun
doute, à avoir un ambassadeur ici et ferait peut-être immédiatement des démarches à cet effet, si lord Normanby était accrédité
comme ambassadeur à Paris ; nous serions garantis contre cette
éventualité en n'ayant qu'un ministre à Paris... Le fait que lord
Normanby connaît les hommes politiques de Paris présente autant
d'inconvénients que d'avantages à certains égards ; par exemple,
le fait qu'il a été le grand admirateur et ami de M. de Lamartine, etc..., etc... La possibilité de voir librement des personnes de
catégories différentes, que Palmerston invoque comme un argument très sérieux, sera, de l'avis de la reine, plus grande pour un
ministre que pour un personnage ayant le haut rang d'un ambassadeur. Tout bien considéré, donc, la reine préférerait avoir provi-
soirement un ministre accrédité à Paris (¹).

Le fâcheux de l'affaire fut que, dans l'intervalle, sans
attendre l'opinion de la reine, Palmerston avait demandé
à Normanby de voir les ministres français et de discuter
la question avec eux. Normanby avait exécuté ses instructions et les ministres avaient exprimé leur grande satisfaction de le voir rester comme ambassadeur.

... Par les retards et les diverses conversations de lord Normanby avec M. Bastide et le général Cavaignac, écrivait-elle
le 11 août, il est devenu difficile de ne pas suivre le précédent des
missions belge et sarde, sans offenser Paris. Mais la reine se voit
obligée d'insister pour qu'on se conforme entièrement à ce précédent. En conséquence, elle sanctionne la nomination de lord Normanby comme ambassadeur extraordinaire, mais il est bien entendu qu'on n'enverra pas d'ambassadeur à Londres, pour le moment, et qu'un ministre sera nommé à Paris quand les relations
diplomatiques auront été réglées d'une façon permanente. La reine
désire que lord Palmerston se rappelle cette manière de voir, et
accepte son arrangement, qu'elle considère comme le plus propre
à la réaliser.

1. A notre époque, il y a à Paris un ministre plénipotentiaire en même
temps qu'un ambassadeur.

Palmerston avait triomphé, mais au prix d'une offense très grave à la reine, qui n'était pas non plus particulièrement satisfaite du rôle joué par Normanby dans l'affaire. Elle avait peu de confiance en la stabilité du nouveau régime français et l'opinion qu'elle s'était faite de Louis-Napoléon avant et après son élection comme président ne pouvait se modifier qu'avec le temps et une connaissance plus approfondie de ce personnage. Elle se plaignit amèrement à son premier ministre, lord John Russell (21 août) :

La reine est profondément indignée de l'attitude de Palmerston dans la nomination de lord Normanby. Il savait parfaitement que lord Normanby ne pouvait pas accepter le poste de ministre, et il avait écrit à la reine précédemment que cette offre ne pouvait être faite; or il vient de la faire cependant, sachant qu'en traînant les choses en longueur et en embrouillant la question à Paris, il ferait triompher son point de vue. Si les Français tiennent à garder lord Normanby au point de faire tous les sacrifices à cet effet, cela doit nous rendre prudents, car ce ne peut être qu'à cause de la facilité avec laquelle ils peuvent le faire servir à leurs desseins. Naturellement, ils voudraient une entente cordiale avec nous aux dépens de l'Autriche... mais c'est là un projet que nous ne pouvons envisager [1].

Pendant les trois années qui suivirent, les relations de lord Normanby avec le prince-président et ses ministres furent extérieurement cordiales, bien que l'ambassadeur se méfiât profondément des intentions de Louis-Napoléon. À Londres, la grande exposition de 1851 donna aux deux pays l'occasion d'échanger d'aimables assurances de paix et de bonne volonté.

Toutes les circonstances ayant travaillé en faveur des plans du président, le 2 décembre, il s'empara du gouvernement de la France, arrêta ses principaux adversaires, mit fin à l'Assemblée nationale et au Conseil d'État et proclama l'état de siège à Paris. Le lendemain, le rapport de Normanby sur le coup d'État parvint à Londres.

La reine Victoria écrivit immédiatement à son oncle :

1. En février encore, lorsque Palmerston envoya à la reine le projet d'une dépêche à Normanby, elle fit remarquer que l'expression « très cordiale amitié » à l'égard du gouvernement français lui paraissait un peu forte. « Nous venons de faire une triste expérience avec les ententes cordiales. Des « relations amicales » feraient mieux ».

Il faut que je vous écrive pour vous demander ce que vous pensez des événements extraordinaires de Paris, qui ressemblent véritablement à du roman dans un livre ou au théâtre! Quel sera le résultat de tout cela? Je suis toute confuse d'avoir écrit si positivement, quelques heures auparavant, que rien ne se produirait. Nous attendons anxieusement les nouvelles d'aujourd'hui, mais j'espère qu'on a pu compter sur les troupes et que l'ordre est maintenu pour le moment.

J'espère qu'aucun membre de la famille d'Orléans ne fera un mouvement ou ne dira un mot et que tous garderont une attitude passive (¹).

Quant à l'ambassadeur de Grande-Bretagne à Paris, ses soupçons avaient été pleinement justifiés. Il fut affligé par la perfidie et l'action violente de Louis-Napoléon et son affliction fut accrue encore par l'effusion de sang qui l'accompagna. Il estimait que l'Angleterre devait condamner publiquement un crime comme le coup d'État.

Avant que la lettre de Normanby eût pu arriver à Palmerston, celui-ci avait vu l'ambassadeur de France, le comte Walewski (²), à qui il exprima un peu imprudemment son approbation de l'acte de Louis-Napoléon. Il n'éprouvait aucune surprise, écrivait-il à Normanby, que le président eût frappé ce coup au moment où il l'avait fait, « car on sait parfaitement ici, maintenant, que la duchesse d'Orléans s'attendait à être appelée à Paris cette semaine avec son plus jeune fils pour commencer une nouvelle période de la dynastie d'Orléans ».

Lord Normanby, ayant demandé des instructions sur sa conduite future, fut avisé d'avoir à ne rien changer dans ses relations avec le gouvernement français et de s'abstenir même de l'apparence d'une intervention dans les affaires intérieures françaises (³). Il fit une communication dans

---

1. Léopold répondit à sa nièce que, bien qu'il fût trop tôt pour se former une opinion, il inclinait à croire que Louis-Bonaparte réussirait. « Le pays est fatigué et veut la tranquillité; et s'il l'obtient par ce coup d'État, il ne fera aucune objection, et il laissera le gouvernement parlementaire et constitutionnel dormir pendant quelque temps. »

2. Charles Greville représentait plus tard Walewski comme « un aventurier, un spéculateur besogneux, sans honneur, sans conscience ni loyauté, et absolument inapte, par sa mauvaise réputation et l'insuffisance de ses capacités, à de hautes fonctions quelconques ».

Ce qui signifie sans doute simplement que Greville n'aimait pas Walewski.

3. F. O. Palmerston à Normanby (5 décembre 1851).

cc sens à M. Turgot et celui-ci répondit que M. Walewski
l'avait informé que lord Palmerston lui avait déjà exprimé
« son entière approbation de l'acte du président », et sa
« conviction qu'il ne pouvait pas agir autrement ».

Ce fut alors à Normanby d'écrire (6 décembre 1851) :

J'ai reçu ce matin la dépêche de Votre Excellence en date d'hier.
Je me suis donc présenté chez M. Turgot et lui ai fait connaître que
j'avais reçu de Sa Majesté l'ordre de dire que je n'avais rien à changer dans mes relations avec le gouvernement français à la suite de
ce qui s'était passé. J'ai ajouté que si cette communication était
faite avec quelque retard, cela venait de certaines circonstances
matérielles et non point d'une hésitation quelconque dans cette
affaire. Turgot a répondu que le retard avait peu d'importance,
car il avait appris depuis deux jours de M. Walewski que Votre
Excellence lui avait exprimé son entière approbation de l'acte du
président et sa conviction qu'il ne pouvait pas agir autrement qu'il
n'avait fait. J'ai dit que je n'avais aucune connaissance d'une communication de ce genre et que je n'avais d'autres instructions que
notre règle invariable de ne rien faire à la France; mais que j'avais
eu souvent l'occasion de montrer, dans des circonstances diverses,
que, quel que fût le Gouvernement de la France, j'attachais le plus
grand prix à maintenir les relations les plus amicales entre les
deux pays. J'ai ajouté que j'étais sûr que, si mon gouvernement
avait connu la répression de l'insurrection des Rouges au moment
où il m'avait envoyé sa dépêche, j'aurais pu ajouter ses félicitations aux miennes.

Nous savons maintenant que Palmerston croyait réellement (comme il le reconnut quelques années plus tard) que
« si le président n'avait pas frappé au moment où il l'a fait,
il aurait été lui-même renversé ». Mais il savait aussi que
son approbation publique de cet acte était bien maladroite,
et même dangereuse, en raison de l'attitude de Normanby,
qui était entièrement partagée par la reine. Il savait parfaitement que Sa Majesté était tenue au courant de la
situation par Normanby et il regrettait son imprudence.
C'est donc dans un état d'irritation qu'il écrivit la lettre
suivante :

MON CHER NORMANBY,

En temps de crise et dans les affaires de grande importance, la
franchise entre les personnes qui agissent officiellement de concert
devient un devoir et je me sens, par suite, obligé de vous dire que
vos dépêches me causent de sérieuses appréhensions. Les événements qui se passent à Paris auront nécessairement la plus grande

influence sur les affaires de l'Europe en général et sur les intérêts de ce pays en particulier, et le caractère de nos relations avec le gouvernement français peut être grandement influencé par l'attitude adoptée pendant la présente crise par le représentant britannique à Paris. Il paraît y avoir de grandes chances, comme il y en a toujours eu, à mon avis, pour que, dans le conflit des partis, Louis-Napoléon reste maître du terrain, et il serait fort préjudiciable à notre situation à Paris et aux intérêts britanniques que Louis-Napoléon, après avoir triomphé, eût des raisons de croire que pendant la lutte le représentant britannique a pris parti pour ses adversaires. Or, nous ne pouvons juger de cette affaire que par vos dépêches, et je suis sûr que vous me pardonnerez de vous faire quelques observations sur celles que nous avons reçues. Votre longue dépêche de lundi avait l'air d'une oraison funèbre du président et elle contenait sur ses intentions de faire un coup d'État au moment favorable un passage qui paraissait tendre à justifier le jugement qui allait être prononcé contre lui par la majorité des Burgraves (¹).

Vos dépêches, depuis l'événement de mardi, ont toutes été hostiles à Louis-Napoléon et elles ne contiennent que très peu de renseignements sur les événements. L'une d'elles consistait principalement en une dissertation sur Kossuth qui aurait fait un bon article dans le *Times* il y a quinze jours ; une autre insistait longuement sur une glace brisée dans une salle de club et sur un morceau de plâtre détaché du plafond par des balles de mousquet pendant les combats de rues.

Or nous savons que les agents diplomatiques de l'Autriche et de la Russie se sont présentés au président immédiatement après ses mesures de mardi matin et ont longuement approuvé sa conduite. Naturellement, ce qu'ils admirent et applaudissent, c'est la fermeture d'un parlement par la force des armes ; lorsque Louis-Napoléon publiera sa nouvelle constitution, avec une assemblée populaire élue et un Sénat, etc..., il se peut qu'ils ne trouvent pas la conclusion aussi bonne que le commencement ; mais ils ne lui en font pas moins de grandes avances, et si nous ne désirons pas que vous vous écartiez de votre chemin pour aller lui faire la cour, ni que vous lui affirmiez que nous approuvons ses mesures, il serait très fâcheux qu'il eût des raisons de supposer que vos sympathies allaient aux projets qui ont été formés pour le renverser et dont l'existence ne peut guère être mise en doute, bien que vous n'en ayez pas parlé spécialement ces derniers temps.

Les soupçons de Palmerston au sujet des communications que pouvait faire lady Normanby à son beau-frère, le colonel Phipps, secrétaire de la reine, étaient parfaitement fondés. Le 7 décembre, elle composa une longue lettre

1. Les « Burgraves » était un surnom donné au parti du gouvernement — Thiers, Tocqueville, Odilon Barrot et autres — à l'Assemblée.

qu'elle envoya par un canal privé, n'ayant confiance ni dans la poste ni dans le courrier du roi :

Palmerston, écrivait-elle, s'est mis récemment à écrire d'une manière vraiment extraordinaire à Normanby. Je crois qu'il veut lui chercher une querelle que Normanby évitera pour le moment, vous pouvez en être sûr, car elle aurait un effet désastreux; mais je ne comprends pas du tout et je voudrais que vous puissiez m'expliquer ce que cela signifie. Palmerston paraît très en colère parce que Normanby n'approuve pas sans réserve ce qui s'est passé ici; mais tout cela est si nettement un coup d'État et tous les actes accomplis sont si contraires à la loi, à la justice et à la sécurité que même le plus violent tory en serait stupéfait. (Par exemple, aujourd'hui, tous les journaux anglais, même ceux de Normanby sont arrêtés et interdits; naturellement on laissera passer ceux de Normanby, mais sous enveloppe). Palmerston, qui se dispute avec toute l'Europe au sujet d'un aventurier politique comme Kossuth parce qu'il défendait les libertés et la constitution de son pays, cherche maintenant querelle à Normanby et lui écrit de la manière la plus impertinente parce que les dépêches de Normanby ne font pas suffisamment l'éloge de Louis-Napoléon et de son coup d'État. Il doit y avoir un dessous des cartes que nous ne connaissons pas. Normanby a toujours dit que, l'affaire ayant été entreprise, la seule chose à espérer et à demander au ciel est qu'elle réussisse; mais que c'est une chose toute différente que d'approuver la manière dont elle a commencé ou celle dont elle a été exécutée. Il y a eu une terrible effusion de sang et on a fusillé au hasard; on n'a fait aucun quartier, et quand un insurgé se réfugiait dans une maison, les soldats tuaient tous ceux qui s'y trouvaient, qu'ils eussent pris part à l'émeute ou non. Il est très douteux que Normanby puisse rester avec Palmerston si les choses continuent ainsi, car il dit : « j'apprends ceci » et « on me dit cela », à propos de la conduite de Normanby ici, ce que personne dans sa position ne peut supporter; car si Palmerston accueille les « on-dit » des autres et non les comptes rendus de Normanby, il n'y a plus de confiance; mais sa dernière lettre m'apparaît comme un débordement de colère, qui se répand sur tous les sujets et non sur celui qui en est la cause, et, par suite, je soupçonne qu'il a reçu sur les doigts, là-bas, et qu'il exhale sa colère ici ou sur la première personne qui n'est pas de la même opinion que lui. Mais c'est vraiment une anomalie curieuse qu'il se querelle avec Normanby en faveur d'un gouvernement arbitraire et absolu. Tout est tranquille ici à présent, et j'espère que cela continuera jusqu'aux élections où je suppose que nous aurons quelques émeutes.. On a fait savoir aux habitués des clubs qu'ils peuvent se réunir, mais qu'ils ne doivent pas parler de politique. Bref, je ne crois pas que le despotisme ait jamais atteint un pareil degré... Vous pouvez deviner les sentiments des Français; c'est bien fait pour eux, mais cela n'empêche pas notre indignation. Et voilà ce que Palmerston appuie maintenant sans réserve. Nous sommes absolument sans autres nouvelles d'Angleterre. Auriez-vous la bonté de nous envoyer une lettre, à Normanby ou à moi, par Rothschild ? Je voudrais bien savoir si c'est le sentiment général en Angleterre ; ce serait impossible si on savait tout ce qui s'est passé ici. Notez bien que je comprends parfaitement la politique qui consiste à être en bons termes avec Louis-Napoléon, et Normanby également ; il n'a jamais exprimé à personne une opinion hostile, si ce n'est dans ses dépêches et ses lettres privées à Palmerston... Je vous envoie cette lettre par un messager privé, pour ne pas courir le risque qu'elle soit lue.

Quand la reine apprit jusqu'où était allé son ministre des Affaires étrangères, elle refusa de le croire. Puis elle se plaignit à lord John Russell (13 décembre) :

La reine envoie à lord John Russell la dépêche ci-jointe de lord Normanby, de laquelle il résulte que le gouvernement français prétend avoir reçu l'entière approbation du gouvernement britannique au sujet du récent coup d'État, approbation exprimée par lord Palmerston au comte Walewski. La reine ne peut croire à la vérité de cette assertion, attendu que cette approbation donnée par lord Palmerston aurait été en complète contradiction avec l'attitude de neutralité et de passivité rigoureuses que la reine avait exprimé le désir de voir adopter à l'égard de la dernière convulsion de Paris, et qui a été approuvée par le cabinet, ainsi qu'il est dit dans la lettre de lord Russell en date du 6 de ce mois. Lord John Russell sait-il quelque chose au sujet de cette prétendue approbation, qui, si elle est vraie, compromettrait de nouveau la loyauté et la dignité du Gouvernement de la reine aux yeux du monde entier ?

Palmerston essaya de se dépêtrer de cette fâcheuse situation, mais une nouvelle dépêche de Normanby rendit nécessaire ou un démenti catégorique ou sa démission.

Dans la dépêche du 6 de ce mois, écrivait l'ambassadeur (15 décembre), où je signalais que j'avais communiqué mes instructions à M. Turgot, je faisais connaître que Son Excellence avait dit que M. Walewski avait écrit une dépêche dans laquelle il faisait connaître que Votre Excellence avait exprimé sa complète approbation de la manière d'agir du président dans le récent coup d'État. Je faisais connaître également que j'avais exprimé à M. Turgot la conviction qu'il devait y avoir là une erreur et que je lui avais exposé les raisons de ma conviction. Mais comme une semaine s'est écoulée sans nouvelles explications de Votre Excellence sur ce point, je dois conclure que le rapport de M. Walewski était exact dans son fond.

Dans ces conditions, je sais parfaitement que mes fonctions actuelles ne me permettent pas de faire des remarques au sujet des actes de Votre Excellence, si ce n'est dans la mesure où ils affectent ma propre situation. Mais, dans ces limites, je me permets, avec tout le respect qui vous est dû, de faire observer que, lorsque Votre Excellence tient, comme ministre des Affaires étrangères, à Downing Street, un certain langage sur un point aussi délicat sans m'en donner avis, et lorsqu'elle me prescrit ensuite une attitude différente, à savoir d'éviter toute apparence d'intervention quelconque dans les affaires intérieures de la France, je me trouve dans une situation très embarrassante... Il est évident que par cet acte de Votre Excellence, je cours le risque d'être mal compris et de me rendre suspect, en me bornant à faire mon devoir suivant les ordres officiels reçus de Sa Majesté par l'intermédiaire de Votre Excellence. Tout cela est d'autant plus important pour moi que, comme je l'ai déjà dit, la dépêche a été lue à plusieurs de mes collègues et que ceux-ci en ont emporté la conviction que vous aviez exprimé une satisfaction sans réserve.

Lord Palmerston (dans une lettre qui ne fut montrée ni à la reine ni au cabinet) répondit qu'il n'avait rien dit à lord Normanby d'incompatible avec ses instructions, que la conduite du président devait être jugée par la nation française, mais que selon lui cette conduite tendait au maintien de l'ordre social en France. Mais, quand il exprima la même opinion à son chef, lord Russell lui écrivit sèchement (19 décembre) : « Je me vois obligé de demander à Sa Majesté de vous nommer un successeur au Foreign Office. »

Naturellement, la reine en éprouva un immense soulagement. Deux jours avant Noël, elle écrivait au roi Léopold, résumant tout ce qui s'était passé :

Palmerston en a fait bien à sa tête depuis quelque temps, et malgré les sérieux avertissements qu'il a reçus le 29 novembre encore et au commencement de décembre, il a dit à Walewski qu'il approuvait entièrement le coup d'État de Louis-Napoléon, alors qu'il avait écrit à lord Normanby, sur mon désir et sur celui du cabinet, que lord Normanby devait continuer ses relations diplomatiques avec le gouvernement français, mais rester absolument passif et n'émettre aucune opinion. Walewski a fait part à M. Turgot de l'opinion de Palmerston (absolument contraire à ce que le gouvernement avait prescrit) et, lorsque Normanby s'est présenté avec ses instructions, Turgot lui a communiqué ce que Palmerston avait dit. Sur ce, lord John a demandé à Palmerston de donner une explication, mais il a fait, au bout d'une semaine, une réponse si peu satisfaisante, que lord John lui a écrit qu'il ne pouvait plus rester secrétaire aux Affaires étrangères, parce que ces perpétuels malentendus et manquements à l'étiquette constituaient un danger pour le pays. Lord Palmerston a répondu immédiatement qu'il se démettrait de ses fonctions dès que son successeur serait nommé. Nous étions tous certains qu'il ne pouvait rester longtemps à son poste, mais nous n'en avons pas moins été surpris en apprenant le dénouement.

Lord John déclara à la reine que la politique de son gouvernement à l'égard de la France

continuerait à avoir le caractère le plus amical et que ses collègues et lui souhaitaient de tout cœur la stabilité du gouvernement français actuel. Le comte Walewski a dit qu'il avait reçu à diverses reprises de lord Palmerston l'expression d'une opinion qu'il supposait être adoptée par lord John Russell et subsister intégralement. Lord John Russell a répondu : « Pas tout à fait ; le gouvernement anglais a pour principe de ne se mêler en aucune façon des affaires intérieures des autres pays ; que la France décide d'être une république ou une monarchie, pourvu que ce ne soit pas une république socialiste, nous n'entendons exprimer aucune opinion ; nous sommes, comme on dit en Angleterre, « une feuille de papier » à cet égard ; tout ce que nous désirons, c'est le bonheur et la prospérité de la France (¹).

C'est ainsi que fut amenée la chute de Palmerston ; et, on peut s'en douter, celle de Normanby ne devait pas tarder non plus. Il avait acquis la ré   tation d'un personnage inquiet, capricieux et plein de préventions, alors que la situation internationale dem   dait un diplomate calme et ferme. Son ami, lord Granville, fils de l'ancien ambassadeur, qui avait pris momentanément la succession de Palmerston, se vit obligé de le réprimander d'une manière qui dut faire se cabrer l'orgueil du diplomate plus ancien dans la carrière.

Mon cher Normanby (6 janvier 1852),

Vos lettres sont charmantes, fort utiles et instructives, mais elles ressemblent à des lettres que l'on pourrait trouver dans une vieille

---

1. Lord John Russell à la reine Victoria (23 décembre 1851).

Cet esprit amical aurait pu être porté beaucoup plus loin, sans la résistance de Normanby et sans une certaine offense faite au sentiment des convenances que possédait la reine. Elle écrivait à lord John (décembre 1851). « La reine vient de lire dans les journaux qu'il doit y avoir un *Te Deum* à Paris pour célébrer le succès du coup d'État, et que le corps diplomatique doit y assister. Elle espère qu'on dira à lord Normanby de s'abstenir. En plus de l'inconvenance qu'il y aurait à ce qu'il prît part à une cérémonie de ce genre, ce geste détruirait entièrement la position de lord John Russell, défavorable à lord Palmerston, lequel pourrait dire à bon droit qu'il avait simplement exprimé son approbation personnelle du coup d'État auparavant, mais que, depuis, l'ambassadeur de la reine avait reçu l'ordre de remercier publiquement Dieu de son succès. »

armoire, et qui raconteraient des événements n'ayant absolument rien de commun avec l'époque où nous vivons. Je crois toujours que notre politique doit consister à être bien avec le président, tant qu'il détiendra l'immense pouvoir qui est actuellement entre ses mains, sans aller jusqu'à une approbation quelconque de ses derniers actes...

Je veux vous adresser maintenant une prière fort impertinente, pour quelqu'un qui écrit comme moi. Votre écriture est très belle, mais je suis comme lord Palmerston, je ne peux pas la lire. Vous pourriez peut-être signer les copies et conserver les originaux. N'en dites rien à lady Normanby, car elle ne voudrait plus jamais me parler après cette impertinence.

Moins de trois semaines plus tard, les lecteurs du *Globe*, qui recevait alors les confidences ministérielles, trouvèrent dans ses colonnes un communiqué annonçant que l'ambassadeur avait donné sa démission ([1]).

A l'ambassade, les Normanby étaient dégoûtés de la manière dont on les avait traités, mais ils reconnaissaient qu'il leur était difficile de rester sous le nouveau régime institué en France.

Granville avait pensé à lord Canning pour ce poste, mais le futur vice-roi des Indes et époux de la fille de lord Stuart de Rothesay refusa. Le nom de lord Clarendon avait été prononcé au château de Windsor, et le prince Albert note, dans un mémorandum daté du 23 décembre, un mois avant le rappel de lord Normanby : « Lord John aimerait l'avoir comme ambassadeur à Paris, et il a pensé que lord Clarendon serait lui-même heureux de cette nomination ; mais il était difficile de savoir ce que l'on allait faire de lord Normanby. »

Cependant le ministère de lord John Russell était lui-même condamné. Le 5 février, Normanby était à son siège au Parlement et se préparait à lancer, s'il le fallait, une attaque contre Palmerston, à cause de la manière dont il avait été traité ; mais lord John lui envoya un message disant que la défense du secrétaire démissionnaire « avait été si plate, qu'il jugeait préférable que je ne remisse pas la question sur le tapis dans l'autre Chambre, attendu qu'il

<hr>

1. MALMESBURY, *Mémoires d'un ancien ministre.*

n'avait rien dit à mon sujet qui demandât le moins du
monde un pareil geste ».

Je me suis rendu naturellement à cet appel, bien qu'il y eût,
dans son discours, plusieurs points sur lesquels j'aurais pu signaler
des inexactitudes ; la vérité est que John ne m'a jamais témoigné
aucune considération dans toute cette affaire ; mais je n'ai pas
l'intention de me plaindre.

Je suis fâché, écrivit-il encore au colonel Phipps, secrétaire privé
de la reine, de n'avoir pu rien dire publiquement sur tout cela, car
je crois que j'aurais pu dissiper de nombreuses erreurs. Mais on
n'y peut rien faire. Je me suis constamment efforcé de ne pas être
égoïste et j'aime autant garder cette attitude jusqu'au bout.

J'ai dit à John Russell, hier soir, que je regrettais qu'il se fût
porté garant des intentions de Louis-Napoléon. Il a dit que tel
n'était pas le cas, mais il a reconnu qu'il en avait dit plus qu'il
n'aurait dû. « Le fait est que je ne savais plus quoi dire. Je me suis
arrêté, comme on le fait parfois, — et puis j'ai dit cela ; j'aurais
mieux fait de dire autre chose ! »

« Tout cela est bien candide et caractéristique », ajoute
Normanby. Quelques jours après, lord John Russell était
battu et donnait sa démission. Le nouveau premier ministre, lord Derby, offrait le Foreign Office à lord Clarendon
et un nouvel ambassadeur allait prendre ses fonctions
à Paris.

CHAPITRE XII

LE NEVEU DU GRAND-DUC

Le choix d'un nouvel ambassadeur auprès de la République française tomba, à la surprise de tous, sur un neveu du duc de Wellington, fils et héritier de son frère, lord Cowley, lui-même ancien ambassadeur. On savait peu de chose sur ce deuxième lord Cowley, si ce n'est que c'était un diplomate compétent et laborieux, qu'il occupait le poste de Hambourg et avait sa large part des capacités héréditaires de la famille.

Il est curieux de constater que le « duc de fer » allait mourir cette année-là et qu'un autre Wellesley allait s'installer faubourg Saint-Honoré pour entrer en contact — par d'autres armes que l'épée — avec un autre ambitieux Bonaparte, qui, lui aussi, allait bientôt se proclamer Napoléon, empereur des Français. Il avait épousé en 1833 la fille de lord Henry Fitzgerald et de lady de Ros, dont la connaissance de la haute société et des cours devait lui être extrêmement précieuse dans ce nouveau poste, car il était très méfiant dans le monde, et « sa diplomatie en fut parfois gênée ». Un autre membre très connu de la famille de l'ambassadeur était la petite lady Feodorovna, sa fille, qui, vingt ans plus tard, devint la femme de Francis Bertie (le futur ambassadeur), forgeant ainsi un autre anneau de la chaîne qui relie le duc de Wellington à l'un des derniers ambassadeurs. Parmi le personnel de l'ambassadeur, on peut mentionner ici un personnage qui était destiné plus tard

à occuper le poste suprême : c'était le jeune Robert Lytton,
fils de lord Lytton et neveu de lord Dalling, qui avait épousé
la fille du premier lord Cowley, et qui écrivait, en 1852, à
son ami John Forster :

> Je crois que je vais tirer grand profit de ma nouvelle nomination,
> mais je ne peux pas encore bien en juger. Il y a beaucoup à faire.
> Heures de bureau, de midi à sept heures du soir tous les jours, et
> travail de nuit une fois par semaine — pour le chiffrage et le déchif-
> frage des dépêches, qui sont nombreuses. Cependant, j'ai le vif
> désir et l'intention très nette de travailler dur : ce qui est, je crois,
> la seule manière de ne pas se ruiner dans ce poste coûteux et sédui-
> sant.

Et cependant, le futur ambassadeur passait déjà ses loisirs à écrire des vers, bien qu'il estimât, — ou prétendît
estimer — « qu'il était moins fatigant de copier des dépêches ».

A propos de poésie, Lytton citait dans une lettre quatre
vers de Victor Hugo, qui avait repris ses pérégrinations :

> Un Anglais (loquitur)!
> « Pour chasser le spleen
> J'entrai dans un inn
> Où j'ai bu du gin
> God save the Queen! »

Pendant la première année, les relations diplomatiques
avec la république et le prince président ne pouvaient guère
être intimes (1).

Il fallait beaucoup de prudence et de patience; mais, peu
à peu, les craintes de la reine se dissipèrent. Le roi Léopold,
son oncle, écrivait, le 19 décembre 1851 :

> Quand on voit la hâte et l'ardeur avec lesquelles les hommes
> poursuivent leurs buts terrestres, et combien de fois tout cela est
> démoli; quand on voit que même le plus grand succès se termine
> toujours par la tombe, on est tenté de s'étonner que la race hu-
> maine poursuive sans trêve des chimères, qui disparaissent souvent
> au moment où on les atteint et qui sont la source d'une perpétuelle
> angoisse. Dans ces soixante années, la France a fourni la preuve de

---

1. Un mémorandum du prince Albert signale l'impopularité des Anglais
en France immédiatement après le coup d'État : Un membre du Parlement
qui revient du Continent lui avait dit qu'un Anglais ne pouvait guère se montrer sans se rendre compte de la haine que l'on portait à tout ce qui était
anglais; la seule chance que l'on eût d'éviter les insultes était de dire : *Civis
romanus non sum*.

ce que je viens de dire : elle se croit toujours au plus haut point
de perfection et elle change quelques semaines plus tard.

Un gouvernement militaire, réellement établi en France, ne peut
manquer d'être dangereux pour l'Europe. J'espère qu'au début,
tout au moins, il aura assez à faire en France et que nous aurons le
temps de nous préparer. L'Angleterre fera bien de ne pas s'endor-
mir, mais de conserver toute son énergie et tout son courage.

Cowley eut vite fait de gagner l'estime personnelle du
prince président; il rapportait fidèlement les paroles de
celui-ci, ainsi que l'attitude et le langage de l'Assemblée,
de la presse et du peuple, et ses rapports étaient toujours
lus avec un profond intérêt par la reine. C'est ainsi que
Victoria écrit, le 26 octobre 1852 :

MON TRÈS CHER ONCLE,

Il faut que je vous raconte une anecdote au sujet de l'entrée de
Louis-Napoléon à Paris, que lord Cowley nous a transmise comme
faisant le tour de Paris. Sous l'un des arcs de triomphe, on avait
suspendu une couronne à une corde (ce qui arrive bien souvent),
et on avait écrit au-dessus : « Il l'a bien méritée ». Cette couronne
fut détériorée et on l'enleva, en laissant cependant la corde avec
l'inscription : l'effet devait en être bien édifiant !

Lorsque, à l'anniversaire du coup d'État, Louis-Napoléon prit le titre d'empereur, la reine fut obligée de déli-
vrer à son ambassadeur de nouvelles lettres de créance :
celles-ci témoignent des progrès flatteurs que les deux
hommes avaient fait dans l'estime royale en une année :

MONSIEUR MON FRÈRE,

Désireuse de ne pas interrompre l'union et la bonne entente qui
subsistent heureusement entre la Grande-Bretagne et la France,
j'ai fait choix de lord Cowley, pair de mon royaume, membre de
mon Conseil privé et commandeur de l'Ordre du Bain, pour résider
à la Cour de Votre Majesté Impériale comme mon ambassadeur
extraordinaire et plénipotentiaire. La longue expérience que j'ai
faite de ses talents et de son zèle à mon service, m'assure que le
choix que j'ai fait de lord Cowley sera parfaitement agréable à
Votre Majesté Impériale et qu'il se montrera digne de cette nouvelle marque de ma confiance. Je prie Votre Majesté Impériale
d'accorder une entière créance à tout ce que lord Cowley vous
communiquera de ma part, et plus particulièrement quand il assu-
rera votre Majesté Impériale de mon attachement et de mon estime
inaltérables et exprimera les sentiments de sincère amitié avec
lesquels je suis, etc...

Au cours des deux ou trois années suivantes, les relations

entre la France et l'Angleterre s'améliorèrent avec une étonnante rapidité.

Les sentiments de Victoria à l'égard de Napoléon III et de son épouse Eugénie passèrent du respect à l'estime et, dans la suite, à l'affection. Tout cela était dû, naturellement, en grande partie, à la coopération de la France et de la Grande-Bretagne pendant la guerre de Crimée, de 1854 à 1856. C'est au cours de ce conflit que des visites furent échangées entre les deux monarques et leurs époux et épouse. L'empereur, comme le savait lord Cowley, pouvait être charmant quand il le voulait, et il déploya certainement tout son charme auprès de Victoria, ainsi qu'en font foi les lettres et le journal de la reine datant de cette époque. Un mémorandum, écrit alors que l'empereur se trouvait sous son toit, montre qu'elle commençait à comprendre les difficultés du souverain, son frère :

Lui et l'impératrice sont dans une situation tout à fait isolée; ils ne peuvent se fier aux parents qui sont près d'eux en France et ils sont environnés de courtisans et de serviteurs qui, par peur ou par intérêt, ne leur disent pas la vérité. J'irai même plus loin et je crois qu'il est en notre pouvoir de le maintenir dans la bonne voie, de le protéger contre l'étourderie, la versatilité extrêmes, et même, dans une certaine mesure, le manque de loyauté, de ses serviteurs et de son peuple...

C'est la voie que nous avons suivie jusqu'ici, et, comme il est la France dans sa seule personne, il importe infiniment d'encourager, par tous les moyens en notre pouvoir, ces relations très franches qui, je dois le dire, existent entre lui et lord Cowley depuis un an et demi, et maintenant, depuis que nous avons fait personnellement connaissance, entre nous-mêmes.

Mais c'est lors de sa visite à Paris que son enthousiasme ne connut plus de bornes. Elle dit à lord Cowley qu'elle n'avait jamais été aussi heureuse de sa vie.

Elle écrivait à son oncle, le 29 août 1855, à son retour :

Nous voici de retour ici, après les dix journées les plus agréables, les plus intéressantes et les plus triomphales que je crois avoir jamais passées. Un succès aussi complet, une réception aussi cordiale et aussi charmante de la part d'un peuple aussi difficile que les Français, c'est là quelque chose de tout à fait heureux et qui promet beaucoup pour l'avenir. L'armée s'est montrée également très amicale à notre égard. Bref l'union complète des deux pays est scellée de la manière la plus satisfaisante et la plus solide, car ce n'est pas seulement l'union de deux gouvernements, de deux souverains, c'est celle de deux nations !

Elle écrivait au baron Stockmar, sur le même ton :

Nous sommes revenus avec des sentiments de réelle affection pour la France — et à vrai dire, comment pourrait-il en être autrement, quand on a vu tout ce que l'on a fait pour nous être agréable? Pour l'armée également (et elle est si belle) j'éprouve une véritable affection, car tous ces soldats sont les compagnons d'armes de mes troupes bien-aimées!

Au sujet de l'empereur, elle reconnaissait son charme fascinateur, car « sans rien faire de particulier pour exercer une attirance personnelle par l'extérieur, il a un pouvoir incroyable de s'attacher ceux qui l'approchent et le connaissent ».

Quand la guerre de Crimée fut terminée et que Napoléon III eut conçu ses grandioses et téméraires projets européens, le roi Léopold reconnut avec sa nièce qu'il était certainement désirable

de faire tous les efforts raisonnables pour rester en bons termes personnels avec l'empereur — ce qui est possible. Un parti en Angleterre dit que c'est avec la nation française que vous devez avoir des relations affectueuses; mais cela n'est pas possible, car les Français n'aiment pas les Anglais en tant que nation, bien qu'il puissent être aimables pour vous personnellement. Ce qu'il y a de mieux à faire, c'est non pas de se livrer à des injures inutiles, mais d'avoir une marine organisée de telle sorte qu'elle soit nécessairement supérieure à celle des Français. En dehors de ces deux points il n'y a qu'absurdité (1).

La naïve opinion que la reine se faisait de Napoléon forme un contraste absolu avec celle que lord Palmerston exprimait en 1860 :

J'ai observé étroitement l'empereur des Français et j'ai étudié son caractère et sa conduite; vous pouvez être sûr qu'au fond de son cœur couve un désir inextinguible d'abaisser et de punir l'Angleterre et de venger, s'il le peut, les nombreuses humiliations navales et militaires que, depuis le commencement de ce siècle, l'Angleterre a infligées à la France, soit par elle-même soit par ses alliées. Il est suffisamment pourvu de moyens militaires mais il est en train d'organiser, avec discrétion et persévérance, ses forces navales; et quand il sera prêt, on jouera l'ouverture, le rideau se lèvera et nous aurons un très désagréable mélodrame.

1. Léopold à Victoria (16 juillet 1858).

Nous ne pouvons qu'indiquer ici sommairement la part prise par lord Cowley à toutes les négociations et conférences qui eurent lieu entre 1858 et 1867.

Lui et lord Clarendon, le ministre des Affaires étrangères, avaient représenté la Grande-Bretagne au Congrès de Paris qui mit fin à la guerre, et Cowley eut une part prépondérante dans les négociations ultérieures concernant les frontières. C'est lui qui signa la fameuse Déclaration de Paris abolissant la guerre de course.

Un événement se produisit alors, qui faillit détruire l'Entente. Ce fut, le 20 janvier 1858, la fatale tentative d'Orsini pour assassiner l'Empereur ; le public français s'indigna, parce que le complot avait été tramé en Angleterre, ce pays qui, écrivait M. Walewski dans une dépêche, « assurait un appui délibéré et un refuge à des hommes par qui l'assassinat était érigé en doctrine ouvertement prêchée ». Ces sentiments furent transmis à l'ambassadeur de France à Londres, M. Persigny, mais le ministère n'y fit aucune attention. Cependant, lorsque l'officiel *Moniteur* se mit à publier des pétitions d'officiers français, demandant l'invasion de l'Angleterre, « ce nid de brigands et d'assassins », il y eut dans le public britannique une telle vague de colère contre la France et de ressentiment contre Palmerston pour sa politique de laisser-faire, que le gouvernement fut battu au Parlement. Les choses auraient pu aller beaucoup plus loin si lord Cowley n'avait été invité à obtenir satisfaction de M. Walewski. Lord Cowley s'acquitta de sa mission avec calme. Il vit Walewski et le persuada de dissiper, par une explication, l'effet de cette malheureuse phrase. Il n'avait point été chargé de faire une communication officielle au gouvernement français, « mais, dit-il, j'avais été autorisé par les instructions privées de lord Clarendon, à exposer au gouvernement français les vues du gouvernement de Sa Majesté beaucoup plus complètement, et selon moi, d'une manière beaucoup plus satisfaisante que si mon langage avait revêtu une forme officielle ».

D'autre part, la mission confidentielle de Cowley à Vienne pour essayer d'empêcher la guerre entre la France et l'Au-

triche au sujet de l'Italie était vouée à un échec, le parti de
la guerre l'emportant de plus en plus à Paris. Après la sanglante bataille de Solférino, une trêve fut convenue et lord
Cowley se rendit à Villafranca comme représentant de la
Grande-Bretagne. Dans une longue dépêche, il décrivit
la scène de la rencontre de ces deux potentats, dont on ne
verra sûrement plus la pareille dans l'histoire de l'Europe.
Elle offre également un excellent spécimen du style de
Cowley :

Les deux empereurs se sont abordés de la manière la plus cordiale, se serrant la main comme s'il n'y avait eu aucun différend
entre eux. Dès qu'ils furent seuls, l'empereur d'Autriche prit la
parole et déclara immédiatement qu'il était prêt à céder à l'empereur des Français, en vue de la restauration de la paix, le territoire
que ce dernier avait conquis, mais qu'il ne pouvait pas faire davan-
tage, en donnant les raisons que je vous ai indiquées dans mes
précédentes dépêches. L'empereur des Français répondit que sa
situation en France et les déclarations publiques qu'il avait faites
l'obligeaient à demander quelque chose de plus : la guerre avait été
entreprise pour la liberté de l'Italie, et il ne pouvait justifier aux
yeux de la France une paix qui n'assurerait pas cet objet. L'empereur François-Joseph répliqua qu'il n'avait aucune objection à
élever contre la Confédération qui faisait partie du programme de
l'empereur Napoléon et qu'il était prêt à y entrer avec la Vénétie ;
l'empereur Napoléon ayant fait remarquer qu'un pareil résultat
serait une dérision, si toute la puissance et toute l'influence de l'Autriche devait pouvoir s'exercer sur la Confédération, l'empereur
François-Joseph protesta contre toute interprétation de ce genre
donnée à ses paroles, son idée étant que la Vénétie devait être pla-
cée dans la Confédération sur le même pied que le Luxembourg dans
la Confédération germanique...

Au cours de la conversation entre les deux souverains impériaux,
l'empereur d'Autriche fit remarquer à l'empereur des Français,
avec de nombreuses assurances de bonne volonté et de son désir
de voir la dynastie de celui-ci fermement établie sur le trône de
France, que Sa Majesté prenait un étrange chemin pour atteindre
son but. « Croyez-moi, dit l'empereur François-Joseph, on n'établit
pas les dynasties en ayant recours à la mauvaise compagnie que
vous avez choisie ; les révolutionnaires renversent, mais ils ne cons-
truisent pas ». L'empereur Napoléon paraît avoir pris la remarque
en très bonne part, et même s'être excusé quelque peu, en faisant
observer que c'était une raison de plus pour que l'empereur
François-Joseph l'aidât à mettre fin à la guerre et à l'esprit révolutionnaire auquel la guerre avait donné naissance.

Les deux empereurs s'étant séparés de la même manière cordiale
dont ils s'étaient abordés, l'empereur des Français rédigea lui-
même les préliminaires et les envoya dans la soirée à Vérone par

son cousin le prince Napoléon. Son Altesse Impériale ayant été introduite auprès de l'empereur d'Autriche qui la reçut avec beaucoup de courtoisie, Sa Majesté dit, après avoir lu les préliminaires, qu'Elle était obligée de prier le prince de l'excuser pour quelques instants, car Elle avait d'autres personnes à consulter avant de signer. Elle se rendit donc dans une pièce adjacente où, suivant le récit du prince Napoléon, une discussion violente s'éleva dans laquelle le prince distingua la voix de l'empereur brisée par les larmes, comme si Sa Majesté avait été obligée de recourir à la persuasion pour faire cesser l'opposition, et ce n'est qu'au bout de quelques instants que Sa Majesté revint et signa le papier qui les contenait, ou, plutôt je suppose qu'il conserva le papier signé par l'empereur Napoléon et en rapporta un de même teneur signé par lui, car entre tous les détails curieux de cette transaction, le plus curieux, peut-être, est qu'il n'existe aucun document enregistrant les préliminaires qui porte la signature des deux empereurs (¹).

Lord John Russell écrivait à la reine, après la signature du Traité de Villafranca :

L'empereur Napoléon se trouve sans aucun doute dans une situation très forte. On lui a fait cette situation en lui permettant d'être le seul champion de la cause du peuple italien. Mais ce n'est pas une raison pour chercher querelle à la France, et on peut douter que les discours prononcés à la Chambre des Lords, étalant notre faiblesse et nos inquiétudes, soient réellement conformes aux intérêts de la patrie dans leur objet et leurs tendances. Être bien armés, et être justes pour tous nos voisins, voilà, suivant lord John Russell la politique la plus simple, la plus sûre et la plus honnête (²).

Néanmoins, la méfiance au sujet de la politique française en Italie continua à régner dans les esprits.

Victoria écrivait à lord John (21 janvier 1860) :

La lettre de lord Cowley prouve clairement qu'il est extrêmement dangereux pour nous (comme la reine l'a toujours senti et souvent dit), d'offrir de nous engager à une action commune avec l'empereur au sujet de l'Italie, alors qu'il a pris avec les différentes parties engagées dans le conflit un certain nombre d'engagements, dont nous ne savons rien, et qu'il poursuit des fins que nous ne pouvons que deviner et qui ne visent point au bien de l'Italie, mais à l'agrandissement de son propre territoire, au grave détriment de l'Europe (³).

Un nouvel épisode de l'histoire de l'ambassade se pro-

1. F. O. Cowley à Palmerston.
2. « Que l'empereur fasse appel au bon sens du peuple anglais par des faits plutôt que par des mots », écrivait Cowley à Russell (7 août 1859) « et il verra bientôt le bon sens l'emporter sur la méfiance ».
3. *Lettres de la reine Victoria* (13 juillet 1859).

duisit en 1859, quand le grand apôtre du Libre Échange,
Richard Cobden arriva à Paris. Dans la session parlementaire de cette année-là, John Bright avait demandé pourquoi, au lieu de gaspiller des millions en armements pour
se défendre contre la France, le gouvernement ne faisait
pas une démarche auprès de l'empereur des Français et ne
cherchait pas à obtenir des facilités pour le libre échange
des marchandises françaises et anglaises. Ce serait-là, déclara-t-il, une bien meilleure garantie de paix. Quand
Bright prononça son discours, l'idée d'un traité de commerce était déjà dans l'air. Il en avait été question entre
lord John Russell et le comte Persigny. On avait beaucoup
causé et écrit à ce sujet; il restait à Cobden à faire passer
tout cela dans la réalité. Le moment était heureusement
choisi; Cobden se rendit à Hawarden et fit part de son
projet à Gladstone, alors chancelier de l'Échiquier. L'empereur des Français, expliqua-t-il, était maintenant disposé à un geste amical qui pouvait facilement prendre un
sens économique. Quelle chance il y avait là de continuer
la politique de réforme douanière sur les bases établies par
Peel! Si Cobden était autorisé par le gouvernement britannique, il se rendrait à Paris, exposerait le projet de
traité à l'empereur, obtiendrait un appui parmi les députés
en montrant les avantages réciproques qui en résulteraient,
et, finalement, il le ferait voter par les deux Parlements.

Le fait qu'il y avait à Paris un ambassadeur britannique
nommé expressément pour négocier des arrangements internationaux rendait la proposition de Cobden fort délicate. Gladstone alla consulter lord John Russell, mais il
dut constater que lui et tous ses collègues étaient alors
beaucoup trop préoccupés « par la formidable question de
savoir si la France allait prendre un morceau du Maroc »
pour avoir le temps de s'occuper d'un sujet aussi négli-
geable que l'extension du commerce britannique!

« Ils ne pensaient véritablement, dit Morley, qu'à des
dépêches et à des représentations énergiques. »

Palmerston avait fait cette découverte affreuse que « la
France visait à obtenir, par l'intermédiaire de l'Espagne,

des ports fortifiés de chaque côté du détroit de Gibraltar ».

« Pour ma part », écrivait Cobden, qui ne pouvait cacher son impatience, « si la France prenait toute l'Afrique, je ne vois pas le mal qu'elle nous ferait ou qu'elle ferait à d'autres qu'à elle-même ». Palmerston désapprouvait l'idée de la mission de Cobden : mais comme on ne fit rien pour l'arrêter, Cobden se rendit à Paris.

Quand il arriva (18 octobre), lord Cowley était à Chantilly. Comme il ne voulait faire aucune démarche à l'insu de l'ambassadeur, Cobden se rendit à Chantilly, vit Cowley et lui exposa son grand dessein. Cowley était un homme à l'esprit large, exempt de jalousie mesquine. Un autre à sa place aurait pu se formaliser de voir un commissaire officieux venir dans le pays où il était accrédité, avec le but avoué d'en amener le chef à consentir à un traité international. Comme le prince Napoléon le dit dans la suite à Cobden, « un homme de premier ordre aurait dû s'en formaliser, et ou bien vous abandonner son poste ou bien résister à vos empiètements ».

Mais Cowley reconnaissait les motifs élevés et patriotiques de Cobden. Il savait que le grand apôtre du libre-échange occupait une position à part dans le pays et que même il avait refusé un siège dans le cabinet. Il promit donc son concours. Il organisa une rencontre à dîner avec M. Rouher, alors ministre du Commerce, et M. Chevalier, le chef des libre-échangistes français. Comme les mouvements de l'homme d'État anglais étaient étroitement surveillés, on observa le secret le plus absolu : on aurait dit « trois cambrioleurs sous la surveillance de la police ».

Après cette réunion clandestine, il y eut une entrevue avec l'empereur à Saint-Cloud quelques jours plus tard. Napoléon se déclara favorable au projet de Cobden, mais il avait peur de ses propres protectionnistes.

Palmerston, qui était sceptique quant aux intentions pacifiques de Louis-Napoléon, doutait que quelque chose pût sortir d'un traité de commerce.

Cobden écrivait :

Lord Cowley, qui connaît si bien l'empereur, a souri à cette idée, très répandue, que ce monarque aurait constamment en tête quelque dessein digne de Machiavel, alors qu'il ne fait souvent que commettre des indiscrétions par excès de simplicité et manque de clairvoyance. Il a répété l'opinion qu'il avait exprimée auparavant à savoir que « ce n'est point son genre d'avoir quelque vaste plan politique s'étendant à l'avenir et embrassant toute l'Europe ».

A ce moment-là, Persigny, l'ambassadeur de France à Londres, vint presser l'empereur de faire un geste pour dissiper la profonde méfiance qui régnait dans le public britannique. « Tant qu'il y aura une solide amitié entre l'Angleterre et la France, on n'aura pas besoin de se préoccuper de ce que peuvent penser la Russie, l'Autriche ou la Prusse. » Cet argument gagna Napoléon à la cause du traité — « moins parce que celui-ci était bon pour la France que parce qu'il devait apaiser les Anglais ([1]) ».

Il y eut encore de longues entrevues ; puis les négociations en vinrent à la période de la diplomatie officielle et finalement Cobden reçut du gouvernement britannique des pouvoirs officiels pour agir de concert avec lord Cowley. Cobden se rendit à l'ambassade, où il travailla pendant des semaines aux détails de son traité, qui fut signé le 23 janvier par Cowley et par lui-même au nom de l'Angleterre, et par M. Baroche (faisant fonction de ministre des Affaires étrangères) et M. Rouher pour la France.

Mais, si la partie diplomatique ou politique de la tâche était accomplie, il restait à tomber d'accord sur la partie commerciale, l'annexe du tarif douanier, qui était plus difficile.

Ce fut là une besogne lente et fastidieuse.

Quelques mois plus tard, Cobden eut une entrevue avec le prince Napoléon :

Il m'a dit qu'il allait me parler d'une affaire délicate et il m'a déclaré que je devrais être nommé ambassadeur en France, que cela ferait plus que toute autre chose pour cimenter les bonnes relations entre les deux pays. Comme cela paraissait être la communication qu'il avait à me faire, quand il m'a envoyé chercher, et qu'il y mettait beaucoup de force, j'ai répondu avec la même énergie : « Impossible ! vraiment vous ne nous comprenez pas, nous

1. Morley, *Vie de Richard Cobden.*

Anglais ! » Je lui ai exposé alors exactement ma situation par rapport à lord Cowley : j'avais été, dès le début, un intrus dans son domaine ; il avait agi avec beaucoup de magnanimité en tolérant mon intrusion ; un homme d'esprit étroit en aurait pris ombrage, et je lui devais beaucoup de reconnaissance pour m'avoir toléré...

J'ai fait remarquer que lord Cowley avait franchement reconnu que je connaissais mieux que lui les questions d'un caractère commercial ou économique, et que, étant donné que je les avais longuement étudiées, il n'y avait aucune humiliation de sa part à m'accorder la préséance dans ma spécialité.

Le 25 juillet Cobden note :

Je suis allé voir lord Cowley et, au cours de la conversation, j'ai exprimé ma désapprobation du projet de lord Palmerston de fortifier les côtes britanniques en dépensant 10 à 12 millions de livres sterling. J'ai également critiqué le ton de son discours et l'allusion faite à la France comme un agresseur probable de l'Angleterre. Le projet et le discours étaient une moquerie et une insulte pour moi, alors que j'étais en train de rédiger un traité de commerce ; j'ai déclaré franchement que, si je ne m'étais pas donné corps et âme à l'affaire que j'avais entreprise ici, je serais rentré en Angleterre et j'aurais fait tout ce qui était en mon pouvoir pour renverser le ministère... Il a reconnu que le discours de Palmerston était peu sage, par cette allusion exclusive au danger qu'il y avait lieu de redouter de la France.

A un moment critique, il y eut un accroc dans l'établissement du tarif. Il y eut certains articles de l'annexe qui obligèrent Cowley à s'arrêter et à demander des instructions à son gouvernement avant de signer. Mais on était en septembre et les fonctionnaires du gouvernement étaient partis ; or les commissaires français étaient prêts à signer : Cobden se leva et proposa qu'en attendant le tarif fût publié dans son ensemble, les modifications devant suivre. Sur ce, l'ambassadeur de Grande-Bretagne, fatigué par le surmenage qui lui était infligé depuis quelques mois, « bondit de son siège, et saisissant son chapeau, déclara, avec une agitation extraordinaire, qu'il allait quitter la salle, décliner toute responsabilité et laisser l'affaire entre mes mains ; que j'avais entrepris d'agir sans son consentement et en opposition avec ses instructions, etc... C'est en vain que M. Rouher exposa qu'il avait agi sur mes assurances personnelles et que ce que j'avais dit ne m'engageait pas comme plénipotentiaire, et encore moins lord

Cowley. Toute la scène s'est terminée par le refus de lord
Cowley de signer l'ensemble du tarif sur les métaux, et
ainsi nous avons apposé nos signatures sur la seule partie
qui entre en vigueur le 1er octobre. »

Ce fut la seule fois qu'un conflit s'éleva entre les deux
hommes. Auparavant, Cobden avait écrit à Bright : « Ne
dites pas un mot de blâme pour lord Cowley. Il a joué un
rôle très difficile et a fait tout son possible pour m'aider. »

Lord Morley commente l'incident en ces termes : « Cowley
souffrait probablement de cet esprit de jalousie et d'aigreur
que le Foreign Office considère comme le meilleur. »

L'ambassadeur écrivait lui-même amicalement à Cobden : « Vous ne bénirez pas le jour où vous avez fait connaissance avec la diplomatie. Mais, puisque vous êtes maintenant entré dans nos mailles, il faut nous prendre comme
nous sommes, en bien comme en mal. »

Après une lutte qui avait duré douze mois, Cobden finit
par avoir son traité le 16 novembre ([1]).

« Quand j'ai commencé l'hiver dernier comme volon-
taire dans le corps diplomatique, écrivait-il à un ami, je
ne m'imaginais pas l'année de travail que je me préparais...
Je n'ai jamais eu entre les mains une tâche aussi rebelle
que celle que je viens de finir. Et je ne crois pas que je
pourrais recommencer. »

Mais maintenant qu'il était à l'œuvre, on ne put empêcher ce diplomate amateur de faire triompher deux ou
trois autres mesures destinées à faciliter les relations
entre les deux pays. Le système des passeports était une
source constante d'inconvénients et d'ennuis. Il discuta
la question avec l'empereur pendant une heure et l'abolition des passeports pour les sujets britanniques fut
ordonnée le 6 décembre.

Cobden apprit que le directeur général des Postes en
France, pour répondre à l'atmosphère favorable créée par
le nouveau traité, se disposait à examiner l'augmentation
du poids des lettres. « J'écris par ce courrier à Rowland

1. Le traité n'eut malheureusement qu'une courte existence; il fut abrogé
en 1872.

Hill de dire qu'il n'a qu'à faire la proposition. Ainsi, dans la même année, nous aurons le tarif, l'abolition des passeports et une facilité postale. »

Il n'est point étonnant que Cobden ne pût s'empêcher de demander : « Pourquoi notre Foreign Office s'accomplit-il pas quelque bonne chose de ce genre? Je n'entends pas jeter le moindre blâme à lord Cowley, mais est-il douteux qu'on pourrait faire beaucoup plus dans cet ordre d'idées si on le voulait réellement. »

Sans aucun doute, la volonté pourrait obtenir beaucoup de résultats momentanés dans le domaine de la diplomatie, mais c'est leur permanence, hélas! qui est douteuse.

A cette époque, Cowley avait de bonnes raisons de paraître « harassé et tourmenté ». La question de Savoie était arrivée à un point critique (¹).

Il y eut un soir un grand concert aux Tuileries auquel assistèrent les chefs des corps diplomatiques étrangers. Nous laissons la parole à Cowley au sujet de l'incident :

Dans ces occasions, les sièges sont assignés aux ambassadeurs suivant leur rang accidentel, et je me suis trouvé placé entre le nonce et l'ambassadeur de Russie. Dans l'intervalle qui sépare les deux parties du concert, l'empereur a coutume de dire quelques mots à chacun des ambassadeurs, mais il est évident que ce que Sa Majesté dit à l'un peut être facilement entendu par les voisins immédiats.

Hier soir, l'empereur, après avoir dit au nonce quelques mots sans importance, s'est adressé à moi sur un ton qui ne lui est pas du tout habituel, en faisant ressortir les sentiments d'hostilité qu'on lui témoignait au Parlement et dans la presse britanniques. Comme je désirais éviter une discussion, je me contentai de faire observer que je regrettais qu'il en fût ainsi, mais que Sa Majesté devait se rendre compte que l'irritation était toute aussi grande de ce côté-ci de la Manche. L'empereur demanda d'un ton cassant s'il y avait lieu de s'en étonner, devant le langage et les imputations dont on usait en Angleterre, tant à son égard qu'à l'égard de la

<hr>

1. La correspondance a été publiée dans un Livre Bleu parlementaire. Cobden note que l'ambassadeur et le secrétaire de l'ambassade « se plaignaient de la pratique qui consiste à imprimer des dépêches rendant compte des conversations avec les ministres étrangers et d'autres personnages, en faisant remarquer que le compte rendu de ce qui se passe au cours d'une causerie peut être excellent pour le secrétaire d'État, mais peut avoir de graves inconvénients quand on le fait connaître au monde entier; et que la publication des comptes rendus de ce genre fait que les ministres d'État ne tiennent pas du tout à avoir des rapports oraux avec les agents diplomatiques ».

nation française. On ne faisait que se défendre contre d'injustes attaques, dit Sa Majesté. C'en était réellement trop, continua-t-il; il avait fait tout ce qui était en son pouvoir pour maintenir la bonne entente avec l'Angleterre, mais la conduite de l'Angleterre rendait la chose impossible. Qu'est-ce que l'Angleterre avait à faire avec la Savoie? Et pourquoi ne devait-elle pas être satisfaite de la déclaration que Sa Majesté m'avait faite, à savoir qu'il n'avait nulle intention d'annexer la Savoie à la France sans avoir auparavant obtenu le consentement des grandes puissances.

— Que Votre Majesté me pardonne de l'interrompre, dis-je, mais c'est là précisément ce que vous n'avez pas dit. Si vous m'aviez permis de transmettre cette assurance au gouvernement de Sa Majesté, je réponds que toutes ces interpellations au Parlement auraient cessé depuis longtemps et que le gouvernement de Sa Majesté et le pays auraient en tout cas attendu la décision qu'auraient pu prendre les grandes puissances. Mais je vous ai dit, continua l'empereur, que je consulterais les grandes puissances.

— Oui, Sire, répliquai-je, mais Votre Majesté n'a pas ajouté que vous respecteriez leur décision.

Non seulement cette conversation avait dû être entendue par l'ambassadeur de Russie, mais les remarques de l'empereur étaient presque autant adressées au collègue de Cowley qu'à lui-même. Se tournant alors directement vers le général Kisseleff, l'empereur continua en ces termes :

— La conduite de l'Angleterre est inexplicable. J'ai fait tout ce qui était en mon pouvoir pour maintenir les meilleures relations avec elle, mais je n'en puis plus. Qu'est-ce que l'Angleterre a à faire avec la Savoie? s'exclama de nouveau Sa Majesté. Quelles eussent été les conséquences si, lorsqu'elle a pris possession de l'île de Périm pour la sécurité de ses territoires orientaux, j'avais élevé les mêmes objections qu'elle élève maintenant contre l'annexion de la Savoie, dont j'ai aussi grand besoin pour la sécurité de la France?

Sa Majesté continua à parler quelques secondes encore sur le même ton et je sentais que ma situation était extrêmement délicate. Me souvenant du langage excessif tenu par Sa Majesté à M. de Hubner le 1er janvier 1859, je ne voulais pas laisser passer ainsi des observations d'une tendance semblable. En même temps, je devais me rappeler que je n'étais pas là dans une circonstance officielle, mais que j'étais l'hôte de l'empereur, et qu'il ne serait pas sage de continuer une discussion en présence de tierces personnes. Toutes ces pensées me traversèrent rapidement l'esprit et je décidai d'attendre le conseil de la nuit avant de faire aucune démarche dans cette affaire. Je ne puis dire ce qu'eût été le résultat de cette réflexion, car les circonstances exigèrent des explications plus immédiates.

A mesure que l'empereur se déplaçait, le cercle dans lequel nous nous tenions n'était pas rigoureusement observé, et au bout de quelques minutes je me trouvai un peu en avant, dans l'espace libre autour duquel le cercle était formé. L'empereur m'aborda de nouveau et il recommença sur le même ton, lorsque je me permis d'interrompre Sa Majesté et de lui dire que je me considérais autorisé à appeler son attention sur le procédé inusité qu'il avait adopté, en se livrant, en présence de l'ambassadeur de Russie, à ses critiques sur la conduite de l'Angleterre.

Ce qui s'est passé dans la suite, lord Cowley l'a raconté dans une lettre personnelle à lord John Russell (7 mars 1860):

> MON CHER JOHN,
>
> Je vous envoie un courrier ce soir pour que vous n'appreniez pas par quelqu'un d'autre la passe d'armes qui a eu lieu entre l'empereur et moi, hier soir. Vous en trouverez le compte rendu dans la dépêche ci-jointe. Plus j'y réfléchis, moins j'estime que je pouvais laisser passer, sans rien dire, l'attitude et le langage de l'empereur. Le ton et le geste étaient réellement offensants, et, si je les avais laissé passer sans y faire attention, ils se seraient reproduits à une autre occasion. Je dois dire que rien ne saurait être plus amical que l'attitude de Sa Majesté après que je lui ai eu parlé. Il s'est répandu en excuses, et l'impératrice m'a dit au cours de la soirée qu'il était « désolé, qu'il s'était laissé entraîner par un mouvement d'humeur », etc... Naturellement j'ai dit que je ne penserais plus du tout à cela. On y a toujours gagné une bonne chose, c'est que l'empereur a déclaré qu'il n'entendait pas agir au mépris de l'opinion des grandes puissances...
>
> Je voudrais n'avoir pas à vous ennuyer avec cette histoire désagréable, mais n'y attachez pas plus d'importance qu'elle n'en mérite. Je la considère comme terminée.

Quand le ministre des Affaires étrangères transmit la dépêche de Cowley à la reine, il fit cette remarque :

> L'étrange scène qui y est racontée rappellera à Votre Majesté certaines scènes déjà fameuses de l'histoire de Napoléon Ier et de Napoléon III.
>
> Lord John Russell demande l'autorisation de Votre Majesté d'écrire en réponse une dépêche secrète, approuvant entièrement la conduite et le langage de lord Cowley (1).

En 1863 Cowley hérita soudain de la propriété que possédait lord Mornington, son cousin, à Draycott, près de Chippenham. Celui-ci n'avait pas d'enfant, mais laissait une sœur. Un jour, cette sœur invita son cousin, par une longue lettre, à venir résider avec elle à Draycott, et le courrier suivant apportait une lettre d'un avoué de Chip-

_____

1. *Lettres de la reine Victoria.*

penham, informant l'ambassadeur que toute la propriété
lui avait été laissée. Dans la suite, après sa retraite, il en
fit sa résidence habituelle.

Après quinze ans passés à l'ambassade, Cowley quitta son
poste en 1867. Le jour même de son départ une nouvelle
arriva qui était de bien mauvais présage pour le souverain
auprès duquel il avait été si longtemps accrédité. Maxi-
milien, l'infortuné archiduc d'Autriche, empereur du
Mexique, et victime des desseins grandioses de Napoléon
en vue de la prépondérance française dans ce tumultueux
pays, avait été adossé à un mur et fusillé.

Après cet événement tragique et la perte, dans la personne de Cowley, d'un Anglais qui l'avait si longtemps aidé
de ses conseils et de son influence apaisante, l'empereur
Napoléon III vit la situation s'aggraver sans cesse pour lui
et son empire.

En ce qui concerne Cowley, il convient de citer le témoignage de lord Malmesbury : « Je n'ai jamais connu un
homme aussi naturellement doué pour sa profession... Il
était lui-même franc et droit, mais il découvrait facilement
l'artifice chez les gens qui cherchaient à le tromper, et
ceux-ci le savaient bien. »

CHAPITRE XIII

SOUS LORD LYONS

Quand j'ai entendu dire pour la première fois que vous alliez abandonner Paris, j'ai senti quelque inquiétude à la pensée que l'ambassade allait tomber en d'autres mains. En vérité, j'aurais été plein d'inquiétude si j'avais su alors en quelles mains elle allait probablement tomber. J'ai reçu le 3 une lettre de lord Stanley m'offrant le poste. J'ai accepté, par déférence pour le conseil que mon père m'a si souvent répété de ne jamais refuser une promotion, mais je confesse que je suis plein de pressentiments et d'inquiétude (¹).

C'est en ces termes modestes et aimables que lord Lyons écrivait à lord Cowley, de Rome où il s'était arrêté à son retour de sa dernière ambassade à Constantinople.

Richard Bickerton Pemell, deuxième baron Lyons, offrait un contraste frappant, par le caractère, l'humeur et les habitudes, avec ses six prédécesseurs à l'ambassade du faubourg Saint-Honoré. Pour lui trouver un pendant, il faut évoquer la race des diplomates sédentaires, corpulents, mais fins d'esprit, d'une époque déjà lointaine. Il avait cinquante ans, était le fils d'un pair qui avait conquis le grade d'amiral, avait lui-même passé une partie de sa jeunesse dans la marine, et, après quelques années de bonnes études à Oxford, était entré dans la carrière diplomatique. Il était célibataire, très timide, et si entièrement consacré à son travail diplomatique, à l'exclusion de tout autre intérêt, qu'on peut dire que ce travail constituait toute sa vie. Et cependant, ce n'était point un

1. Lord Lyons à lord Cowley (8 mai 1867).

grand diplomate dans le genre d'un Talleyrand ou d'un Metternich. Il était absolument dépourvu d'artifice, d'esprit de chicane, et ignorait l'art de la flatterie; il n'avait aucune des élégances de la tribune ou du salon. « Un gros écolier, un peu fruste », disait Mme Waddington, mais un écolier doué d'un cerveau assez puissant pour dominer et éclaircir n'importe quel problème international, et pour le présenter sous une forme qui provoqua l'admiration sans réserve des huit secrétaires successifs aux Affaires étrangères sous lesquels il servit. Il écrivait lui-même à lord Granville :

Je suis depuis plus de trente ans et je reste dévoué à ma profession, et je suis sûr que si je puis être de quelque utilité dans ma génération et me faire à moi-même quelque honneur, ce doit être comme diplomate. J'ai réussi à faire mon chemin dans le cours régulier de ma profession, et j'ai servi sous plusieurs gouvernements, avant d'être pair et après l'avoir été, sans m'occuper de politique intérieure. En fait, j'ai reçu de lord Palmerston ma première nomination dans la carrière; j'ai été nommé attaché payé par lord Aberdeen; j'ai été envoyé à Rome par lord Russell; à Washington par lord Malmesbury; à Constantinople par lord Russell; et finalement à Paris par lord Derby. Mes nominations ont eu lieu suivant les règles normales de l'avancement dans ma profession, et je me suis laissé dire plus tard par lord Clarendon que le fait de n'avoir aucune attache avec un parti quelconque en Grande-Bretagne était considéré comme une recommandation en ma faveur. J'ai toujours pensé moi-même qu'un vrai diplomate ne pouvait que diminuer sa capacité de rendement en prenant part à la politique intérieure, et j'ai toujours agi conformément à cette conviction.

La personne extérieure de Lyons n'évoquait en aucune façon le diplomate conventionnel. Lord Newton, qui servit longtemps sous ses ordres comme attaché à Paris, a dit de lui : « Il avait plutôt le type classique des grands propriétaires britanniques tel qu'il est peint par Leech. Dans son visage un peu bourgeois, on remarquait surtout les yeux, petits et pénétrants, auxquels rien ne paraissait échapper, depuis l'erreur de copie la plus importante jusqu'à un détail infime d'une toilette de femme. »

Il parlait et écrivait avec facilité non seulement le français, mais l'italien et l'allemand, et même le grec moderne; c'était un prodigieux travailleur. Il se levait de bonne heure et commençait sa journée par la lecture attentive de tous les principaux journaux français. Puis venaient la lecture et la rédaction des dépêches et l'expédition des affaires courantes jusqu'au déjeuner, après quoi il se mettait au travail de nouveau jusqu'à près de quatre heures; il allait alors voir le ministre français des Affaires étrangères ou faisait des visites officielles. A son retour à l'ambassade il travaillait jusqu'au dîner, et, quand des télégrammes arrivaient dans la suite, il s'installait à son bureau jusqu'à une heure avancée. Toutes les lettres qui arrivaient faisaient l'objet de son examen personnel.

Lord Lyons poussait la prudence si loin qu'il ne fît jamais un pas en dehors de l'ambassade sans passeport. On lui montra un jour le dossier qu'il avait à la Préfecture de Police et qui témoignait de son excellente réputation. On y lisait cette mention, qu'il se plaisait à citer : « On ne lui connaît pas de vice. » Et, en vérité, beaucoup d'excellents Français avouaient ne pouvoir rien faire d'un homme qui de sa vie « n'avait jamais eu de dettes, n'avait jamais joué, ne s'était jamais querellé et n'avait jamais été amoureux ». Et ce n'était pas tout. Lyons n'avait aucun goût pour les sports; il n'avait certainement jamais joué à un jeu quelconque dans son existence, et il détestait les exercices physiques et les distractions du dehors. Pendant les dernières années de son ambassade aucun membre de son personnel ne le vit jamais aller beaucoup plus loin que l'église anglicane de la rue d'Aguesseau, qui est à moins de cent mètres du nid de Pauline.

« Il n'y a que deux choses qui ne me conviennent pas, disait-il, c'est l'abstinence et l'exercice. » Car, avec toutes ses vertus, c'était un gourmand déclaré; il mangeait copieusement et des plats très substantiels, qu'il arrosait d'eau froide, au grand étonnement de ses invités français et de ses hôtesses parisiennes. Lyons ne prenait pas une goutte d'alcool.

Le personnel de l'ambassade pouvait s'étonner à bon droit qu'il conservât sa santé.

En sa qualité d'ambassadeur de Grande-Bretagne, lord

Lyons croyait fermement à la nécessité d'un cérémonial rigoureux et d'un train de vie imposant. Malgré sa timidité, il ne se déroba jamais à ses devoirs mondains, bien qu'il n'eût point de goût particulier pour les bals et le théâtre. Il donnait surtout des dîners, qui étaient considérés comme les plus parfaits de Paris, y compris les vins. Les écuries de l'ambassade n'eurent jamais de chevaux plus splendides et les voitures de « lord » Lyons furent, même sous l'empire, remarquées pour leur magnificence.

En dehors du personnel régulier de l'ambassade, qui dînait souvent avec son chef et auquel il montrait une bienveillance paternelle, Lyons se reposait largement sur deux hommes qu'il avait amenés avec lui : Edward (plus tard Sir Edward) Malet et George Sheffield, qui fut son secrétaire particulier pendant plus de vingt ans. Dans les milieux politiques et mondains de Paris, tout le monde finit par connaître Sheffield, qui à son tour, connaissait tout le monde.

En sa qualité de « fidèle Achate » de l'ambassadeur, il était le dépositaire de nombreux secrets et était regardé comme un modèle de discrétion. L'une des particularités de Sheffield, nous dit-on, était que, malgré toute sa pratique, il parlait le français très imparfaitement, avec un accent atroce, circonstance qui, d'ailleurs, ne parut jamais lui faire le moindre tort ([1]).

Francis Adams fut dans la suite premier secrétaire et conseiller de l'ambassade, et pendant l'absence de lord Lyons il avait le rang et le titre de ministre plénipotentiaire. « C'était un homme intelligent et un observateur pénétrant », écrit Mme Waddington. Il avait parcouru le monde entier, et sa connaissance des pays étrangers et de leurs usages, ainsi que l'application qu'il savait en faire furent souvent très utiles au ministre français des Affaires

1. Lord Newton, qui servit plusieurs années à l'ambassade de Paris, fait cette très juste remarque que « le fait de posséder ce que l'on appelle un bon accent français est, même en France, un avantage très surestimé. Les Français désirent rarement écouter; ils veulent parler et être écoutés; pour eux, en général, un étranger est un étranger et rien de plus, et, qu'il parle français bien ou mal, ils ne s'en aperçoivent guère et s'en soucient peu. »

étrangères. Adams mourut subitement en Suisse, au grand chagrin de son chef et de ses nombreux amis.

Quand lord Lyons prit possession de son poste à Paris en octobre 1867, de bons observateurs estimaient que, malgré sa splendeur et sa façade imposante, le Second Empire était déjà chancelant. Le prestige de l'empereur avait déjà singulièrement baissé dans toute l'Europe, et le nouvel ambassadeur de Grande-Bretagne fut averti que, s'il voulait réussir, il devait porter ses regards moins sur le chef nominal de l'État que sur son intelligente et ambitieuse épouse, l'impératrice Eugénie, qui prenait de plus en plus la direction des affaires, même de la politique étrangère.

Si la carrière de Napoléon s'était terminée en 1862, dit lord Newton, il aurait probablement laissé un grand nom dans l'histoire et le souvenir de brillants succès; mais après cette date tout parut aller mal pour lui. La Pologne, la guerre du Danemark, la guerre austro-prussienne avaient montré que ses prétentions à contrôler la politique de l'Europe étaient vaines. L'incompréhensible entreprise mexicaine s'était terminée par un désastre et une humiliation, et à ces échecs éclatants dans la politique étrangère s'ajoutait un profond mécontentement à l'intérieur.

Il venait justement de s'attirer de nouvelles difficultés au sujet de ce que l'on a appelé la question romaine : celle-ci s'était posée à la suite de l'irruption de Garibaldi dans les États pontificaux, qui étaient sous la protection de la France. Les troupes françaises avaient chassé Garibaldi de Rome au prix d'un outrage au sentiment national de l'Italie, qui demandait à reprendre possession de sa vieille capitale nationale. Mais si Napoléon rappelait ses troupes, le pape allait être à la merci des nationalistes italiens. Il proposa donc que cette question romaine fût discutée par une conférence des puissances à Paris.

En l'absence de l'empereur, Lyons présenta ses lettres de créance à l'impératrice Eugénie, qui, aux yeux de beaucoup de gens, paraissait alors diriger, ou tout au moins puissamment influencer, la politique étrangère française.

L'ambassadeur écrivait à lord Stanley (11 novembre 1867) :

L'impératrice s'est mise à parler de la question romaine et elle a

vivement insisté sur la nécessité d'une conférence et sur l'importance et l'opportunité qu'il y avait à ce que les puissances non
catholiques y prissent part, tout comme les puissances catholiques.
Elle exprima le vif désir que l'Angleterre ne se tînt pas à l'écart.

Sans me permettre d'anticiper sur votre décision dans la question, je me suis efforcé de faire comprendre à l'impératrice combien
une conférence était pour nous chose difficile et délicate. Sa Majesté
a dit qu'à son avis la vraie base des délibérations serait le maintien
du *statu quo*, en laissant entendre que ce serait là un juste compromis entre la demande du pape tendant à ce que toutes les provinces
qu'il avait perdues lui fussent rendues et les prétentions de l'Italie
à la possession de Rome.

La conversation étant venue sur les mesures qu'il y avait lieu
de prendre immédiatement, je me suis efforcé de faire ressortir
à l'impératrice l'avantage qu'il y avait à retirer les troupes, sans
retard inutile, sinon du territoire romain, tout au moins de la
ville de Rome. Sa Majesté a dit que rien ne s'opposait en principe
à ce qu'on les retirât immédiatement sur Civita Vecchia, et que
certainement l'empereur et elle-même avaient le vif désir de ramener toutes les troupes en France dès qu'on pourrait le faire sans
danger. L'impératrice a parlé en termes pessimistes de l'état de
l'Italie, du peu de progrès vers l'unification et l'assimilation des
différentes parties de la population, des difficultés financières et
autres facteurs défavorables. Mais elle a dit que l'unité de l'Italie
avait été l'œuvre de l'empereur et qu'il serait absurde et préjudiciable de la laisser détruire. Elle estimait que l'expédition française
avait été en réalité aussi utile ou même plus utile au roi Victor-
Emmanuel qu'au pape. Le trône de Sa Majesté était menacé,
pensait-elle, par le parti révolutionnaire tout autant que le pouvoir
temporel du pape.

Dans le grand nombre des questions qui furent abordées, l'impératrice en vint à citer l'exemple du royaume de Grèce. Elle dit
que, à supposer que le royaume dût être créé, on avait commis
une erreur en ne lui donnant pas un territoire suffisant pour lui
permettre d'exister. Mais elle ne paraissait pas être d'avis qu'il
fût opportun de céder la Crète ou toute autre province ottomane
à la Grèce. Elle paraissait se rendre compte de l'extrême péril qu'il
y aurait pour tout l'Empire ottoman à en détacher ainsi une partie
quelconque.

L'impératrice a parlé avec beaucoup d'élégance dans le geste et
l'expression, et, je crois aussi, avec beaucoup d'intelligence.

Pour ma part, je me suis efforcé surtout de faire impression sur
son esprit au sujet du retrait immédiat des troupes au moins sur
Civita Vecchia, et j'incline à croire que j'ai réussi à obtenir que mes
déclarations sur ce point fussent répétées à l'empereur.

J'entends dire un peu partout que la position de l'empereur en
France devient de plus en plus critique. Tout le monde paraît
admettre qu'il ne pouvait faire autrement que d'envoyer l'expédition à Rome, mais le succès qui l'a couronnée ne paraît pas avoir
fait beaucoup d'impression. Tous les partis, sauf les ultra-cléri-

caux, paraissent désirer sortir de l'intervention aussitôt que possible. Autant que je peux m'en rendre compte, la faiblesse de la position de l'empereur réside simplement dans la perte de prestige causée soit par ses insuccès dans de nombreuses occasions récentes, soit, surtout, j'imagine, par l'inconstance des hommes, et des Français en particulier. En réalité il a régné dix-huit ans et ils sont fatigués d'avoir eu si longtemps la même chose. Ils veulent du nouveau.

Dans sa réponse, lord Stanley faisait remarquer que « la conversation franche et intelligente » de l'impératrice fournissait la meilleure raison qu'on lui eût encore donnée de rester complètement à l'écart de l'affaire. Le projet de compromis de Sa Majesté revenait à dire que le pape devait conserver tout ce qu'il avait déjà, et simplement abandonner ses prétentions à ce que, en aucun cas, il ne pouvait espérer récupérer. Plus il considérait le projet de conférence, plus il le jugeait sans espoir. Il n'y avait aucun plan, rien n'avait été réglé ; il n'y avait aucune certitude même d'un désir d'entente parmi les puissances intéressées. On leur demandait de discuter une question sur laquelle elles étaient sûres de différer, et la seule raison donnée pour réunir une conférence était que l'empereur ne tenait pas à porter la responsabilité qu'il avait assumée. Pourquoi nous demanderait-on de la porter pour lui ?

Comme Bismarck en Prusse et Gortchakoff en Russie étaient du même avis au sujet de la conférence projetée, ses chances étaient faibles.

L'un des premiers personnages qui vint voir Lyons à l'ambassade, et dont les visites se firent très fréquentes, était le prince Napoléon qui, malgré son peu de faveur tant auprès de son impérial cousin que dans le pays, fit preuve en maintes occasions d'une remarquable sagacité.

J'ai eu une longue entrevue avec le prince Napoléon cet après-midi. Il ne désire pas que l'Angleterre accepte la conférence. Il estime que le meilleur service que l'Angleterre puisse rendre à l'empereur serait de lui conseiller d'abandonner l'idée d'une conférence et de régler la question avec l'Italie en donnant satisfaction, au moins dans une certaine mesure, aux aspirations italiennes. Il déclare que l'Italie ne sera jamais en paix, et que l'unité de l'Italie ne sera jamais assurée tant qu'elle n'aura pas Rome pour capitale. Il croit que l'appui donné au pape par l'empereur est très impopulaire auprès de la grande majorité des Français et que, si l'on y persiste, il constituera un grave danger pour la dynastie. Il se fait une idée très sombre de l'état d'esprit des Français, et il croit que l'empereur ne pourra maintenir sa position s'il n'abandonne pas le système du gouvernement personnel et s'il n'accorde pas une liberté beaucoup plus large. Il voudrait que l'Angleterre donnât ce conseil à l'empereur. Il m'a dit tout cela spontanément et il est entré dans beaucoup de détails. Il parlait avec une grande animation et remarquablement bien. Ma part dans la conversation a été très faible. Je crois que le conseil que le prince voudrait que nous donnions à l'empereur serait sage en soi, mais qu'il ne produirait pas bon effet, à moins que Sa Majesté ne se sentît dans l'embarras et ne demandât notre opinion. Je suis, quant à moi, peu disposé à lui infliger un conseil hors de saison ([1]).

Il dit à l'ambassadeur qu'à son avis la guerre avec l'Allemagne allait certainement éclater au printemps. Selon lui, après Sadowa, il n'y avait que deux attitudes sages : l'une était de résister immédiatement à l'agrandissement de la Prusse, l'autre d'y applaudir. Mais en n'adoptant ni l'une ni l'autre, on avait semé la méfiance et l'animosité. Le prince dénonça Thiers qui parlait toujours de paix mais ne cessait de crier que la France était lésée et humiliée, et exaspérait ainsi l'esprit public. La seule chance de l'empereur, même après une guerre heureuse, était d'établir des institutions libérales en France et de s'unir à l'Italie contre le pape. Mais il ne pouvait se résigner à faire aucun de ces deux gestes. « Il parle très bien et avec beaucoup d'animation, et ses opinions ont l'air bien meilleures quand il les expose que lorsque je les écris. »

Il n'en est pas moins vrai que les prévisions du prince étaient extraordinairement justes.

Le vrai danger, pour l'Europe, écrivait Lyons, paraît être dans les difficultés de l'empereur Napoléon à l'intérieur. Le mécontentement est profond et la misère est grande parmi les classes ouvrières. La grande mesure de la session, la nouvelle loi sur la conscription, est très impopulaire. Il n'y a pas une lueur à l'intérieur ou au dehors pour détourner l'attention publique, et les Français sont depuis longtemps privés de l'émotion du changement. Je crois que l'Europe, et l'Angleterre en particulier, a presque plus d'intérêt à maintenir l'empereur qu'à toute autre chose ([2]).

1. F. O. Lyons à Stanley (15 novembre 1867).
2. F. O. Lyons à Stanley (16 janvier 1868).

Les lettres de lord Lyons pendant cette première année de ses fonctions révèlent sa conviction, qui était partagée par d'autres observateurs, que le régime napoléonien était en péril. La principale préoccupation de l'empereur était d'arranger les choses de manière à laisser l'empire à son fils, en ne faisant que les concessions inévitables. Mais, au fond de son cœur, il considérait que sa seule chance était une guerre victorieuse.

Le prince Napoléon déclarait qu'il « avait peur des hommes faibles et qu'il regardait l'empereur comme un homme faible. Il avait peur des gens qui entouraient Sa Majesté, les généraux, les chambellans, les dames du palais ».

Dans une lettre écrite le 11 août 1868, Lyons remarque :

J'entends dire que l'empereur est très déprimé. On affirme qu'il est fatigué de tout cela et désappointé par le contraste entre l'éclat du début de son règne et la sombre tristesse de l'heure présente, et qu'il pencherait, si c'était possible, à se retirer dans la vie privée... S'il se sent réellement incapable de gouverner avec énergie, la dynastie et le pays sont en grand danger. La chose la plus sage qu'il pût faire serait probablement de laisser s'établir un véritable gouvernement parlementaire, de manière à donner à l'opposition l'espoir d'arriver au pouvoir par des moyens moins violents qu'une révolution.

Lyons trouvait en Napoléon un homme expansif, prêt à divulguer ses projets, à expliquer ses principes ou à raconter des histoires de son passé avec la même volubilité. Tout d'abord, bien qu'accoutumé au sans-façon des Américains, l'ambassadeur fut un peu surpris de voir un jour, au milieu des nombreux invités d'une salle de bal, l'empereur lui prendre le bras et se mettre à exposer comment on pouvait amener à composition un pape récalcitrant. Il était beaucoup plus agréable de passer une soirée dans le cabinet particulier de l'empereur aux Tuileries et d'écouter les détails saisissants d'un complot que venait de lui découvrir le tsar Alexandre de Russie et qui visait à l'assassinat simultané de tous les souverains et de toutes les familles royales de l'Europe.

L'empereur Napoléon m'a dit qu'on affirmait que le premier et le principal attentat devait être exécuté en Angleterre, qu'on devait faire sauter les palais et les édifices publics, s'emparer de la reine et de la famille royale, les mettre à bord d'un vapeur sur la Tamise « et s'en débarrasser ». L'empereur Napoléon a dit encore que les détails supposés du projet de renverser le gouvernement de l'Angleterre étaient, naturellement, absurdes; mais il a paru vouloir nous conseiller d'être vigilants et a laissé entendre qu'il serait heureux de coopérer avec nous. Il a ajouté que Mazzini, qui le laissait tranquille depuis quelque temps, avait de nouveau repris son idée de l'assassiner et s'employait activement à dresser des plans à cet effet. Mais il a ajouté que Mazzini était très malade et il n'a exprimé aucun désir de le voir guérir.

Mais la conversation prit bientôt un ton plus léger. « L'empereur, rapporte l'ambassadeur, m'a parlé longtemps et m'a raconté d'intéressantes anecdotes, dont quelques-unes très amusantes, sur la conduite de différents personnages à son égard, dans le passé. »

En juillet 1868, la reine Victoria, qui traversait Paris pour se rendre en Suisse, s'arrêta à l'ambassade. Il avait été convenu que l'impératrice, alors à Fontainebleau, viendrait au Palais de l'Élysée et verrait la reine; il en fut ainsi fait, et la visite au nid de Pauline réussit parfaitement.

Si Pauline avait pu regarder à travers un cristal magique et contempler cet auguste spectacle de deux souveraines, l'une l'épouse de son neveu et l'autre la nièce du prince qui avait renversé son frère, échangeant des signes et des sourires à propos de son petit lit sculpté, dans sa chambre à coucher dorée, quel n'eût pas été son étonnement! Un autre souvenir royal était venu s'ajouter à toutes les autres images qu'évoquait cette maison. Mais cette visite eut une suite, et une suite qui faillit, à un moment, être assez grave. Suivant la règle habituelle de l'étiquette, cette visite devait être rendue. Victoria devait monter dans une de ces voitures particulières auxquelles on a donné son nom, qui l'attendait, elle et sa suite, dans la cour de l'ambassade, et aller voir son impériale sœur. Eugénie y comptait et elle attendit pendant des heures à l'Élysée. Mais la reine ne vint pas, et le lendemain les journaux annonçaient le départ de Sa Majesté.

Comment cet incident fâcheux s'était-il produit? En réalité, l'explication était très simple : le secrétaire de la reine, le maître des cérémonies, les écuyers, les dames d'honneur, l'ambassadeur lui-même, en fait tous ceux qui étaient chargés de prendre ces dispositions, n'y avaient pas pensé le moins du monde ! Cela parut incroyable, mais des défaillances de ce genre se produisent même dans les milieux les plus cérémonieux. Mais la presse parisienne s'empara immédiatement de l'incident et c'est par des manchettes comme « Une autre insulte à la France », « Un affront à l'impératrice » que lord Lyons apprit tout d'abord qu'une très regrettable négligence avait été commise et qu'il fallait la réparer d'une façon ou d'une autre. Seuls les Orléanistes étaient dans la joie : ils prétendaient en effet que tout ce qui s'était passé n'était qu'une nouvelle preuve que les vieilles maisons royales ne jugeaient pas nécessaire de traiter l'empereur et l'impératrice avec la considération qu'elles eussent témoignée à des chefs de l'ancienne dynastie.

On donna immédiatement une explication d'après laquelle l'impératrice elle-même avait spécialement prié la reine de ne pas prendre la peine de lui rendre sa visite. Mais, bien que l'impératrice acceptât l'explication et les excuses de la reine, l'incident laissa de l'amertume et l'empereur en fut très ennuyé, surtout à cause des attaques de la presse. L'ancien ambassadeur, lord Cowley, qui se trouvait à Paris, fit une visite à Fontainebleau et signala que, malgré ce qu'avaient dit l'impératrice et son entourage, « la souveraine était profondément affectée par l'incident de cette visite ». Cependant, lord Lyons faisait connaître, le 11 août, que « le public paraissait généralement accepter la version d'après laquelle c'était à la demande de l'impératrice que Sa Majesté, malade et fatiguée, s'était abstenue de rendre la visite ».

En octobre, la reine devait revenir. Mais, étant donné les circonstances, il allait être impossible à l'empereur de lui présenter ses hommages, comme il en avait eu le vif désir.

On ne sait pas si l'empereur et l'impératrice seront à Biarritz ou à Saint-Cloud au moment du retour de Sa Majesté. S'ils sont à Biarritz, il ne saurait être question d'une visite quelconque, et cela pourrait fournir l'occasion d'une lettre qui, peut-être, aplanirait les difficultés au point de vue de l'étiquette. Si l'empereur et l'impératrice sont à Saint-Cloud, il faut se dire que c'est la même chose que s'ils étaient à Paris (¹).

On trouva dans la suite une solution, en ce sens que l'empereur et l'impératrice s'arrangèrent pour aller à Biarritz vers l'époque où la reine devait passer par Paris. Mais cette solution était assez transparente et ne trompa personne, bien que la lettre cordiale de Victoria à Eugénie aidât à aplanir les choses.

Mais il fallait quelque chose de plus pour rétablir les bonnes relations d'auparavant, et ce quelque chose fut un peu plus tard la visite du prince et de la princesse de Galles, qui fut un véritable triomphe.

Quelques mois plus tard, l'impératrice Eugénie, à la grande surprise de lord Lyons, songea à un grand voyage à travers les dominions britanniques en Orient. Elle comptait assister à l'inauguration du canal de Suez et elle pensait combiner cela avec une visite aux Indes.

L'impératrice m'a parlé longuement hier soir et avec beaucoup d'animation, pour ne pas dire d'enthousiasme, de son projet d'aller aux Indes, écrit l'ambassadeur. Elle se donne deux mois d'absence, pendant lesquels elle se propose d'aller à Ceylan et dans la plupart des principales villes de l'Inde, excepté Calcutta. Elle m'a renouvelé ses remerciements pour la reine et pour vous, en ajoutant que, comme la reine n'avait jamais été elle-même aux Indes, elle ne pouvait, en sa qualité de souveraine étrangère, songer à recevoir les honneurs royaux, et, en outre, qu'elle tenait particulièrement, dans son propre intérêt, à observer l'incognito et à pouvoir circuler et voir toutes choses de la manière la plus rapide et la plus discrète. Je lui ai dit qu'elle n'avait qu'à me faire connaître exactement ses désirs et que tous les efforts seraient faits pour les exécuter. Elle demanda avec une insistance particulière que l'on ne parlât pas de son idée d'aller aux Indes, de peur qu'elle ne fût discutée et critiquée dans les journaux. Je ne puis supposer qu'elle aille jamais véritablement aux Indes, mais pour le moment elle est toute à son projet. La Valette arrêtera cela s'il peut, dans son intérêt, car il a grand besoin de son appui au Palais.

Lord Lyons avait raison. Le ministre des Affaires étrangères représenta à l'impératrice que, si elle allait à Suez,

1. F. O. Lyons à Clarendon.

elle devait aller aussi à Constantinople ; cela était « de trop »,
et le projet fut abandonné.

Au printemps suivant, un journal anglais annonça qu'à
une réception donnée par la princesse Mathilde, l'ambassadeur avait été insulté par l'empereur. On avait récité un
poème, « caractérisé par les plus violentes injures contre
les Anglais », et « l'empereur s'était dirigé vers la dame
qui avait dit les vers et l'avait ostensiblement félicitée ».

Le seul fondement à l'histoire que vous mentionnez, expliquait
lord Lyons (9 mai 1869), est le fait que j'ai été à une réception chez
la princesse Mathilde, pendant laquelle on a joué une pièce et récité
quelques vers. Mais la salle était si petite que seuls l'empereur et
l'impératrice et quelques-unes des plus grandes dames y avaient
des sièges. Les autres invités s'étaient dispersés dans d'autres
pièces. Pour ma part, j'en étais séparé par une salle et il m'était
absolument impossible de voir et d'entendre la représentation et
la récitation. Parmi les vers qui furent ainsi déclamés, il y avait, je
crois, une vieille ode de Victor Hugo, chantant les louanges du
premier empereur. Je ne l'ai jamais lue, mais je crois pouvoir dire
qu'elle n'est pas chargée de compliments pour l'Angleterre. J'entends dire que l'empereur en a été ému jusqu'aux larmes, mais
l'affaire ne m'a certainement pas mis dans une situation fâcheuse
et ne m'a donné aucune espèce d'émotion, car je ne pouvais ni voir
ni entendre, et je ne savais pas que cette ode eût été déclamée [1] !

D'autres personnes, cependant, qui étaient présentes,
qualifient l'incident de « très déconcertant », et affirment
que l'ambassadeur, averti à temps, chercha immédiatement la solitude de la salle adjacente.

Les ambassadeurs discrets doivent toujours fermer les
yeux et les oreilles aux choses fâcheuses de ce genre —
surtout à Paris !

1. F. O. Lyons à Clarendon.

CHAPITRE XIV

LA GUERRE ET LE SIÈGE DE PARIS

Au commencement de la fatale année 1870, l'empereur paraissait à Lyons plein de confiance dans sa situation politique. Un nouveau ministère vint au pouvoir et en mai il y eut sur les changements apportés à la Constitution un plébiscite dont le résultat fut très favorable au gouvernement. Ce succès impérial inspira au sycophante qu'était l'ambassadeur d'Autriche à Paris l'idée d'une note collective de félicitations à Napoléon. Le gouvernement britannique jeta immédiatement de l'eau froide sur ce projet, quand Lyons lui en fit part.

Je crois, écrivait dans la suite Lyons à Clarendon, que nous nous sommes tirés de ce mauvais pas des félicitations collectives. L'idée était de Metternich et le nonce n'y adhéra, dans une certaine mesure, que par peur de blesser par un refus. Autant que je sache, le nonce a très bien agi, et il ne nous a pas mis en avant, mais il a simplement dit à Metternich qu'il trouvait le corps diplomatique généralement froid à ce sujet, et que par suite il jugeait préférable de ne pas insister. Metternich paraît avoir acquiescé. Je ne l'ai pas vu ; il était sorti quand je suis allé le voir, ce qui a été, je crois, une chance ; et nous ne nous sommes pas rencontrés (¹).

Mais il devait y avoir, quelques jours plus tard, un bal aux Tuileries. Lyons écrivait à ce propos :

J'aurai probablement l'occasion de dire quelque chose d'agréable à César. J'aurai soin de rester dans les limites approuvées par Gladstone. Nous pouvons en tout cas nous réjouir de l'établisse-

1. F. O. Lyons à Clarendon (19 mai 1870).

ment d'un gouvernement parlementaire en France et espérer,
jusqu'à preuve du contraire, qu'on n'aura pas recours aux moyens
prévus pour le renverser. Le présent plébiscite était incontestablement nécessaire à la légalité de la nouvelle constitution, et comme
tel il a été demandé avec insistance par Daru et d'autres libéraux.
Espérons que ce sera le dernier.

L'ambassadeur de Grande-Bretagne apprit qu'il devait
y avoir un soir des illuminations générales en l'honneur de
l'empereur.

Je ne dois pas laisser l'ambassade dans l'obscurité, si tout le
monde illumine, mais je considère cette idée comme stupide, car
elle peut donner naissance à des émeutes dans la rue.

Les craintes de Lyons ne se réalisèrent pas. Au mois
de juillet suivant, la France et la Prusse, armées jusqu'aux
dents, se regardaient face à face. Le 10, Lyons signalait
qu'il ne pouvait répondre que la situation durât quarante-huit heures.

Les Français sont de plus en plus excités. Ils se croient, cette fois,
en avance sur la Prusse au point de vue de la préparation; ils
estiment qu'ils ont une cause de guerre exceptionnellement favorable, parce que moins susceptible de soulever tous les Allemands;
qu'en fait il leur faudra tôt ou tard régler leur compte avec la
Prusse, et qu'il vaut mieux ne pas rejeter cette chance.

Après l'ouverture des hostilités, il écrivait tristement :

Ce sera un miracle si nous sommes aussi bons amis avec la France
six mois après le début de cette malheureuse guerre que nous le
sommes maintenant; et il faudra un tact et une prudence extrêmes
et les plus grands égards pour les susceptibilités françaises pour
empêcher que soit réduite à néant l'amélioration qu'ont apportée
les vingt dernières années dans les sentiments réciproques des deux
nations.

On réussit à peu près à cacher au public les premiers
revers des Français, et la défaite de Mac-Mahon fut connue
à l'ambassade douze heures avant la nouvelle officielle.
Mais, dès que la vérité transpira, Paris devint fou et vit
les Allemands tout de suite à ses portes.

Si la panique est aussi grande dans l'armée que dans la capitale,
commente Lyons, c'en est fait de la France. On croirait que les
Prussiens sont déjà à Montmartre. Ils auront, sans doute, à livrer
une grande bataille avant de pouvoir arriver ici et les Français
peuvent la gagner. J'ai été assiégé par les représentants des petites

puissances, qui tous, excepté celui de la Belgique, sont dans la consternation, et par les Rothschild et d'autres banquiers dans le désespoir. Ils espèrent que l'Angleterre interviendra pour arrêter l'armée prussienne sur la route de Paris; ce n'est pas une tâche facile, si la route est ouverte.

Tout ce que l'ambassadeur put apprendre au ministère des Affaires étrangères fut que l'empereur concentrait des forces entre Metz et Châlons et qu'on s'attendait à une grande bataille. Entre temps, le ministre de Prusse à Londres se plaignait d'actes de barbarie des Français. Un parlementaire ayant essuyé des coups de feu et des ambulances de campagne ayant été bombardées, on suggéra que Lyons devait faire des représentations au gouvernement français.

J'espère, répliqua-t-il, inquiet, que cela ne veut pas dire que vous ayez l'intention d'adopter comme britanniques toutes les plaintes prussiennes et de m'en faire l'interprète auprès du gouvernement français. N'oubliez pas, je vous prie, que c'est la légation des États-Unis et non cette ambassade qui représente les intérêts prussiens en France, et que, si vous m'imposez ce travail surérogatoire de présenter des communications désagréables de la Prusse, vous m'exposerez à des rebuffades bien méritées et vous diminuerez ma situation au point que je ne pourrai pas faire grand'chose en cas de réelle nécessité. Les incidents particuliers que vous mentionnez ne doivent pas faire l'objet de représentations diplomatiques; ils doivent être discutés à l'aide de parlementaires entre les deux généraux (¹).

A la fin d'août, l'ambassadeur apprit que le prince héritier s'avançait sur Paris. L'impératrice, les membres du gouvernement et les Chambres annoncèrent leur résolution de rester dans la ville. L'impératrice craignait de ne jamais revenir, si elle partait.

« J'ai vu l'impératrice hier pour la première fois depuis la guerre, écrivait lord Lyons le 1er septembre. Elle était calme, naturelle, se rendait compte, je crois, de la véritable situation, mais se montrait courageuse sans fanfaronnade ni affectation. » Néanmoins, elle fut vite obligée de s'enfuir. L'ambassadeur notait une grande dépression à Paris. « Les gens paraissent croire qu'une défense obstinée de la ville

____

1. F. O. Lyons à Hammond (23 août 1870).

n'aboutirait qu'à sa destruction et laisserait la France plus à la merci de la Prusse que jamais. Ils craignent fort, également, que, pendant que les bons citoyens seront sur les remparts, les rouges ne pillent la ville. »

A la demande du gouvernement provisoire, l'ambassadeur se chargea de sonder Bismarck sur les conditions. Il choisit Edward Malet pour cette mission au camp prussien, et dans ses *Mémoires*, le futur ambassadeur raconte la joie qu'il ressentit, après une mission émouvante au camp prussien, à revenir à l'ambassade sous une escorte militaire.

J'ai vu les armes de ma garde formées en faisceaux dans la cour. Mon escorte de francs-tireurs était arrivée la première et attendait pour nous recevoir. C'est probablement la première fois que des soldats aient jamais pénétré dans l'ambassade britannique. C'était le 16 septembre, à cinq heures, et en regardant autour de moi et en voyant les murs tranquilles que je connaissais depuis si longtemps, il m'était difficile de croire que huit heures auparavant je me trouvais au milieu des armées allemandes. Le gazon du jardin était aussi vert que jamais, les fleurs aussi brillantes, l'eau de la fontaine coulait avec la même tranquillité; et je me disais: « Est-ce que tout cela est un cauchemar ou bien est-ce que vraiment j'ai vu aujourd'hui des villes abandonnées, des ponts détruits, des ruines en flammes, tous les désastres et toute la désolation de la guerre? » J'ai trouvé lord Lyons dans le jardin et je lui ai fait mon rapport en me promenant avec lui sur la pelouse.

Le lendemain à midi, on vint chercher Malet à la chancellerie et celui-ci trouva l'ambassadeur et M. Jules Favre dans le salon jaune.

On me pria de m'asseoir et lord Lyons me dit : « Répétez à M. Jules Favre les paroles exactes que le comte Bismarck vous a dites en se séparant de vous ». Ce que je fis. Favre écouta attentivement, mais ne dit rien. Lord Lyons me fit un signe aimable de partir et je me retirai; mais le message que j'avais ainsi apporté détermina M. Jules Favre à aller voir le comte Bismarck.

Le résultat fut la célèbre entrevue de Ferrières, où la paix aurait pu être conclue à des conditions relativement douces. (¹).

Lyons dut à son tour décider s'il resterait à Paris. Il y a eu en Angleterre, à ce moment-là et dans la suite, un cer-

____

1. Sir E. MALET, *Scènes diverses.*

tain nombre de gens qui estimaient que l'ambassadeur aurait dû rester à son poste, mais étant donné que l'impératrice (alors régente) et son ministre des Affaires étrangères étaient partis, on ne voit pas bien qu'il pût faire autre chose que de les suivre. L'ambassadeur et son personnel partirent pour Tours par le dernier train de voyageurs qui quitta Paris avant son investissement par les Allemands. Ce train emportait les membres du gouvernement et du corps diplomatique, et, à l'arrivée, on éprouva de grandes difficultés à trouver le moindre logement, tant la ville était comble. Finalement, on loua un château dans le voisinage. Un jour, peu de temps après leur arrivée, Lyons et quelques membres de l'ambassade faisaient une excursion au château d'Amboise; on les prit tous les quatre pour des espions et on les arrêta. On a gardé le secret sur cet incident pendant près de trente ans, car sa divulgation à l'époque aurait pu avoir de fâcheuses conséquences. Malet déclara, dans la suite, qu'il était obsédé par des visions de gamins des rues criant à travers Londres ces terribles manchettes des journaux du soir : « Outrage international! », « L'ambassadeur de Grande-Bretagne arrêté comme espion! », « Il est emmené sous escorte à travers la ville comme un traître! », « Réunion du Cabinet! », « Crise imminente! »

Ils furent remis en liberté dans la suite par les soins du maire, mais lord Lyons donna à son personnel cette injonction : « N'oubliez pas que pas un mot de tout cela ne doit franchir vos lèvres. Vous ne devez jamais en parler. Considérez cela comme un ordre. »

J'ai été très embarrassé d'être obligé de quitter Paris, signalait Lyons (9 septembre 1870). L'intérêt est toujours là-bas ; il n'y avait aucun danger à rester, et, naturellement, les diplomates auraient pu obtenir des Prussiens l'autorisation de traverser les lignes. Mais dès que Jules Favre lui-même m'eut conseillé de partir, je n'eus plus rien à dire à mes collègues des grandes puissances, auxquels j'avais résisté quelque temps, non sans difficulté. En tout cas, je ne pouvais rester s'ils partaient, sans exposer mon attitude à toutes espèces de fausses interprétations et sans me présenter au public et aux puissances étrangères comme le partisan et le conseiller spécial du gouvernement français actuel. Les représentants des petites puissances, ou tout au moins la plupart d'entre eux, veulent pouvoir rentrer chez eux en quittant Paris, car ils sont très effrayés par les difficultés de trouver un logement ici et les dépenses en perspective. Et ils peuvent l'être : pendant huit heures, hier, j'ai erré au hasard ou je suis resté assis sur une malle dans la porte cochère de l'hôtel, et finalement, pour ne pas passer la nuit à la belle étoile, j'ai dû aller dans une maison en dehors de la ville.

De Tours, on alla à Bordeaux.

Lord Lyons, remarque Sir E. Malet, détestait d'être bousculé, et si jamais quelqu'un a été bousculé c'est nous, à cette occasion. Nous avons dû faire tous nos bagages en quelques heures ; et quand, à la fin, tout fut prêt, il dit plaisamment : « C'est mon dernier déménagement. Si les Allemands viennent à Bordeaux, je monterai à bord d'un navire et je rentrerai en Angleterre. »

Puis, ce fut le siège de Paris, et pendant six mois l'ambassade n'eut d'autre occupant que le portier.

Quand le siège commença, il y avait dans la capitale un aventureux parlementaire, ancien diplomate et propriétaire d'un journal, qui décida de rester, en prenant la place de Mrs Crawford, correspondant des *Daily News*. Son nom était Henry Labouchère. Il écrivit à Mrs Crawford :

Cette fantaisie m'est venue parce que Sheffield de l'ambassade de Grande-Bretagne m'a dit que vous aviez envoyé vos enfants en Angleterre... Je pourrai toujours avoir autant de mouton frais que j'en voudrai par le portier de l'ambassade, qui a des ordres à cet effet. Il y a un troupeau de brebis et de moutons là-bas... La seule personne qui habite l'ambassade est le portier. Nous aurons tous les deux plus de mouton que nous n'en pourrons manger, même si le siège dure longtemps. Le portier sait cultiver des pommes de terre et des champignons dans une cave vide, de sorte que nous aurons tous les deux non seulement de la viande, mais des friandises, pour varier. Je me suis arrangé pour avoir des chambres au *Grand Hôtel ;* ainsi, vous voyez, je serai comme un coq en pâte.

C'est dans ces conditions que le correspondant céda son poste. Mais les rêves roses de Labouchère ne se réalisèrent pas. Peut-être cet aimable arrangement fut-il renversé par les ordres de l'ambassadeur. En tout cas, nous constatons qu'au lieu de se régaler de mouton rôti, de pommes de terre et de champignons, l'entreprenant parlementaire radical vécut (suivant son propre récit) de rats et de souris et de choses moins délicates encore, et qu'il eut bientôt des apparences squelettiques.

Après six mois de résidence à Tours et à Bordeaux, lord Lyons et son personnel rentrèrent le 14 mars, et se félicitèrent de trouver l'ambassade intacte. Mais, quatre jours plus tard, il y eut combat et effusion de sang, et la Commune fut proclamée à l'Hôtel de Ville. Les insurgés étaient complètement maîtres de la rive droite de la Seine, et le lendemain un émissaire du ministère des Affaires étrangères se présenta à l'ambassade pour annoncer que le gouvernement avait été forcé de se retirer à Versailles, et que, n'étant plus en mesure de protéger le corps diplomatique à Paris, il espérait que les représentants des puissances étrangères le suivraient immédiatement.

Lyons attendit trois jours, puis il partit, emmenant avec lui Wodehouse et Sheffield, et laissant Malet, le colonel Claremont, Lascelles et Saumarez à l'ambassade.

A Versailles, il trouva une ignorance complète de la situation réelle; Jules Favre ne savait rien et le gouvernement ou bien n'avait aucun plan ou bien n'était pas disposé à dévoiler celui qu'il pouvait avoir.

Paris fut alors soumis à un bombardement qui fit infiniment plus de mal que celui des Allemands. L'ambassade souffrit comme le reste, mais au début le personnel qui y avait été laissé n'eut pas à se plaindre, et les relations de Malet avec les fonctionnaires de la Commune furent tout à fait amicales. Ce fut particulièrement le cas avec Paschal Grousset, le délégué aux Affaires étrangères (que ses adversaires qualifiaient également d' « étranger aux Affaires »), dont le travail officiel était grandement facilité par un frère qui remplissait auprès de lui les fonctions de secrétaire particulier : « un très amusant petit bonhomme », note Malet, « disposé à mettre la signature de son frère partout ».

Dans la suite, Paschal Grousset eut lieu de se féliciter de la peine qu'il avait prise pour assurer la sécurité des étrangers à Paris et des dispositions amicales qu'il leur avait témoignées. Quand les troupes de Versailles s'emparèrent de la ville, il fut capturé et, selon toutes probabilités, il aurait été fusillé avec d'autres chefs communards, si lord Lyons n'était intervenu en sa faveur (1).

Les derniers jours de la Commune, tels que les virent les hôtes de l'ambassade, ne furent pas sans quelques moments émouvants. Tout d'abord, le 16 mai, on abattit la colonne de la place Vendôme.

L'événement fut annoncé, dit Malet, pour deux heures, mais le vieux monument donna plus de peine qu'on ne s'y attendait et il défia ses destructeurs jusqu'à six heures du soir; finalement, il tomba, faisant trembler toute la place quand il atteignit le sol, et il resta là, brisé en trois morceaux.

Le lendemain, la cartoucherie de l'École Militaire sauta.

Vu de l'ambassade, le spectacle était étrange : une colonne verticale de fumée s'élança soudain à environ deux cents pieds dans le ciel, puis il y eut une détonation assourdissante, qui se répercuta dans l'air, puis une colonne de fumée se répandit dans tous les sens au point que la ville fut plongée dans les ténèbres, et des détonations incessantes de cartouches succédèrent au premier grand éclatement. Dans cette explosion, six cents personnes ont perdu la vie.

Un soir, lord Lyons revint à Paris, et écrivit au Foreign Office :

L'état de Paris est à fendre le cœur. La nuit que j'y ai passée est bien faite pour donner une idée des régions infernales. Des incendies dans toutes les directions, l'air chargé de fumée et d'odeurs désagréables, le grondement incessant du canon et de la mousqueterie, et toutes espèces de sons étranges. Pendant quarante-huit heures avant mon arrivée, les membres de l'ambassade et tous les habitants de la maison ont été en danger imminent : l'incendie faisait rage dans une rue toute proche, des boulets tombaient sur le toit et pouvaient mettre le feu à la maison à tout moment, et les coups de fusil se succédaient si rapidement des deux côtés, qu'en cas d'in-

---

1. Il fut déporté, mais dans la suite il revint à Paris en vertu d'une amnistie, et quelques années plus tard il provoqua un incident comique dans la maison d'une dame qui avait eu auparavant des relations avec l'ambassade de Grande-Bretagne. Cette dame, entendant un terrible vacarme dans son antichambre, sortit pour voir ce qui se passait, et elle trouva Paschal Grousset en violente altercation avec son maître d'hôtel. On apprit que celui-ci, qui était un ancien gendarme, avait été chargé de la garde de Paschal Grousset quand ce dernier fut arrêté par le gouvernement de Versailles, et qu'il éprouvait maintenant une grande indignation à voir son ancien prisonnier apparaître comme un visiteur ordinaire...
Malet : *Scènes diverses.*

cendie il eût été bien difficile de s'échapper. C'est une grande satisfaction pour moi que tout le monde dans la maison se soit bien
comporté. J'étais absolument sûr de tous les membres de l'ambassade; et tous les domestiques hommes paraissent avoir montré
courage et diligence en se précipitant aux endroits où les boulets
tombaient pour éteindre le feu en cas de besoin. Malet a un cerveau de premier ordre et il a tout dirigé avec son flegme et son
sang-froid habituels.

On dit qu'un morceau de boulet est tombé dans le jardin, hier
matin, il n'a certainement fait aucun mal, et il n'y a eu aucun signe
de danger tant que j'y ai été. Je ne puis cependant me sentir pleinement rassuré tant que les insurgés tiennent les Buttes-Chau-
mont. J'espère qu'ils sont sur le point d'être chassés au moment où
j'écris. On ne pouvait guère obtenir de renseignements sur ce qui
se passait dans la ville. Le moindre inconvénient auquel on s'exposait en sortant de chez soi était d'être arrêté pour former une
chaîne et faire passer les seaux. Les sentinelles nous arrêtaient
dans toutes les directions; les arrestations étaient fréquentes et
les exécutions sommaires étaient à l'ordre du jour. J'espère que
ce sera terminé ce soir. Si triste que tout cela soit, j'ai éprouvé une
véritable satisfaction à me retrouver dans cette vieille maison, et
j'ai hâte d'y revenir définitivement. J'y rentrerai aussitôt que je le
pourrai sans risquer d'interrompre mes communications avec vous.

Puis, ce furent les jours de l'Assemblée Nationale, la
négociation d'un traité de paix, l'établissement d'une troisième république sous Thiers et ses commencements difficiles. La France concentra toutes ses énergies pour payer
l'indemnité et se débarrasser de l'armée allemande d'occupation aussi vite que possible. Entre temps, il y avait
beaucoup de dur travail pour l'ambassadeur de Grande-
Bretagne, et pour le personnel il n'y avait plus qu'un
Paris triste et désenchanté. Quel contraste formaient ces
premières années de la Troisième République avec la
splendeur et la gaieté de l'Empire!

Mais au début de 1875, au milieu des complots orléanistes et des intrigues bonapartistes, Paris reprit courage.
Le lord-maire de Londres vint assister à l'inauguration
du nouvel Opéra. La superbe ville n'était plus méprisée
par les grands de la terre. Tout Paris se leva pour saluer
ce magnifique personnage.

Quand « Sa Grandeur » alla à l'Opéra, on lui réserva l'ancienne loge impériale; le public se leva à son entrée et l'orchestre joua l'hymne national britannique. Il dîna deux fois

avec le président de la République; le préfet de la Seine donna un banquet en son honneur, comme l'avaient fait les autorités de Boulogne; et, finalement, le Tribunal de Commerce frappa une médaille en commémoration de sa visite.

Le lord-maire, écrivait le peu impressionnable lord Lyons, est en train d'étonner les Parisiens avec son épée, sa masse, ses trompettes et ses carrosses d'apparat. Mais, jusqu'à présent, je crois que l'on est enclin ici à se montrer enchanté de tout cela; moi je garde mon sérieux et je fais ce que j'ai à faire avec la gravité qu'il convient.

Un peu plus tard cependant, il est obligé d'ajouter :

Je crains que tout le bruit que l'on a fait ici à son sujet n'ait tourné la tête au lord-maire, car il paraît avoir fait un discours insensé à son retour en Angleterre. Chose curieuse, les Parisiens ont été jusqu'à la fin amusés et enchantés par toutes ses pompes et ses hochets, bien que les étroites limites qui séparent le sublime et le ridicule aient toujours été sur le point d'être franchies. Je me suis abstenu d'aller aux banquets qui lui ont été offerts ou qu'il a offerts lui-même, sauf à un dîner privé à l'Élysée; mais je l'ai eu à dîner ici et je crois qu'il est parti très content de l'ambassade, ce qui vaut toujours mieux; s'il en est ainsi, j'ai recueilli la récompense du contrôle diplomatique que j'ai exercé sur mes muscles du rire.

Étant donné que tous ces honneurs étaient rendus non pas à l'individu mais au premier magistrat de la plus grande et de la plus opulente cité du monde entier et qu'ils n'étaient pas plus considérables que ceux qu'on aurait rendus à un président fils de ses œuvres ou au chef décadent de quelque peuple arriéré, slave ou asiatique, à peine plus nombreux, cette attitude de condescendance chez un homme de solide bon sens comme lord Lyons provoque une réflexion en passant. Dans un pays comme la France où un ancien cordonnier peut être le chef de l'État et recevoir les plus fiers souverains sur un pied d'égalité, le spectacle d'un marchand anglais riche et honoré, d'ailleurs chevalier, reçu aussi cérémonieusement que s'il était un aristocratique émissaire du Foreign Office, n'est pas complètement et n'est même plus du tout absurde.

Mais, bientôt, vint un visiteur de sang royal : un personnage dont la popularité se maintint, d'ailleurs, auprès des

Parisiens jusqu'à la fin de sa vie, à part une ou deux éclipses regrettables.

En mai 1878, Lyons pouvait écrire :

L'Angleterre est très populaire ici en ce moment et la visite du prince de Galles en a été une cause essentielle; mais les Français n'ont aucune intention de se battre avec ou pour nous. Ils nous appuient dans notre affirmation du caractère sacré des traités et ils désirent certainement que le *statu quo* soit maintenu dans la Méditerranée jusqu'à ce que la France soit un peu plus forte.

Et cependant, trois mois plus tard, il déclarait :

Il est inutile de se dissimuler qu'il y a, en ce moment, en France une irritation profonde et générale contre l'Angleterre. Il est trop tôt pour prévoir dans quel sens l'opinion publique se tournera dans la suite, mais à l'heure actuelle, nous ne devons pas oublier de tenir compte de cette irritation dans nos relations avec ce pays.

Le sentiment général devint si peu satisfaisant que l'ambassadeur se vit obligé d'écrire à M. Knollys, secrétaire du prince de Galles, pour demander instamment que le prince, qui faisait fonction de président de la Section britannique de l'Exposition internationale, ajournât une visite projetée à Paris, et il joignait des articles de journaux d'un ton abominable dirigés contre son Altesse Royale.

L'irritation causée par la Convention anglo-turque n'était pas spéciale à un parti; elle existait dans toutes les classes, depuis la haute société jusque dans le peuple. Les conservateurs et leur presse s'en servaient comme d'un moyen d'attaquer la République. Ceux-ci se plaignaient de l'effacement de la France et affirmaient qu'elle avait été dupée par son ancienne alliée; alors que l'opposition républicaine, conduite par Gambetta, accusait le ministre des Affaires étrangères, M. Waddington, de s'être honteusement incliné devant l'Angleterre.

Mais la politique, même l'anglophobie, ne put faire échouer l'Exposition. Naturellement celle-ci imposa au personnel de l'ambassade une quantité d'obligations mondaines supplémentaires. L'une des plus brillantes réunions de l'année fut un bal à l'ambassade auquel assistèrent le prince et la princesse de Galles et où « les différents groupes

hostiles du monde politique français se rencontrèrent,
exceptionnellement, dans une harmonie temporaire ».

Le succès général obtenu par l'Exposition et la part prépondérante prise par les Anglais, inspirèrent à la reine Victoria le désir de se rendre elle-même à Paris avec la princesse Béatrice et une petite suite.

Elle tenait tellement à garder le secret, que la seule personne en
Angleterre qui eut connaissance de son intention fut lord Beaconsfield, et lord Lyons fut prié de n'en rien dire à personne mais de lui
faire savoir confidentiellement si elle pouvait visiter l'Exposition
sans risquer d'être insultée par la populace, si la chaleur ne devait
pas être accablante, et s'il y avait un danger quelconque à redouter
de la part des socialistes, le terme de socialistes comprenant évidemment, dans le vocabulaire royal, les anarchistes, les terroristes
et les révolutionnaires en général. Incidemment, elle exprimait
aussi le désir d'avoir l'opinion de l'ambassadeur sur le Traité de
Berlin (1).

Il était peu probable que dans sa réponse à la lettre de
sa souveraine, lord Lyons se permît d'émettre une opinion
sur la politique de son chef officiel.

Lord Lyons a toujours été d'avis que le représentant de Votre
Majesté au Congrès devait être un ministre du cabinet et il s'est
profondément réjoui d'apprendre que lord Beaconsfield et lord
Salisbury avaient été nommés. Il n'a pas de renseignements détail-
lés ou authentiques sur les débats du Congrès; mais autant qu'il
peut en juger actuellement, il a le plus grand espoir que les résultats en seront satisfaisants pour Votre Majesté.

D'autres lettres suivirent, mais après de longues hési-
tations, la reine finit par renoncer à son intention, en disant
qu'elle avait entendu dire qu'il faisait une chaleur intense
à Paris !

L'année suivante, cependant, la reine fit un voyage dans
le midi et passa quelques nuits à l'ambassade. A l'occasion
de cette visite, Sa Majesté manda M. Waddington, qui ne
l'avait jamais revue depuis ses années d'étudiant à Cambridge... Elle commença la conversation en français (on
l'avait très cérémonieusement annoncé comme M. le ministre des Affaires étrangères), puis, avec un sourire, elle
dit : « Je crois que je peux parler anglais avec un étudiant

1. NEWTON, *Lord Lyons.*

de Cambridge! » La reine amena Waddington à parler de lui-même, et s'étonna qu'il eût décidé de passer sa vie et de faire sa carrière en France au lieu d'accepter une offre magnifique que lui avait faite son cousin Waddington, alors doyen de Durham. La reine avoua à lord Lyons qu'elle avait peine à s'imaginer qu'elle parlait à un ministre français : tout en lui était si absolument anglais — la silhouette, le teint et le langage.

Quand l'entrevue fut terminée, Waddington trouva l'Écossais John Brown, le fidèle compagnon de la reine, qui l'attendait à la porte pour saluer dans le ministre français des Affaires étrangères un demi-Écossais (la mère de Waddington étant une Chisholm). Ils se serrèrent la main, et Brown, avec une aimable assurance, invita cordialement l'homme d'État à faire une visite à l'Écosse.

Les relations entre les deux pays ne s'améliorèrent pas, en dépit de tous les efforts sincères de Lyons. Peut-être n'était-il pas précisément l'ambassadeur qu'il fallait pour la troisième République. Il était choqué par la violence des partis, la brutalité de leurs manières et leur manque de forme.

Gambetta, écrivait-il le 3 juin 1881, a stupéfié les gens en nommant un brillant journaliste, sans principes particuliers, au poste de directeur politique aux Affaires étrangères. Le directeur politique est presque le personnage le plus important du ministère, car c'est lui qui rédige toutes les dépêches et les notes politiques. J'espère que les communications aux ambassadeurs étrangers ne seront pas dans le style « piquant » de certains articles de journaux. J'avoue que, lorsque j'ai vu la nomination au *Journal Officiel*, il ne m'est pas venu à l'esprit que le personnage pouvait être le même Weiss qui écrivait dans *le Figaro*.

M. Weiss était en réalité un homme fort intelligent, et, bien que journaliste, comprenait parfaitement les affaires étrangères.

D'une manière générale, je suis très fâché de l'animosité croissante entre la France et l'Angleterre. Non point que je croie que la France ait vraiment l'intention de partir en guerre contre nous, mais les deux nations entrent en contact dans tous les pays du monde. Dans toutes les régions du globe des questions surgissent qui, dans l'état actuel des sentiments, provoquent une méfiance et une irritation réciproques. Qui peut dire que, dans l'état actuel des choses, certains événements locaux ne produiront pas un grave différend, que certains actes violents de fonctionnaires à la tête chaude n'occasionneront pas un conflit véritable.

Puis, en août 1885, il y eut une prodigieuse explosion d'anglophobie à Paris. L'incorrigible Henri Rochefort, dans son journal, accusait carrément d'assassinat les autorités militaires britanniques du Soudan. Un certain Olivier Pain, ancien communard et journaliste français qui avait accompagné les Turcs dans la campagne de 1877, était employé à l'occasion par le gouvernement turc comme agent secret. Au printemps de 1884, il était parti pour rejoindre le Mahdi, et comme il disparut pendant quelques mois, Rochefort annonça hardiment que lord Wolseley avait causé sa mort en offrant une récompense de cinquante livres pour sa tête. Le véritable assassin était un certain commandant Kitchener (¹) : « un sinistre gredin, nourri de psaumes et abreuvé de whisky qui a eu le premier l'idée de mettre à prix la tête de celui qu'il appelait l' « espion français ». Wolseley et le « sinistre gredin » étant hors d'atteinte, Rochefort insistait pour qu'on se vengeât sur « l'ambassadeur Lyons ». « A partir d'aujourd'hui, il est notre otage! sa vieille peau est le gage de la satisfaction qui nous est due .»

Il se trouva que juste à ce moment-là, l'ambassadeur était en congé et par conséquent loin de Paris. Mais le jeune Legh et certains autres étaient là.

On suggéra donc que les quelques secrétaires (dont j'étais) qui se trouvaient alors à Paris fussent immédiatement pendus aux réverbères de la rue du Faubourg-Saint-Honoré. Ce qu'il y eut d'étonnant, c'est que tout ce délire fut plus ou moins pris au sérieux et que pendant quelque temps les autorités françaises jugèrent nécessaires de faire protéger l'ambassade par de nombreux détachements de police (²).

L'année suivante, un nouveau personnage entra au Foreign Office comme chef officiel de Lyons.

Mon expérience de six mois, écrivait lord Rosebery à l'ambassadeur à Paris (10 août 1886), m'avait amené à cette conviction que

1. Plus tard lord Kitchener.
2. NEWTON, *Lord Lyons*.

ce sont nos relations avec la France qui nous causent réellement le plus d'ennuis. Elle nous demande toujours quelque chose, qu'il nous est impossible de lui donner, et ensuite, elle se plaint : « Vous ne faites jamais rien pour moi ». Elle oublie totalement qu'elle ne perd jamais l'occasion de nous jouer un tour. Témoin l'expédition secrète aux Nouvelles-Hébrides. Rien n'aurait pu m'amener à continuer une négociation quelconque avec Waddington avant que les Français eussent retiré leurs troupes de ces îles. Toutes les fois qu'il me demandait une réponse sur n'importe quelle question, j'amenais toujours la conversation sur ce point intéressant.

Étant donné cette conviction, il m'a été particulièrement agréable de vous savoir à Paris.

L'été de 1886 marque le commencement de la fameuse affaire Boulanger. Ce personnage était alors ministre de la Guerre.

On le croyait orléaniste, écrivait lord Lyons à lord Rosebery; puis il s'est tourné vers Clemenceau et il a été mis dans le cabinet Freycinet comme représentant du parti Clemenceau, lequel, sans être le plus rouge de la Chambre, est plus rouge que le groupe Freycinet... Et peu à peu il a également mis ses créatures dans les grands commandements militaires.

Bref, on prétendait que Boulanger visait à jouer le rôle d'un Cromwell ou d'un Monk, et qu'il projetait de renverser la République; mais personne ne savait encore s'il favorisait les orléanistes ou les bonapartistes.

Quand M. Rouvier forma le ministère en mai 1887, il refusa de prendre le général Boulanger comme collègue. Au lieu du pouvoir on lui donna le commandement d'un corps d'armée à Clermont-Ferrand. Un « mouvement boulangiste » se déclancha. Il devint un héros populaire et on comptait sur lui pour venger la France de ses désastres de 1870. Les bonapartistes étaient de son côté et même le comte de Paris encourageait ses partisans à l'appuyer, à la terreur des royalistes qui ne pouvaient pardonner à Boulanger la façon dont il avait traité le duc d'Aumale. Étant ministre de la Guerre, il avait rayé le nom de celui-ci de l'*Annuaire de l'Armée*; cela faisait partie de sa campagne républicaine contre les princes orléanistes et bonapartistes. Après divers actes d'insubordination et après être venu deux fois à Paris sans permission, Boulanger fut relevé de son commandement.

Ses aventures ultérieures et sa fin tragique appartiennent à la période de lord Lytton.

Le boulangisme et l'anglophobie étaient à leur point culminant, lorsque lord Salisbury écrivait à lord Lyons (5 février 1887) :

Les Français sont incompréhensibles. On aurait pu croire que dans les circonstances actuelles la France n'avait pas besoin de se faire des ennemis, et qu'elle avait pour le moment assez d'ennemis naturels. Mais elle paraît vouloir pousser à bout la patiente bête de somme qui vit dans ce pays, par toutes les insultes et les tracasseries que son ingéniosité peut imaginer: A Terre-Neuve, la France a donné des ordres qui, s'ils sont fidèlement exécutés, ne peuvent manquer d'amener un conflit entre les flottes française et anglaise. Aux Nouvelles-Hébrides, en dépit des promesses répétées, elle ne veut pas bouger. En Égypte, elle entrave des réformes philanthropiques par pure « malignité ». Au Maroc elle est en train de s'approprier le territoire morceau par morceau, et elle menace d'atteindre Tanger à une date qui n'est pas éloignée. Et maintenant, au moment précis où nous entrons dans des négociations pacifiques, le gouvernement français a envoyé l'ordre de faire précisément ce que, il y a un mois, Waddington avait promis de ne pas faire : à savoir de hisser le drapeau français à Dongola. Il est très difficile de s'empêcher de souhaiter une autre guerre franco-allemande pour mettre fin à ces incessantes vexations.

Lyons devait prendre sa retraite en avril 1887; mais lord Salisbury lui demanda instamment de rester jusqu'à la fin de l'année.

La perte que la carrière diplomatique subira par votre départ sera profonde, et, pour le moment, bien difficile à réparer. Votre présence à Paris donnait à l'esprit public un sentiment de sécurité qui était le résultat d'une longue expérience de vos capacités, et que personne autre n'est en mesure d'inspirer.

Le surmenage, tant intellectuel que physique, avait fini par produire ses effets sur la santé de Lyons. En dehors de la farce chauvine du général Boulanger, qui rendait imminent le danger de guerre avec l'Allemagne, les relations de la France avec l'Angleterre n'étaient pas particulièrement agréables dans cet été de 1887.

« Pouvez-vous vous étonner, écrivait encore Salisbury (20 juillet), qu'il y ait pour moi un bon côté même au grand nuage noir d'une guerre franco-allemande? »

Peu de temps après, l'ambassadeur partit en congé pour

l'Angleterre. Il ne revint jamais. Il est probable que le
Foreign Office eut connaissance de la gravité de son état
de santé, car vers la fin d'octobre l'ambassadeur apprit que
son successeur avait été nommé à Paris, et par suite il n'eut
pas à tenir la promesse qu'il avait faite à son chef officiel
de Downing Street.

Lord Lyons se retira officiellement le 1ᵉʳ novembre et
fut fait comte. Le 28 du même mois, il fut frappé de paralysie et traîna une semaine, sans reprendre connaissance.
Il y a quelque chose d'émouvant dans la dernière lettre
qu'il écrivit : elle montre bien que, même à l'ombre de la
mort, il avait conservé cette prévoyance et cette exactitude
méticuleuse qui avaient caractérisé toute son existence
officielle. C'était une note amicale adressée à Sir Edwin
Egerton, chargé d'Affaires à Paris, pour lui rappeler de
payer la police d'assurance de l'ambassade.

CHAPITRE XV

LORD LYTTON

A la fin de l'été les portes de l'ambassade s'étaient fermées pour la dernière fois sur un homme qui, pendant près de vingt ans, s'était occupé journellement des affaires de son souverain et de son pays. Vers le milieu de l'hiver de cette année 1887, elles s'ouvrirent pour recevoir un autre ambassadeur britannique, qui offrait avec son prédécesseur un singulier contraste.

On a dit de Robert, comte de Lytton, que sa carrière rappelait celle d'un gentilhomme de l'époque d'Élisabeth, « menant alternativement la vie d'étudiant, de diplomate, de magistrat, de courtisan et d'homme de lettres. S'il avait été soldat également, le parallèle aurait été parfait. » « Peu de gens, ajoutait son ami, le docteur Garnett, ont touché la vie sur autant de points, ont joui d'une aussi grande variété d'expériences intéressantes ou ont exercé une pareille fascination sur leurs intimes, parents, amis ou collègues officiels. »

Né en 1831, fils du fameux auteur et homme d'État et neveu de Henry Bulwer (lord Dalling), il était entré dans la carrière diplomatique à dix-huit ans. Nous l'avons déjà vu attaché à Paris. Il avait servi à Madrid, Vienne, Athènes et Lisbonne, et avait été vice-roi des Indes. Dès sa prime jeunesse, il avait écrit des vers d'un caractère inusité, ardents, romantiques, et son roman en vers, *Lucile*, avait fait de lui l'un des poètes les plus populaires du moment;

mais sa prose, bien que peu connue du grand public, était également attrayante et habile.

« Lytton, écrivait un de ses amis de Paris, avait plutôt l'air d'un étranger que d'un Anglais. Mais sa manière de s'habiller n'était pas française : elle était originale et bien à lui, comme tout dans sa personne... Et il était Anglais jusqu'à la moelle : rien ne pouvait dépasser l'affection qu'il portait à son pays (1). »

Dans ses études sur la politique internationale, Lytton n'avait jamais sympathisé avec les idées et les tendances générales de la démocratie française. Mais Paris l'avait fortement attiré dès sa jeunesse et il comptait parmi les Français de nombreux amis, notamment des artistes, des écrivains et des penseurs.

Lytton était marié à une femme charmante et remarquablement douée, et, dès son arrivée, quelques jours après Noël 1887, il sut jouir de la vie de Paris comme aucun ambassadeur ne l'avait fait depuis Stuart de Rothesay, ou peut-être Granville pendant sa première période, mais d'une manière toute différente de ceux-ci. Et pourtant, il fut un peu désenchanté par sa première impression.

Nous avons trouvé à Paris un froid rigoureux, avec du verglas... Le trajet de la gare à l'ambassade nous a paru la partie la plus longue et certainement la plus dangereuse de notre voyage. Nous n'avons cessé d'être l'objet d'un tel intérêt pour les piétons que je me demandais si nous et nos chevaux atteindrions le faubourg Saint-Honoré sans jambe cassée. Cependant, nous avons fini par arriver à l'ambassade, sains et saufs, et nous y avons trouvé, tout prêt, un excellent dîner... Le cuisinier m'a tout l'air d'un véritable trésor.

Le nouvel ambassadeur et sa femme étaient peut-être sains et saufs, mais il en était alors tout autrement de leur future résidence, l'ambassade.

L'architecte du gouvernement a découvert de la pourriture sèche dans l'un des parquets, et en conséquence il a pris possession de quelques-unes des meilleures chambres à coucher dont on enlève les plafonds pour les remplacer. La maison est entourée d'échafaudages et pleine d'ouvriers, de caisses d'emballage, d'échelles, de pots de peinture, de poussière et de courants d'air. Les pièces qui

____

1. *The Times*, 28 novembre 1891.

m'étaient destinées, et les salles où j'aurais pu travailler ou recevoir
dans une certaine intimité, étaient entre les mains des ouvriers.

Lytton dut se soumettre à la cérémonie d'usage et fut
reçu par le président Carnot.

Ma réception a été extraordinairement cordiale et moins d'une
demi-heure après, Carnot m'a envoyé douze couples de faisans,
trophées de sa fameuse chasse qui, d'après les journaux français,
lui a donné une popularité imprévue. C'est un homme très représentatif, jeune encore, j'aurais dit trente-trois ans environ, s'il ne
m'avait confié qu'il s'était marié en 1866 et qu'il avait un grand
fils; moustache et favoris noirs, silhouette droite et correcte, manières très agréables, une figure intelligente bien que sans grande
énergie. Dans l'ensemble, il a plutôt l'air d'un jeune premier, un
peu grave, d'un théâtre français de premier ordre.
  Flourens a l'air plus âgé, bien que j'ignore s'il l'est réellement.
Je lui donnerais environ cinquante ans, cheveux grisonnants,
clairsemés, figure éveillée et intelligente, air calme et réfléchi,
quelque chose d'académique dans les traits.

M. Flourens, ministre des Affaires étrangères lors de
l'arrivée de lord Lytton à Paris, eut pour successeur au
printemps de 1888 M. Goblet, et celui-ci fut, peu de temps
après, remplacé par M. Spuller. Lytton eut avec ces différents personnages aussi bien qu'avec le président Carnot
des relations cordiales et amicales.

  Au sujet de la situation européenne, il écrivait à son
arrivée :

Flourens en parle avec plus de confiance et évidemment il croit
en la paix. Mais je n'ai pas encore commencé à parler de politique
ici. Demain je commence une série de visites à mes collègues ambassadeurs, et dans l'après-midi j'emmènerai Edith chez Mme Carnot. Quand pourrai-je ouvrir, pour des réceptions officielles, les
portes de cette « maison en désordre », le Ciel est seul à le savoir !

On croirait lire une des lettres qu'écrivait lady Granville
soixante ans auparavant.

  Son arrivée fut saluée avec joie par tous ses anciens amis
de Paris et fut bientôt une source de plaisir pour un grand
nombre de nouveaux. La société anglaise ne l'avait jamais
beaucoup attiré. Il n'aimait pas « cette absence de tout
caractère d'impromptu », et il détestait les engagements
qu'il fallait inscrire des semaines ou des mois auparavant.
Il préférait l'aisance et la spontanéité plus grandes de la

vie mondaine française, et quant à Paris, il le trouvait si beau qu' « il se sentait honteux, écrivait-il, de ne pas apprécier à sa valeur le privilège d'être largement payé pour vivre ici dans une maison somptueuse, avec tout ce qui est nécessaire au confort extérieur et aux joies de l'existence ».

Mais l'amour de l'art et la culture des lettres ne le détournaient nullement de l'exercice de ses fonctions. Il avait une facilité et une puissance de travail extraordinaires et une rapide compréhension de toutes les questions.

L'homme réfléchi et cultivé et le diplomate attentif et laborieux, écrivait un ami au moment de sa mort, se combinaient chez lui avec l'homme élégant, mondain, l'artiste et l'homme de lettres; et ceux qui, le soir, l'avaient vu dans un salon, aimable, empressé, donnant le signal des applaudissements, attirant et retenant toujours les gens autour de lui par son urbanité et sa grâce, étaient tout étonnés de le retrouver le lendemain, dans son cabinet, diplomate plein de finesse et de perspicacité, discutant avec calme les questions internationales les plus délicates et les plus complexes (¹).

Dans ses *Souvenirs* sur son père, sa fille nous dit que l'ambassade devint le rendez-vous de toutes les classes de la société. Les garden-parties prirent une réelle importance et sur ce terrain neutre les républicains les plus avancés coudoyaient, sans aucune friction et sans le moindre embarras, le monde aristocratique du faubourg.

Il écrivait lui-même à Mrs Earle (23 janvier 1888) :

Ma vie, jusqu'à présent, est une course après le temps, du matin au soir, et il est rare que je puisse avoir dix minutes pour moi. Le travail officiel quotidien, sans être très lourd en ce moment, ne cesse guère et m'oblige à parler et à écrire beaucoup. Les petits intervalles de solitude que je puis attraper de temps à autre se passent à retrouver la correspondance antérieure sur les questions courantes et à faire des recherches dans des cartons remplis de documents fastidieux. Il faut en même temps que je prenne régulièrement connaissance des journaux quotidiens, français et anglais. Et puis les obligations mondaines ne cessent jamais : il faut recevoir et rendre des visites, accorder des entrevues diverses, et répondre à des douzaines de notes quotidiennes en français, émanant de toutes sortes de personnes sur toutes sortes de choses. Je suis non seulement obligé de voir un grand nombre de personnes,

_____
1. *The Times*, 28 novembre 1891.

mais aussi de découvrir tout ce qui concerne chacune d'elles et d'essayer d'établir certaines relations avec elles, sans offenser une foule d'autres personnes. Ajoutez à cela les difficultés qu'il peut y avoir à faire marcher une énorme installation nouvelle dans un pays étranger, avec des ouvriers encore dans la maison, et tous les domestiques de mauvaise humeur et démoralisés, et vous pourrez vous imaginer la peine que j'ai à faire ma correspondance particulière, et la sensation d'épuisement avec laquelle je m'y mets. Ma santé n'est pas bonne en ce moment et je me sens très déprimé et fatigué, et tous ces dîners interminables, pendant lesquels je suis obligé de faire honneur aux différents plats, n'améliorent pas l'état de mon estomac. Mes pièces sont sur le côté nord de la maison et je n'y vois jamais le soleil; mais à vrai dire, il n'y a point, pour le moment, de soleil que l'on puisse voir. Carew et Lee (¹) sont pleins de dévouement et de prévenance et je suis plus que content de l'un et de l'autre. Tout le personnel de l'ambassade est gentil. Edith a beaucoup de succès dans le monde et fait ce qu'elle a à faire dans la perfection... Tout le monde est très aimable pour nous et notre première réception paraît avoir très bien marché.

Il écrivait à lady Salisbury (14 février 1888) :

Les Français de tous les partis et de toutes les classes continuent à être extraordinairement courtois à notre égard, et je suis un peu inquiet de l'excès de leurs civilités. L'autre soir, je suis allé avec H. R. H. voir la nouvelle pièce, *Décoré*, aux Variétés. Elle est délicieuse : c'est une farce assez libre, mais traitée avec une telle finesse qu'elle atteint presque la qualité de la haute comédie. Son auteur, M. Meilhac, est candidat à l'Académie... J'ai fait la connaissance d'un grand nombre de poètes et écrivains français, Émile Augier, Coppée, Sully-Prudhomme, Halévy, Meilhac, Paul Bourget et autres. Ils m'ont tous envoyé leurs œuvres et je n'ai pas un moment pour les lire. Une jeune femme de lettres, présentée par le nonce, ne cesse de m'écrire qu'elle a du génie, qu'elle est jeune, belle et a besoin de conseils et que tout le bonheur de sa vie future ne peut être assuré que si je lui accorde une entrevue particulière, que je m'obstine à lui refuser (²).

Lady Lytton ayant dû faire une courte visite en Angleterre, il donna un petit dîner de garçon qui fut

un immense succès et qui a fait sensation dans le monde ici. Les convives étaient Flourens, Baron Alphonse de Rothschild, Ferdinand de Lesseps, Stuers (ministre des Pays-Bas), Sardou, Coppée, le général Meredith Read (membre américain des « Spartiates »), et mes deux secrétaires. Le nouveau cuisinier qui s'était piqué d'honneur s'est surpassé. La conversation, très brillante, fut menée

---

1. Carew était secrétaire particulier de l'ambassadeur, mais il mourut cette année-là. M. (plus tard, sir Henry Austin) Lee lui succéda dans ces fonctions.
2. Cette jeune femme était, je crois, la célèbre Marie Bashkirtseff.

par Sardou, qui est bien le causeur le plus séduisant que j'aie jamais rencontré. Elle a été bien soutenue par Coppée. Pour ma part, je me suis contenté de jeter un mot de temps à autre pour la remettre en train, et Lesseps a fourni les textes. Nous avons discuté sur les anciens Égyptiens, les Phéniciens, Hérodote, Strabon, les navigateurs portugais, etc..., et sur tous ces sujets Sardou a versé des flots d'érudition. Mais le courant de sa parole était si étincelant, si riche en épigrammes, en exemples pittoresques et en commentaires suggestifs que cela ne ressemblait à rien de ce que j'avais entendu auparavant. X... a contribué sans le vouloir à la bonne humeur de la soirée, de la façon suivante (ce fut sa seule contribution) : La conversation vint, à un moment donné, sur l'Atlantide et sur toutes les légendes et les traditions qui s'y rapportaient, lorsque mon cher X..., se tourna solennellement vers Coppée et dit : « J'ai entendu parler du livre, mais je ne l'ai pas encore lu. Est-il amusant? » Coppée répondit solennellement : « L'idée originale n'était pas mauvaise, mais elle a été tellement délayée ». Tout le monde était en train, Flourens partit enchanté, et, depuis lors, il m'a toujours montré un visage radieux; et tous les autres convives ont raconté partout que la seule personne à Paris qui sache donner un dîner parfaitement agréable est l'ambassadeur de Grande-Bretagne. Mais je ne recommencerai pas. Ce fut une chance heureuse, et un seul jupon aurait tout gâté.

Lord et lady Lytton allaient partout et dans tous les milieux parisiens, mais ils avaient chacun leur milieu spécial et cela n'était pas toujours compris ou apprécié. Tôt ou tard, cela devait causer des difficultés. Une fois, lady Lytton organisa une soirée théâtrale à laquelle elle invita environ trois cents personnes de ses relations du faubourg. Aucun de ceux qui avaient des relations avec le régime politique existant ne fut invité.

Un peu plus tard, lord Lytton donna une garden-party à laquelle se rendirent ses amis des différents mondes, officiel, politique, littéraire et artistique, mais il y eut des abstentions; un conseil de cabinet se réunit, discuta gravement la réception de lady Lytton et décida de ne pas aller à celle de son mari.

On rappelait ainsi, comme il faudrait le faire encore, que la France est une république démocratique, que le rang aristocratique et mondain des ambassadeurs et de leurs femmes en Angleterre ne produit aucun effet sur la société démocratique d'où sortent, de nos jours, les hommes d'État

1. M. Flourens.

français, et que Leurs Excellences doivent savoir faire ce
que les Américains appellent pittoresquement « des mé-
langes ».

Notre ministre des Affaires étrangères ici (1), écrit-il vers cette
époque, que je regretterais beaucoup de perdre, a été, je le crains,
considérablement diminué aux yeux de l'opinion publique par
certains discours, que je crois qu'il n'a jamais faits (sa femme prétend qu'ils ont été faits pour lui par les journaux), au cours de sa
récente campagne électorale dans les Hautes-Alpes. Il y a une très
forte coalition parlementaire qui est déterminée à invalider son
élection, et il est extrêmement probable qu'il perdra son siège. On
parle de Floquet comme du prochain président du Conseil. Mais un
pur cabinet Floquet ne pourrait pas durer un mois, et je crois qu'il
aura de grandes difficultés à former un ministère mixte. C'est un
homme plein d'assurance et un président de Chambre énergique,
avec une femme belle et intelligente, qui paraît remontée pour
jouer son rôle mondain avec une parfaite précision mécanique...
Je ne connais pas encore aussi bien que je le voudrais les principaux hommes politiques d'ici. Mais les occasions de les rencontrer,
en dehors des circonstances officielles, ne se présentent pas souvent... L'ensemble de la société française me paraît être descendu
à un niveau inférieur et avoir baissé d'un ton depuis mon dernier
séjour...

Dans une autre de ses lettres, il dit :

J'ai mené ici la vie d'un ermite, mais, si j'écrivais de Paris, je crois
que je n'aurais pas plus de nouvelles à vous donner... Rien ne
paraît plus intéresser les gens dans cette ville que l'affaire Boulanger, qui n'est pas particulièrement édifiante.
Cet homme me paraît un remarquable dindon et un simple instrument entre les mains de spéculateurs politiques de troisième
ordre, que ses anciens amis républicains commencent à soupçonner
d'avoir toujours été des agents bonapartistes. Il y a trois semaines,
il a causé un véritable émoi à l'Élysée. Maintenant, tout le monde
le considère comme coulé. Je m'attends cependant à le voir réap-
paraître. Même un chien crevé dans une mare remonte à la surface,
et la démocratie française est une mare dans laquelle beaucoup de
vilaines choses ne peuvent manquer de remonter à la surface,
toutes les fois qu'elle est agitée. Pour le moment, cependant, l'agitation Boulanger paraît tomber faute d'argent. Elle a ajouté un
nouveau mot à la langue française, et quel mot ! le « boulangisme ».
S'il n'y a qu'un pas du sublime au ridicule, ce pas est du moins
considérable ; et entre le « césarisme » et le « boulangisme » il y a eu
certainement une vaste descente de toutes choses dans ce pays
depuis le formidablement grand jusqu'au misérablement petit. En
vérité, combien significatif est le contraste que vous signalez entre

1. M. Flourens.

« ce tableau et l'autre », quand on porte ses regards de Paris sur
Berlin ! Quand on pense à toutes les têtes qui ont été coupées, et à
tout le sang qui a coulé dans le ruisseau, pour produire une république dont l'histoire compte comme ses deux événements les plus
caractéristiques « l'affaire Wilson » (1) et « l'incident Boulanger » !

Entre temps Floquet exerce une forte pression sur le président
pour empêcher qu'un châtiment trop sévère ne soit infligé à Boulanger, en qui il prévoit sans doute un allié utile aux prochaines
élections, s'il doit être à ce moment-là à la tête du ministère !

Dans une autre lettre à lady Salisbury, il dit :

Je suis profondément touché de la bonté avec laquelle vous me
demandez des nouvelles de ma santé. Mes fonctions officielles à
Paris ont été jusqu'à présent très légères, et quant à mes obligations mondaines, qui diminuent maintenant, après avoir été un
peu encombrantes au début, je suis sûr qu'elles vous auraient paru
insignifiantes à vous, qui en avez d'incessantes.

Il écrit à lord Salisbury, ministre des Affaires étrangères
(30 mars 1888) :

Les Orléanistes ont donné à leurs partisans l'ordre de voter pour
Boulanger dans le Nord, le 15. Le général, semblable à un écuyer de
cirque, monte simultanément plusieurs chevaux. Ses partisans
racontent dans les villes qu'il est le seul homme capable de reconquérir l'Alsace et la Lorraine, alors qu'on assure aux populations
rurales, qui sont pacifiques, que les Allemands le craignent tellement qu'en le portant au pouvoir, elles empêcheront la France
d'être attaquée et détourneront ainsi le danger de guerre. L'attaché militaire allemand croit que jusqu'à présent les paroles et les
gestes belliqueux de Boulanger n'ont eu d'autre objet précis que de
favoriser de bonnes opérations à la baisse chez les spéculateurs
financiers qui ont placé de l'argent sur son nom... Flourens me dit
qu'il y a un an, l'attaché militaire de France à Saint-Pétersbourg,
à la veille de rejoindre son poste, lui apporta une lettre cachetée
que le général Boulanger, alors ministre de la Guerre l'avait chargé
de remettre à l'empereur de Russie, et lui demanda s'il devait
exécuter les instructions du général. A la réunion du cabinet qui
eut lieu le lendemain, Boulanger, à qui Flourens reprochait cette
irrégularité, déclara que toute cette histoire devait avoir été inven-
tée par l'attaché, et nia catégoriquement l'existence de cette lettre,
que Flourens avait toujours dans sa poche !

En avril, un nouveau cabinet français fut constitué, avec
M. Floquet comme président du Conseil. A M. Flourens
succéda M. Goblet comme ministre des Affaires étrangères.

J'ai vu, l'autre jour, la chose la plus intéressante que j'aie encore

---

1. Daniel Wilson, gendre du président Grévy, accusé de trafic de décora-
tions.

vue dans la Chambre française. Il s'agit de Félix Pyat, le vieil anarchiste, qui siégeait au sommet de la « montagne », avec une longue barbe blanche, et évoquait tout ce qu'il y a de plus vénérable. Mais, au cours du débat, il descendit de son perchoir, monta à la tribune et, commençant par « Citoyens », il prononça avec beaucoup de sérieux et de véhémence un discours qui fut accueilli par des rires convulsifs. La France, dans sa marche révolutionnaire, use ses politiciens aussi vite qu'une armée, dans une marche forcée, use ses chaussures, et ce vieillard lugubre est déjà un anachronisme.

Quel peuple curieux que les Français! s'écrie Lytton dans une lettre à sa fille (25 avril 1888). Ils me rappellent de plus en plus les « graeculi » de la période romaine. Une des réclames en faveur de Boulanger, qui a été récemment promenée tout le long des boulevards, représentait Boulanger cloué sur une énorme croix, avec Flourens et Tirard en soldats romains lui perçant les flancs de leur lance ; au-dessous la France en « Mater dolorosa » pleurait, et, au-dessus, on lisait : « Il se relèvera »!

Flourens, qui a déjeuné ici hier, m'a dit qu'il avait vu l'année dernière à Neuilly un tableau représentant les horreurs de l'enfer : des pécheurs poursuivis par des démons avec des fourches rougies au feu, ou rôtis lentement sur des broches. Les victimes imaginaires n'étaient point des mannequins en cire, mais bien des hommes et des femmes payés pour jouer les rôles. Il demanda à l'une de ces dames, qui était vêtue d'un maillot et attachée à une broche tournant lentement devant un feu simulé, si la position était très désagréable, et elle répondit : « Non, quand on s'est un peu habitué à la position » (¹).

Mes fonctions officielles ne sont pas très intéressantes depuis quelque temps ; les principales questions sont le sucre et les vins en bouteille, mais au moins, ni l'une ni l'autre ne m'ont beaucoup absorbé.

Il écrit à M. Stephen (17 juillet 1888) :

Je crois que vous avez été amusé par les informations relatives au duel de Boulanger, qui a eu lieu juste après mon retour à Paris. Je ne crois pas qu'il soit encore possible d'en deviner l'effet sur l'avenir politique du « brave général ». On le verra aux prochaines élections. Mais il semble que le fait d'être vaincu dans un combat à l'épée et de se laisser piquer à la gorge comme un porc par un gros pékin ne devrait pas précisément faire honneur à un héros militaire et que la voix populaire devrait lui dire : « Imbécile que tu es, tu ne connais même pas ton stupide métier ». Mais il est impossible de prévoir les réactions de la sensibilité française... Le peuple de Paris ne paraît pas plus se soucier de cela que de tout autre événement

---

1. Cette réponse rappelle le mot souvent cité de la princesse Pauline, qui posait pour son portrait ou sa statue, sans même avoir un maillot, et à qui on demandait si elle ne trouvait pas la situation un peu désagréable. « Oh! non, répondit-elle, la pièce est très chaude. »

politique. Rien ne m'a plus frappé, le 14 juillet, que l'extrême apathie de la foule et l'absence totale du moindre enthousiasme pour ou contre un personnage politique quelconque.

Boulanger, avec sa majorité de plus de 80.000 voix, a maintenant « à peu près obtenu tout ce que les sorcières lui avaient promis. »

Les calculs optimistes de Floquet ont été formidablement déjoués... Au conseil des ministres qui a eu lieu hier soir à l'Élysée, Floquet aurait, dit-on, offert sa démission quand on connut le résultat des élections. Carnot a refusé de l'accepter et le gouvernement reste jusqu'à ce qu'il soit renvoyé par la Chambre... Le caractère du prochain ministère dépend de Carnot. Mais Carnot lui-même dépend des circonstances, dont je ne puis essayer de prédire le développement... Il est vrai que Carnot paraît homme à faire de nécessité vertu dans toutes les circonstances critiques. Il a dit hier soir à ses ministres : « Après tout, les élections n'ont pas tourné contre la République, puisque le général Boulanger s'intitule lui-même républicain et que c'est à ce titre qu'il a fait appel aux électeurs de Paris... Randolph Churchill, traversant Paris, a vu et catéchisé Boulanger. Celui-ci a affirmé n'avoir aucun dessein agressif, mais il a ajouté qu'il adopterait certainement un ton plus élevé dans les affaires étrangères; que la France avec son armée actuelle était en mesure de relever la tête et de se faire respecter; et qu'il était temps de mettre fin aux coups de pied qu'elle reçoit de ses voisins depuis quelque temps. En ce qui nous concerne, il a dit : « Je ne suis pas anti-anglais, mais si je vous disais que je considère les intérêts de la France et de l'Angleterre comme identiques, je ne serais pas un homme sérieux. »

Dans les deux mois qui suivirent l'élection du général Boulanger à Paris, le gouvernement français avait décidé des poursuites contre lui, et il était prêt à signer un mandat d'arrêt quand le général s'enfuit à Bruxelles, éteignant ainsi les espoirs de son parti et toute sa popularité.

Lytton fit à lord Salisbury le récit suivant (3 avril 1889) :

Je vous ai télégraphié ce matin la substance d'un manifeste publié dans les journaux de Paris et qui aurait été lancé de Bruxelles par le général Boulanger. Il se trouve que le document est absolument authentique... Le général Boulanger a été pendant des mois sous la constante surveillance de la police, mais la plupart des agents employés à cet effet par le gouvernement sont secrètement favorables à sa cause; et, soit par l'un des ministres, soit par tout autre moyen que j'ignore, il est certain qu'il a été jusqu'ici exactement renseigné, une heure ou deux après, sur ce qui se passe dans chacune des réunions du cabinet. Lundi dernier dans la soirée, il reçut, par cette voie, l'information précise qu'un mandat avait été signé et lancé, ordonnant son arrestation pour le lendemain à midi (mardi). Si ce mandat avait été exécuté, le gouvernement aurait demandé à la Chambre, ce même jour à deux heures, un vote de confiance — en invoquant qu'il avait agi dans l'intérêt de la sécurité publique, après avoir été informé que le général était sur le point de s'enfuir de France et avoir recueilli la preuve de sa complicité dans des crimes contre l'État. Il n'y a pas de doute que l'ordre du jour de confiance aurait été immédiatement voté par la majorité radicale et les opportunistes de la Chambre. Dans ce cas, le gouvernement l'aurait traduit devant le Sénat constitué en Haute-Cour. Sa condamnation par le Sénat était chose certaine et elle aurait été suivie de sa déportation à la Nouvelle-Calédonie, où il aurait été hors d'état de nuire.

Boulanger paraît avoir eu l'impression que le gouvernement n'oserait pas exécuter ce programme et qu'il avait donné à ses informateurs de faux renseignements dans l'espoir que la peur le chasserait du pays et délivrerait ainsi le gouvernement d'un grand embarras. Mais ses amis ont été unanimes à dire qu'il y avait de trop grands risques à agir suivant cette impression, et, se rendant à leurs conseils instants, il a pris le train de Bruxelles ce soir-là.

Le général Boulanger se rendit de Bruxelles à Londres. En son absence, il fut jugé et condamné pour trahison. Dans la suite il se retira à Jersey, et cessa de jouer aucun rôle dans le monde politique. Le 30 septembre 1891, le monde apprit la nouvelle sensationnelle qu'il s'était suicidé dans un cimetière de Bruxelles, en se faisant sauter la cervelle sur la tombe de sa maîtresse.

Que serait-il arrivé aux relations franco-anglaises, s'il avait obtenu le pouvoir suprême, il est difficile de le dire.

En juillet, Lytton était une fois de plus à son poste et il écrivait de Paris :

Il y a longtemps que je ne me suis senti aussi bien que maintenant, et jamais encore je n'avais trouvé Paris aussi agréable: Je suis toujours en train de corriger les épreuves de *King Poppy*.

On montre encore dans le jardin de l'ambassade un arbre sous les ombrages duquel l'ambassadeur aimait à écrire.

Cette année-là vit la grande exposition destinée à commémorer le centenaire de la République. Au moment de l'ouverture, Lytton était en Angleterre, mais au cours de l'été il fit de fréquentes visites à l'exposition.

Il y a dans une de ses lettres un passage malicieux au sujet de la grande Sarah :

A propos de farces, Sarah Bernhardt, intoxiquée par l'idée de virginité depuis qu'elle a représenté Jeanne d'Arc, jouait un drame français de la Passion dans le plus grand cirque de Paris, avec un Christ en habit noir et cravate blanche. Le public, bientôt fatigué, se mit à protester en criant : « Tu nous ennuies, assez de Christ ; de la musique, de la musique !!! » De sorte que, tout à fait sans le vouloir, le chef d'orchestre joua dans cette représentation le rôle de Barabbas (« pas cet homme, mais l'autre ! »). Alors l'auteur de la pièce, blême de rage, sauta par-dessus les bancs, bondit sur la scène, menaça le public de son poing et, en versant d'abondantes larmes, se mit à embrasser d'abord Sarah Bernhardt, puis sa mère, puis sa sœur, et enfin sa maîtresse. Ce geste toucha et attendrit le public. Quelle curieuse nation que les Français ! Et pourtant, ils sont capables de grandes choses de temps en temps, et de choses très intelligentes toujours.

En mai 1891, il écrivait à sa fille :

Maman va donner une espèce de représentation privée à l'ambassade le 10 du mois prochain. Je suis maintenant en relations avec les gens du Théâtre-Français qui tiennent tous à me prêter leur concours, et je crois que cela promet d'être un succès.

La pièce de résistance sera *Une conversion*, jouée par Febvre et Baretta ; les autres numéros du programme ne sont pas encore fixés, mais les acteurs et les actrices seront Febvre, Worms, Baretta, Brandès, Reichemberg et Ludwig. Sous la surveillance de Febvre, on prépare une très jolie scène, avec tous les décors nécessaires, dans la grande salle de bal de l'ambassade, et je voudrais bien savoir si vous n'aurez pas, Gerald et toi, la tentation de venir nous voir avec les enfants.

Ce fut vraiment une réunion selon son goût. Le programme comprenait un petit lever de rideau, joué arp Mlle Brandès, du Vaudeville, un poème dit par M. Worms, du Théâtre-Français, un morceau intitulé *Ma voisine*, par Mlle Reichemberg et M. Coquelin cadet, et finalement *Une conversion* jouée par Mme Baretta, Mlle Ludwig, M. Febvre et M. Falconier, tous du Théâtre-Français.

Après Paris, avec « ses aimables habitants, ses aimables conversations, ses bons cuisiniers, son esprit, ses amours, ses femmes bien habillées et ses hommes spirituels, qui tous font et disent la même chose, extrêmement bien, mais avec une fatigante répétition du même type et de la même note — brillamment superficiels », Lytton trouva à Bayreuth, où il passa son dernier congé, un contraste qui lui plut profondément. « La vie est ici rude et simple, les sensations sont fortes et sérieuses, et Edith a été le plus parfait compagnon de voyage, le meilleur et le plus réconfortant que je pusse avoir. »

La santé de Lytton déclinait depuis quelque temps et, moins de six semaines avant sa mort, il écrivait à sa fille, de Londres où il était allé consulter un spécialiste du cœur, sir Thomas Smith :

Je ne vous cacherai pas la vérité à mon sujet ; ce serait inutile... On me dit que tous ces ennuis sont le résultat d'une vie de surmenage, qui m'a trop absorbé, et qu'à l'avenir, il me faut le plus grand calme et d'extrêmes précautions. Smith désire vivement que j'abandonne Paris, mais cette question se réglera probablement dans un mois ou deux... J'ai pleine confiance qu'avec tout le confort de notre installation de Paris et les soins attentifs que j'y aurai, ma santé s'améliorera rapidement.

En arrivant à Paris, fatigué par le voyage, il se mit au lit et n'en sortit plus. Cependant il continua à travailler, à voir ses secrétaires, et à accomplir ses obligations les plus urgentes, bien qu'il souffrît beaucoup. « Son manuscrit, dit sa fille, était toujours à côté de lui, et il était en train d'écrire un vers d'un nouveau poème, quand un caillot de sang remonta du cœur au cerveau (¹). »

Ce fut tout de suite la fin. La mort de Lytton suscita une sympathie universelle, et les milieux mondains et officiels français se hâtèrent de rendre hommage à celui que beaucoup considèrent comme l'ambassadeur le plus populaire que la Grande-Bretagne ait jamais eu en France.

Le gouvernement français lui décerna les honneurs sans précédent des funérailles aux frais de l'État. Le cortège se rendit de l'ambassade à l'église anglicane toute proche, et de là à la gare Saint-Lazare : ce fut un spectacle impressionnant, auquel assistèrent des milliers de personnes.

« Ce fut, dit le *Times*, digne d'une grande nation rendant un suprême hommage au représentant d'une autre. »

Parmi les opinions qui ont été exprimées par des Français sur le caractère de lord Lytton, celle de Mme Flourens mérite d'être citée :

1 27 novembre 1891.

Il avait une qualité qui, pour être qualifiée de secondaire, n'en est pas moins très rare, c'était une discrétion extrême. Il ne disait jamais ce qu'il voulait taire, et, quoi qu'il eût la parole facile, brillante, abondante, il en était absolument maître. J'ai rarement vu un homme doué de facultés si brillantes, si diverses, si complètes et si spontanées.

Avoir beaucoup d'esprit, de l'éloquence et une parfaite discrétion, est chose rare même chez les ambassadeurs. Quant à ces qualités s'ajoute une personnalité originale, il ne faut point s'étonner qu'ils soient appréciés à Paris. Ce fut le cas de Lytton.

CHAPITRE XVI

LE MARQUIS DE DUFFERIN

Il n'aurait pas été facile de trouver un digne successeur
à un ambassadeur comme lord Lytton, s'il n'y avait eu, à
ce moment-là, dans la diplomatie, un homme de même
rang et de même renommée, également cultivé, spirituel
et séduisant.

Le nom du marquis de Dufferin vint immédiatement à
l'esprit de lord Salisbury et de la reine.

Dufferin avait alors soixante-cinq ans et pouvait s'enorgueillir d'une longue et remarquable carrière, qui comprenait les postes de gouverneur général du Canada et de
vice-roi des Indes. Il descendait de la vieille famille anglo-
irlandaise des Blackwoods, et sa mère était la petite-fille de
R. B. Sheridan. Son frère avait été secrétaire d'ambassade
à Paris à l'époque de Granville, mais il était mort jeune.
Trois ans auparavant, Dufferin, à son retour des Indes,
avait accepté l'ambassade de Rome. C'est de là qu'il écrivit alors à son chef au Foreign Office (10 décembre 1891):

Votre proposition m'a complètement surpris; car j'estimais que
je n'avais plus droit à aucun avancement, et lorsque, après de
nombreuses informations parues dans les journaux, mon nom a été
prononcé avec beaucoup d'autres, j'ai dit au premier ministre
d'Italie, ainsi qu'à mes collègues et à mes amis, que tous ces bruits
étaient sans fondement, et que je ne m'attendais pas le moins du
monde à un changement. Lady Dufferin et moi, nous avons été
très heureux à Rome et je crois que le roi et les deux premiers
ministres avec qui je suis entré en contact ont été assez satisfaits
de la manière dont j'ai mené les affaires que nous avons eu à régler
ensemble.

Mais, naturellement, Paris est la suprême récompense de la carrière diplomatique et c'est un honneur considérable que de l'avoir (¹).

Néanmoins, il ne pouvait s'empêcher de s'avouer à lui-même : « Ce n'est point chose facile, pour quelqu'un de mon âge, de se plonger dans un monde inconnu, et de reprendre le lourd travail d'une ambassade de première classe. »

Le nouvel ambassadeur prit possession de son poste en mars. Il a raconté à sa fille sa présentation au président Carnot (28 mars 1892) :

J'en ai fini avec toutes mes visites officielles et ma réception officielle, une cérémonie en uniforme, bien ennuyeuse. Carnot m'a plu tout de suite, mais mon fameux discours n'a pas marché aussi bien que je l'aurais désiré, car j'ai oublié tout à coup un mot, et, bien que j'eusse pu facilement le remplacer par un équivalent, je n'ai pas voulu le faire de peur d'être accusé de modifier le texte qui avait été déjà communiqué; je me suis donc trouvé dans la honteuse obligation de regarder sur mon papier. Carnot a tout simplement lu son discours. Il s'est montré très comme il faut et très courtois et il a terminé son discours par un compliment personnel à mon adresse, auquel je n'étais pas du tout préparé.

La seule autre chose intéressante que nous ayons vue a été la réception de Loti à l'Académie. Je n'y avais jamais été auparavant, et j'ai eu ainsi l'occasion de voir pour la première fois quelques-uns des hommes de lettres les plus distingués de la France. Il y avait parmi eux Renan, que j'ai quitté il y a quarante-deux ans sur la côte de Syrie.

On pouvait supposer qu'un diplomate du caractère et de la personnalité de lord Dufferin allait immédiatement trouver l'accueil le plus cordial à Paris. Mais, à sa surprise et à son désappointement, il n'en fut pas ainsi. L'ambassadeur et lady Dufferin étaient à peine installés à l'ambassade qu'ils purent constater une certaine froideur dans les milieux officiels et un ton très net d'hostilité dans la presse. Certains articles furent publiés qui rappelaient sa carrière et l'accusaient d'être « l'éternel ennemi de la France » et l'adversaire de sa politique étrangère et coloniale. On prétendit qu'il avait pris une part prépondérante

1. Le chef de l'opposition, Gladstone, écrivait : « Le pays doit se féliciter; pour ma part, en tout cas, je ne vois pas comment on aurait pu faire une autre nomination qui valût celle-ci. »

aux diverses transactions dans lesquelles la France avait eu le dessous, notamment en Égypte et dans l'annexion de Burma, et que, même dans son dernier poste, à Rome, il s'était montré résolument anti-français.

Pourquoi donc, demandait un journaliste, avait-on choisi cet homme pour représenter l'Angleterre à Paris à ce moment-là. Et il répondait que lord Dufferin avait pour mission dans la capitale française de miner et de détruire, par des manœuvres souterraines, l'entente cordiale récemment établie entre la France et la Russie. On le déclarait aussi peu scrupuleux qu'adroit dans l'organisation d'intrigues de ce genre et on affirmait publiquement que le gouvernement britannique l'avait pourvu de fonds secrets s'élevant à des millions de francs, pour qu'il pût exécuter son néfaste dessein; le péril était d'autant plus grand pour la France, observait le journaliste, que l'ambassadeur de France à Londres, M. Waddington, s'était joint à la conspiration et faisait notoirement le jeu de l'ambassadeur de Grande-Bretagne à Paris.

Il est triste que dans cette lutte avec les habiletés anglaises nous ayons également contre nous un ambassadeur de France dévoué à l'Angleterre.

Dufferin ne dit rien pour le moment, mais comme toujours ces attaques de la presse lui causèrent de l'amertume. Vers la fin de l'année survint l'effondrement de la Compagnie du Canal de Panama qui occasionna (suivant les propres termes de Dufferin) « l'un des plus formidables tapages que l'on ait jamais vus dans la Chambre française; et c'est beaucoup dire! » Il y eut alors dans tout le pays une véritable explosion d'indignation.

La France toute entière, écrivait-il, est une mer furieuse de dénonciations, de suspicions, de récriminations réciproques, et l'on entend de nouveau le langage de 1793. Les dix députés arrêtés sont appelés la première « fournée », et ils ont été emmenés dans « la première charrette »; un député s'est écrié : « Voilà la tête que je veux! » tout à fait dans le style de Danton.

Le nouvel ambassadeur britannique lutta lentement mais obstinément contre cette atmosphère de suspicion. Puis il y eut la production précise d'une prétendue cor-

respondance secrète entre Sir Henry Austin Lee, secrétaire
de l'ambassade, et Sir Villiers Lister au Foreign Office, qui
avait pour objet de corrompre des députés et des journalistes pour faire obstacle à l'alliance russe. Le monde diplomatique tout entier était impatient de connaître les faits.
Dufferin sentit que le moment était enfin venu d'élever une
protestation publique.

Lundi soir, écrivait-il à sa fille (9 février), lorsque Gladstone
exposera longuement son Home Rule, je serai également debout,
et je ferai quelque chose de très risqué. Dans mon discours au banquet de la Chambre de Commerce britannique je vais faire allusion
aux calomnies qui ont été propagées sur mon compte et qui m'ac-
cusent d'essayer de corrompre la presse française et des hommes
politiques français en distribuant d'énormes sommes d'argent.
Personne ne croirait jusqu'à quel point on a ajouté foi à cet abominable mensonge, même dans la bonne société.

Le soir en question (13 février), devant une nombreuse
assemblée, il se leva et dit :

Ce n'est pas dans un mouvement de mauvaise humeur ou d'acri-
monie que j'entends rappeler ce qui s'est passé, car je suis disposé
à croire que ces attaques émanent plutôt de l'ignorance et de la
naïveté que de la malice de leurs auteurs ; mais c'est certainement
une chose toute nouvelle pour moi qu'un ambassadeur, représentant personnel de son souverain, soit saisi par l'engrenage des polé-
miques intérieures du pays dans lequel il est accrédité. Jusqu'à
présent, on considérait que ses hautes fonctions et la majesté du
souverain et du pays qu'il représentait, aussi bien que la courtoisie,
suffisaient à lui garantir la jouissance de cette obscurité semi-con-
ventuelle, qui est son véritable élément. Mais malheureusement,
ces garanties ne se sont pas trouvées suffisantes, et je me suis vu
accusé à plusieurs reprises dans les journaux à grand tirage, dont
les informations ont sans aucun doute convaincu un grand nombre
de gens, d'une conduite honteuse et abominable, d'actes qui, s'ils
étaient prouvés, permettraient qu'on me traduise devant un tribunal correctionnel. On dira naturellement que je n'ai pas à faire
attention à ces attaques. Et en effet, j'en ai si peu tenu compte que
je n'ai pas jugé à propos d'en faire l'objet d'une plainte officielle ;
mais ce soir nous sommes pour le moment en Angleterre... En
outre, comme les monstrueuses inventions auxquelles a fait allusion
Sir Edward Blount feraient douter que je puisse jouer un rôle utile
comme ambassadeur, si on n'y ajoutait même qu'une foi partielle,
je n'hésite pas à saisir cette occasion pour dire que toutes ces asser-
tions, qui ont été si habilement propagées, y compris cette affirmation absurde que je suis arrivé en France muni d'une somme d'argent énorme — on a parlé, je crois, de trois millions de francs —
qui devait être employée à la corruption de la presse française et

d'hommes politiques français en vue de faire sauter l'alliance franco-russe, ne sont pas seulement fausses dans la plus large acception de ce mot, mais qu'il n'y a pas et qu'il n'y a jamais eu une ombre de réalité dans l'une quelconque des diverses allégations qui ont été émises à différentes reprises en vue d'édifier cette inconcevable mystification... En réalité, depuis mon arrivée à Paris, je n'ai pas dépensé dix sous qui ne soient entrés dans la poche de mon boucher ou de mon boulanger ou de cette femme nuisible mais nécessaire, la vengeresse du péché d'Adam, dont les notes sont payées rapidement et sans examen par tout mari qui tient à la paix de son foyer, je veux dire la couturière.

Ce discours fut immédiatement accueilli en France comme un appel enjoué et chaleureux au bon sens et à la générosité de la nation contre les attaques malveillantes qui avaient été dirigées contre un ambassadeur. Le rédacteur en chef du *Figaro*, après quelques critiques bienveillantes, concluait ainsi son article :

Ceux de mes compatriotes qui veulent savoir ce que signifie l'épithète « gentlemanlike » que les Anglais emploient si volontiers, le savent maintenant ! Et s'ils ne sont pas contents, ils auront vraiment tort de le montrer, car ce ne serait pas gentlemanlike ! En tout cas, ils ont lu un discours vraiment amusant et qui prouve que lord Dufferin est non seulement le diplomate très fort et très dangereux que l'on connaissait, mais aussi un orateur adroit et spirituel que l'on ne soupçonnait pas, à Paris du moins. Cet ambassadeur est un délicieux humoriste !

Le Foreign Office, dont l'approbation n'était point certaine aux yeux de lord Dufferin, reconnut que la protestation était salutaire et nécessaire; quant à la presse anglaise, elle l'appuya cordialement, et sans aucun doute ce langage franc et ouvert eut pour effet de convaincre ses calomniateurs qu'ils avaient dépassé le but.

L'ambassadeur écrivit à sa fille :

Le discours a été excellement accueilli par le public; toutes les femmes, et je puis dire tous les hommes sont venus ensuite me remercier et me serrer la main; et tous étaient remplis d'enthousiasme...

Le ministre des Affaires étrangères fut la première personne à me féliciter, en me disant : « Savez-vous que votre discours a eu un très grand succès? » Il m'en a reparlé dans les mêmes termes chaque fois que je l'ai revu, et presque tous les Français ou Françaises que j'ai rencontrés ces derniers temps m'ont dit que la légende à laquelle croyaient tant de gens, avait été complètement détruite. Même les journaux dont on aurait pu attendre des critiques, ont reproduit le discours sans commentaires ou en ont fait l'éloge, tout en protestant qu'il était injuste d'avoir l'air de croire que la France fût le seul pays dans lequel on se permît à l'occasion de critiquer des ambassadeurs.

Quelques mois plus tard, un mulâtre du nom de Norton, qui avait fabriqué certains documents tendant à prouver incontestablement qu'on avait employé de l'or britannique pour corrompre des journalistes influents et même des députés à Paris, fut jugé et condamné. On prétendait que ces papiers avaient été dérobés à l'ambassade de Grande-Bretagne, mais quand on en donna lecture à la Chambre française, toute l'affaire s'écroula sous une avalanche de ridicule.

En avril 1893, le président Carnot ouvrit le Salon annuel, et lord Dufferin nota que son portrait par Benjamin Constant était fort admiré du public et apprécié par les journaux français.

Un passage d'une lettre que Dufferin écrivit à cette époque mérite d'être cité, en raison de l'application qu'on en peut faire aujourd'hui :

Je crois que l'aversion contre la guerre se développe de plus en plus parmi les masses de la population française ; les guerres coloniales ont toujours été une abomination pour elles. Le paysan français ne comprend pas qu'on envoie son fils mourir de la fièvre dans une jungle chinoise ou d'un coup de lance dans la brousse africaine. Mais l'universalité du service militaire a fait sentir à toutes les familles françaises la misère que peut entraîner la guerre ; et, bien que le souvenir de leurs derniers désastres militaires puisse s'éteindre peu à peu, il y a beaucoup de chances pour que la certitude générale des risques et des calamités causés par la guerre se fortifie au lieu de disparaître.

En octobre, la visite à Paris des officiers de marine russes, dont l'apparition fut saluée comme le signe extérieur et visible de l'amitié et de la sympathie de la Russie pour la France, provoqua de vives démonstrations dans la capitale. Ils parcoururent la ville en voiture, précédés et suivis par des gardes d'honneur ; et lord Dufferin note que pendant huit jours les principales artères furent rendues impraticables par la foule qui se pressait pour les voir. Les hommes et les femmes couraient tout le long des voitures pour toucher ou embrasser les mains des officiers ; ils étaient assiégés dans leurs hôtels et étaient obligés de sortir fréquemment sur les balcons pour recevoir les ovations publiques ; alors, parfois, ils coupaient leurs gants en petits morceaux pour les distribuer à la foule. L'amiral Avellan (une vieille connaissance de lord Dufferin) reçut dix-neuf mille lettres demandant sa photographie, sa signature ou quelque autre souvenir personnel ; les drapeaux russes et français flottaient partout ensemble et la rue de la Paix « était tapissée d'étamine ». Il y eut un magnifique banquet au palais de l'Élysée, mais Dufferin et les autres ambassadeurs étrangers ne furent invités qu'au bal officiel du même soir.

En octobre 1893, Dufferin assista aux imposantes funérailles du vieux maréchal Mac-Mahon, ancien président de la République.

Elles eurent lieu par une journée admirable ; soleil éclatant et atmosphère tiède. Le cortège partit de la Madeleine. L'escalier qui conduit à l'édifice est très haut et très large et il présentait un magnifique spectacle avec tous les officiers et les fonctionnaires civils dans leur brillant uniforme. C'était un étincellement d'or et d'acier, d'étoiles et de plumes, casques brillants et bicornes se superposaient dans une bigarrure de couleurs, à laquelle l'église, de style grec, tendue de noir et d'argent, constituait un fond saisissant. Après une attente d'environ une heure, le char funèbre se mit en marche... Les troupes faisaient la haie le long des rues et, derrière les troupes, il y avait des milliers et des milliers de curieux, alors que d'autres milliers regardaient des fenêtres des hautes maisons qui forment la rue Royale, par laquelle le cortège passait. Après avoir traversé la place de la Concorde, le cortège tourna dans la direction de l'Arc de Triomphe, puis, franchissant la Seine, il se dirigea vers le Champ de Mars et les Invalides. Quand la messe, célébrée par l'archevêque de Paris, fut terminée, toute l'assemblée se répandit dans la cour d'honneur, où le président du Conseil et le ministre de la Guerre prononcèrent des discours. Ensuite, le char funèbre fut amené à l'entrée des Invalides, devant la grande Esplanade où toute la garnison de Paris s'était rangée en armes, et celle-ci défila régiment par régiment devant le cercueil, chaque régiment, ses officiers et ses drapeaux saluant la dépouille du soldat qui était là. Cette partie de la cérémonie prit plus d'une heure, et ce n'est qu'à quatre heures que tout fut terminé, alors que le cortège avait quitté la Madeleine à onze heures.

Dufferin aimait beaucoup les descriptions pittoresques de ce genre. On peut se demander seulement comment il trouvait le temps de les faire.

Pendant presque toute la durée de la mission de Dufferin (de 1893 à 1896) la question siamoise fut l'affaire la plus importante qu'il eut à traiter; à un moment même elle amena une tension sérieuse dans les relations entre les deux gouvernements. Le Siam est situé entre Burma et les possessions indo-chinoises des Français, de sorte que son indépendance est une question importante pour les Indes britanniques. L'Angleterre n'entendait pas intervenir dans la querelle entre la France et le Siam, mais le Foreign Office insistait pour que les concessions territoriales exigées des Siamois par les Français n'eussent pas pour effet de démembrer le Siam ou d'affaiblir ce royaume dans une mesure qui pût porter atteinte à la sécurité de la frontière occidentale de Burma. L'Angleterre était également obligée de protéger ses sujets et leurs intérêts commerciaux au Siam. En cherchant à amener les négociations à une conclusion raisonnable, Dufferin vit « sa patience et sa bonne humeur soumises parfois à une rude épreuve ».

Heureusement, il y avait des distractions à l'ambassade.

Nous devons avoir un bal ici vendredi. C'est dans cette salle même que je me suis embarqué dans une valse avec une jeune femme pour la première fois de ma vie, il y a environ cinquante ans. Je pensais bien peu, alors, que je serais ici un jour comme ambassadeur! En vérité, toute mon existence a été une série de surprises, depuis le jour où lord John Russell m'a proposé d'être gentilhomme de la Chambre... Je viens de recevoir votre cadeau de nouvel an, les deux volumes des lettres de Scott. Vous ne pouviez me donner un livre qui me fît plus de plaisir, car j'aime Sir Walter Scott de tout mon cœur, et, ma mère excepté, je crois qu'il a plus contribué à former mon caractère que toute autre influence, car il est l'essence même de la pureté, de la chevalerie, du respect des femmes, et des meilleurs sentiments religieux.

Dans une lettre de janvier 1894 à M. Hepburn, lord Dufferin fait allusion à la mort de M. Waddington, à qui il avait fait une visite peu de temps auparavant dans son château en France.

M. Waddington était un de mes vieux amis, car il vint me voir jadis en Syrie, et je le pris naturellement pour un Anglais jusqu'au moment où il me dit : « Il faut maintenant que j'aille voir mon Commissaire »; sur quoi je m'écriai : « Mais c'est moi votre Commissaire! » — « Non, dit-il, c'est M. Bedard, car je suis Français ».

Renan se trouvait là-bas à ce moment-là, ainsi que Chanzy et Ducot. Chanzy et moi, nous sommes devenus de grands amis et il a été dans la suite ambassadeur de France à Saint-Pétersbourg à l'époque où j'y étais moi-même, lorsque le malheureux empereur a été assassiné.

Au dîner annuel donné en mars 1894 par la Chambre de Commerce britannique de Paris, lord Dufferin prononça de nouveau un discours qui s'adressait en réalité à un public beaucoup plus large. Cette fois, il passa en revue la situation de l'Europe avec l'état d'esprit de quelqu'un qui, examinant le continent à la lumière d'une longue expérience et d'une vaste connaissance des affaires courantes, pouvait prédire la continuation de la paix parmi les nations. A l'horizon politique, dit-il, on n'apercevait aucun présage de difficultés sérieuses. En ce qui concernait la Russie avec laquelle l'Angleterre était en contact immédiat en Asie, il comptait sur la magnanimité et le sentiment de l'honneur bien connus de l'empereur de Russie pour qu'il contribuât à maintenir la tranquillité sur les frontières asiatiques des deux nations.

Quant à la France,

elle a montré dernièrement, comme d'ailleurs les autres nations de l'Europe, une activité coloniale considérable, et comme nous sommes nous-mêmes engagés depuis longtemps dans les entreprises coloniales, il arrive parfois que nous nous heurtions dans la brousse de l'Afrique ou dans les jungles malsaines de l'Indo-Chine. Mais qu'est-ce que toutes ces difficultés intermittentes et ces considérations locales en comparaison du grand courant d'estime portant l'une vers l'autre deux nations glorieuses, qui depuis l'aube de l'histoire ont toutes les deux tenu bien haut le drapeau de la civilisation et du progrès dans toutes les branches de l'activité humaine? Ce ne sont que les rides et les clapotis causés par les bancs de sable et les hauts fonds d'une rivière puissante qui, avec une majesté incomparable, suit le cours qui lui a été assigné.

Si, poursuivait-il, certaines querelles et une certaine animosité devaient surgir entre la France et l'Angleterre, « au sujet de quelques arpents de marais africains ou de quelques villages noirs des Tropiques », c'était aux diplomates de trouver les remèdes pour amener la réconciliation.

Mais un ambassadeur de Grande-Bretagne qui avait été gouverneur général du Canada aurait pu se rappeler l'al-

lusion de Voltaire aux « quelques arpents de neige », avant
d'abandonner si légèrement dans l'affaire notre grande
colonie du Niger (¹).

Lord Dufferin écrivait à sa fille :

Vous verrez que j'ai fait un discours. Il paraît avoir plu ici et il
n'a pas été critiqué à Londres, ce qui est une grande satisfaction
pour moi. Pendant toute ma vie, chaque fois que j'ai fait un discours, j'ai eu à tenir compte d'au moins deux et quelquefois trois
publics, comme les écuyers de cirque qui se tiennent debout à la
fois sur le dos de plusieurs chevaux lancés au galop.

Dans une lettre que lui adressait de Londres Sir Donald
Wallace, celui-ci disait :

Cela vous intéressera peut-être de savoir que l'ambassade de
France m'a parlé hier soir dans les termes les plus sympathiques,
je dirai presque enthousiastes, de votre admirable discours à la
Chambre de Commerce anglaise. Vous avez vu naturellement l'excellent accueil qu'il a reçu dans toute l'Europe.

Dîners et garden-parties à l'ambassade, réceptions diplomatiques, représentations théâtrales, le flot habituel de la
vie mondaine en pleine saison à Paris, une succession constante de personnages qui trouvaient une aimable hospitalité
à l'ambassade; des visites d'hommes de lettres français et
anglais, des conversations avec des ministres et des hommes
politiques de différentes nationalités traversant la France;
une excursion à Chantilly où il rencontra les princes d'Orléans : tout cela remplit le journal de lord Dufferin pendant
le début de l'été de 1894.

En juin, survint l'assassinat à Lyon du président Carnot
avec qui il avait toujours été en cordiales relations.

Après les funérailles, alors que Mme Carnot était sur le
point de quitter l'Élysée, lord et lady Dufferin lui firent
une visite au palais. Lord Dufferin fut profondément ému
par cette entrevue et il écrivit à la reine qu'il n'avait jamais
vu une femme se comporter avec autant de dignité et de
noblesse. Elle était très calme quand elle parlait d'elle-
même, de ses chagrins et du changement survenu dans sa

---

1. « Vous savez que ces deux nations sont en guerre pour quelques arpents
de neige et qu'elles dépensent pour cette belle guerre beaucoup plus que tout
le Canada ne vaut. » (*Candide.*)

vie ; mais quand elle se tourna vers lord Dufferin et exprima
« à quel point elle avait été touchée de la bonté qu'avait eue
la reine Victoria de lui écrire la lettre qu'elle avait reçue
de Votre Majesté, elle montra une force, une profondeur
de sentiment que les mots ne peuvent transmettre ».

Les deux Chambres eurent à élire un nouveau président
et leur choix tomba sur M. Casimir-Périer, sur qui l'on
comptait secrètement pour restaurer la stabilité des ministères dont l'existence était en général si brève. Mais Casimir-Périer ne resta même pas six mois en fonctions.

Ce coup de théâtre, comme l'appelèrent les Français,
fit sensation, et lord Dufferin écrivit que « l'émotion et la
surprise causées par l'événement étaient considérables ».
« Mais, ajoutait-il, il est certainement digne de remarque
que les Français aient pu se trouver soudain sans gouvernement exécutif ou sans chef d'État, sans que l'ordre public ait été troublé, et sans qu'il ait paru y avoir la moindre
crainte à ce sujet. »

La troisième République donnait certainement là une
preuve réjouissante de progrès dans la stabilité.

Dans une dépêche au Foreign Office, il insistait sur la
position difficile et désagréable du représentant élu d'une
grande nation, dont l'influence dans les conseils de ses
ministres pouvait être inférieure à celle d'un roi constitutionnel. Lors de l'élection, deux candidats furent proposés
par le parti modéré, contre un troisième pour qui le parti
radical vota. Le candidat radical n'ayant pu obtenir la
majorité absolue au premier tour, les deux groupes modérés
s'unirent au second tour en faveur d'un seul candidat,
M. Félix Faure, qui vint en tête du scrutin.

En avril 1896, lord Dufferin écrivait à un ami : « Ma mission arrive à sa fin le 21 juin, lorsque l'horloge de ma vie
aura sonné soixante-dix ans. » Le 2 juin, au banquet annuel
de la Chambre de Commerce britannique de Paris, l'ambassadeur prononça le dernier des nombreux discours qu'il
avait faits dans les hauts postes qu'il avait occupés. Comme
il fallait s'y attendre, le ton général était celui des adieux.
Il parla de son regret de quitter « cette délicieuse capitale,

où lady Dufferin et moi-même avons mené une si heureuse
existence depuis quatre ans, où nous avons eu l'occasion
de renouveler des relations affectueuses avec nos amis
français d'autrefois et où nous avons noué tant de liens ».
Il rendait hommage à la courtoisie et aux égards dont il
avait été l'objet de la part des ministres et hommes politiques français avec lesquels il avait dû parfois traiter
« d'épineux problèmes » et ajuster des revendications et
des intérêts internationaux qui, inévitablement, étaient
souvent contraires. En parlant de la presse parisienne, il
ne fit qu'une légère allusion aux interprétations erronées
qu'on avait données jadis de ses desseins et de son caractère et à la réalisation de sa prévision qu'elles seraient
effacées par le temps et une meilleure compréhension de
sa personne.

Il est vrai, dit-il, que, lorsque j'ai été soumis pour la première
fois à son observation aiguë et patriotique, la presse était disposée
à me montrer une attitude, disons, de réserve. Mais il y avait à ce
moment-là des circonstances artificielles qui expliquaient suffisamment ce qui se passait; et, avec la conscience du profond désir qui
m'animait d'accomplir les devoirs de ma charge dans un esprit de
loyauté et de conciliation, convaincu que nul autre n'aurait pu
venir en France avec une plus haute estime des qualités de ses
habitants, ou après avoir plus harmonieusement collaboré avec ses
représentants à l'étranger, je ne doutais guère que vos journalistes
si avisés ne reconnussent bientôt en moi un ami de leur pays.

Puis l'ambassadeur parla de la carrière diplomatique
dans laquelle, cependant, il avait passé moins d'années que
la plupart de ses prédécesseurs.

Je ne puis, dit-il, me plaindre de la règle qui fixe l'âge auquel je
suis arrivé — et qu'aucune puissance au monde ne m'amènerait à
avouer aux dames ici présentes — comme l'époque de la retraite
obligatoire pour les ambassadeurs. Je me demande même si cette
date ne devrait pas être avancée. La carrière diplomatique est sans
aucun doute l'une des plus avantageuses parmi les professions
libérales, mais elle présente certains inconvénients à notre époque
d'intense compétition. On ne peut y entrer qu'après un examen
sévère qui suppose des études coûteuses et prolongées. Les premiers stades de la carrière sont peu rémunérés, et le travail est
décousu, mécanique et souvent sans intérêt; mais ses stades ulté-
rieurs sont extrêmement attrayants et comportent beaucoup de
responsabilités, et ses récompenses les plus hautes sont aussi dignes
de l'ambition d'un homme que toutes les autres dont peut disposer

la Couronne. La seule chose qui jette une ombre sur l'horizon de ceux qui la suivent — il en est ainsi, d'ailleurs, dans la plupart des professions — c'est la lenteur, l'incertitude de l'avancement et parfois la stagnation. Dans ce dernier cas, les plus jeunes membres de la carrière sont étouffés par la masse impénétrable de tous ceux qui se trouvent au-dessus d'eux, et ceux-ci, à leur tour, se dessèchent et se découragent dans la monotonie et la routine de leurs fonctions, nécessaires mais insignifiantes.

Or, le changement et l'avancement sont la vie même de toute carrière. Ils constituent l'oxygène qui revivifie notre sang, fait briller notre intelligence, stimule notre initiative, et je vous assure que c'est la plus grande consolation pour ceux qui descendent de leur poste élevé de penser qu'ils font de la place aux jeunes. Tout de même, une telle rupture avec le passé ne peut manquer d'être douloureuse, car elle n'est pas seulement la conclusion d'un chapitre, elle est la fin d'un livre. Bien que la vie d'un homme puisse se prolonger quelques années au delà de son existence officielle, ce qu'il enregistrera dans la suite ne sera jamais plus qu'un sec appendice imprimé en petits caractères, et, par comparaison, peu attrayant et peu digne d'être lu. Et, d'autre part, à ce tournant, personne ne peut s'empêcher de reconnaître avec un sentiment de regret ses nombreuses insuffisances dans la protection des intérêts de son pays. Bien que mis en contact avec de grands événements et ayant à s'occuper de problèmes de haute importance, le rôle du diplomate est plutôt celui de l'objet qui flotte sur un fleuve et en indique le cours, que celui de la force supérieure qui le précipite en avant et détermine sa destination ; car les résultats politiques sont maintenant moins le fruit de l'effort individuel que de ces puissantes énergies populaires qui ont été vitalisées par notre civilisation moderne.

L'examen de l'état de l'Europe et de la situation de la diplomatie moderne compte parmi les exposés les plus fameux de Dufferin.

Que voyons-nous autour de nous ? L'Europe tout entière n'est guère qu'un vaste camp qui compte des millions d'hommes armés, alors que toutes les frontières se hérissent d'une double rangée de forteresses hostiles. Nos ports sont remplis et les mers fourmillent de navires bardés de fer, au chiffre desquels je suis forcé de reconnaître que l'Angleterre a été obligée, pour sa sécurité, d'ajouter sa modeste contribution. Même dans le plus lointain Orient la passion de l'expansion militaire a montré un développement inattendu. En réalité, grâce au télégraphe, le globe tout entier est devenu un faisceau de nerfs, et la plus légère perturbation sur un point est ressentie sur tous les autres points de sa surface. Les poètes de l'antiquité nous disent que lorsque Zeus faisait un signe de tête, les palais dorés de son Olympe étaient ébranlés jusque dans leurs fondations. De nos jours, il suffirait que l'un quelconque d'une demi-douzaine d'augustes personnages élevât la voix ou prononçât quelques paroles à la légère pour que, immédiatement, le système existant fût bouleversé... Sans doute, mesdames et messieurs, quand il s'agit de prévenir des catastrophes de ce genre, nous sommes de pauvres et faibles gens, et notre profession est une triste protection contre de tels dangers, mais, telle qu'elle est, elle se trouve encore le meilleur système que l'ingéniosité humaine ait pu découvrir. Après tout, un fil très mince s'avère un paratonnerre parfaitement efficace, et pendant plus de cinquante ans, grâce à cet organisme sans prétention, une paix ininterrompue a été maintenue entre votre pays natal et le pays dont la prospérité et le bien-être sont si étroitement liés avec vos propres intérêts.

« Cette dernière confession d'un mourant », comme il l'appela, fit le tour de la presse européenne et provoqua de nombreux commentaires. Les Anglais estimèrent, comme le dit Sir Alfred Lyall, que « les dernières paroles de leur ambassadeur faisaient honneur à lui-même et à son pays, et ils rendirent l'hommage d'admiration qu'elle méritait à la carrière distinguée qui prenait fin (¹). »

Il y eut une dernière garden-party à l'ambassade, pour laquelle on avait envoyé environ trois mille invitations. Un violent orage obligea tous les invités à se réfugier à l'intérieur, où, comme le note lord Dufferin dans son *Journal*, « on s'amusa beaucoup, les Français étant toujours si gais et pleins d'entrain ».

Les dames de la colonie anglaise de Paris vinrent présenter leurs respects à lady Dufferin par une petite allocution et lui firent don d'objets d'une grande valeur artistique; le 21 juin, lord Dufferin reçut les félicitations de tous pour son soixante-dixième anniversaire. La dernière cérémonie à laquelle il assista officiellement fut celle des obsèques du duc de Nemours.

Le 13 octobre, lord Dufferin présenta ses lettres de rappel à l'Élysée. Le contraste était grand entre son arrivée et son départ : les Français avaient appris à estimer ses hautes qualités dans les cinq années de son ambassade.

Néanmoins, on ne peut guère dire que les relations générales entre les deux pays se fussent améliorées dans l'intervalle.

1. LYALL, *Vie du marquis de Dufferin et d'Ava.*

CHAPITRE XVII

MONSON : « COUPS D'ÉPINGLE » ET APRÈS

Avec le départ de l'ambassade du svelte et magnétique
Dufferin, il y eut un retour à un type plus ancien et plus
vigoureux d'ambassadeur britannique en la personne de
Sir Edmund Monson.

Également fils d'un pair, Monson avait servi, quarante
ans auparavant, comme attaché à Paris sous le second
lord Cowley. Il avait été cinq ans à Washington avec lord
Lyons et, au début de la trentaine, il s'était vu mal aiguillé
dans la carrière, qu'il avait quittée écœuré. Après avoir
essayé en vain d'entrer au Parlement, et être resté quelques
années sans fonctions publiques, il fut heureux de faire la
paix avec le Foreign Office et, à un âge où Lytton et Dufferin avaient occupé de hauts postes diplomatiques, Monson
acceptait le consulat des Açores. Puis il eut quelques années d'obscurité en Hongrie et dans les Républiques sud-
américaines; mais peu à peu le solide mérite de Monson,
et la calme fermeté de son caractère, qui rappelait son ancien chef Lyons, furent récompensés et, à l'approche de la
soixantaine, il se trouva finalement ministre à Bruxelles.
Qui aurait pu supposer qu'il eût encore le temps d'atteindre
la récompense suprême de la carrière diplomatique? Mais
Gladstone, redevenu premier ministre, ne l'avait pas oublié;
l'ambassade de Vienne devint vacante en 1893 et Monson
y alla d'un bond. Il s'acquitta si bien de ses fonctions que

Paris, convoité tour à tour par lord Lansdowne et lord Currie, lui échut bientôt.

A part l'honneur qui lui était fait, Monson avait peu de raisons d'être satisfait des perspectives qui s'ouvraient devant lui. Paris, en 1896, n'était point un lit de roses pour un ambassadeur britannique.

La situation internationale, aussi peu agréable et aussi menaçante qu'en 1886, paraissait empirer de jour en jour. Il n'y avait pas seulement la friction avec la France au sujet du Siam. L'occupation de l'Égypte par la Grande-Bretagne était, suivant le mot de Sir Edward Grey, « une perpétuelle exaspération pour les Français et leur attitude un constant agacement pour nous ». Il y avait des disputes continuelles et des incidents regrettables dans l'Afrique Occidentale et sur ce que l'on appelait « la Côte française » de Terre Neuve. Puis on avait vu se tendre les relations de la Grande-Bretagne avec la Russie, monarchie absolue maintenant alliée à la France républicaine. Le récent raid Jameson avait éveillé les craintes de la France au sujet des Républiques boërs. Dans l'ensemble, comme le déclarait franchement un homme d'État conservateur au ministre des Affaires étrangères, il était « évident que la guerre entre nous et la France devait éclater, et il valait mieux l'avoir tout de suite ([1]) ».

Une jolie perspective! Mais Sir Edmund Monson y fit face virilement, avec l'espoir du mieux, et peut-être la crainte du pire. Le 8 décembre 1896, eut lieu faubourg Saint-Honoré la même cérémonie d'agrément que l'on peut comparer à celle qui avait inauguré l'ambassade de lord Granville soixante-dix ans auparavant.

« M. Crozier, maître des cérémonies », lisons-nous dans le compte rendu officiel, « s'est rendu dans la voiture présidentielle à l'ambassade britannique, escorté par des cuirassiers. Sir Edmund Monson est monté dans la voiture et, suivi de tout le personnel dans d'autres voitures, il a été emmené à l'Élysée. Un bataillon d'infanterie, rangé dans la cour,

1. Vicomte GREY OF FALLODON, *Mémoires* (1892-1916).

rendait les honneurs militaires, la musique jouant le *God save the queen.*» A sa descente, au pied de l'escalier, le nouvel ambassadeur fut reçu par deux officiers de la maison militaire du président et conduit par M. Crozier au grand salon où M. Félix Faure, président de la République l'attendait, entouré de M. Hanotaux, ministre des Affaires étrangères, et de nombreux hauts fonctionnaires. L'ambassadeur extraordinaire et ministre plénipotentiaire de Sa Majesté Victoria, reine du Royaume-Uni de Grande-Bretagne et d'Irlande, s'adressa alors au président de la République en ces termes :

Monsieur le président, la reine, mon auguste souveraine, ayant daigné me confier le grand honneur de représenter Sa Majesté en qualité d'ambassadeur auprès du gouvernement de la République, j'ai l'honneur de remettre entre vos mains la lettre royale qui m'accrédite dans ces fonctions.

Après un hommage au président, Sir Edmund Monson continuait :

Le gouvernement de la reine, convaincu de la réciprocité des dispositions du gouvernement de la République, a le ferme désir de voir se maintenir et se développer les bonnes relations qui subsistent depuis si longtemps entre les deux pays.

Ici, l'ambassadeur fit une pause, peut-être pour reprendre haleine, peut-être pour permettre à ses auditeurs d'admirer cette formule diplomatique dont, dans d'autres milieux, hélas! on se moquait comme d'un paradoxe.

Nos véritables intérêts, continuait-il, exigent évidemment la continuation de cette entente cordiale, qui, en conférant aux deux nations tous les avantages d'une franche et loyale intimité, les aidera en même temps à accomplir la mission civilisatrice qui leur a été imposée par une destinée identique.

Le président, resplendissant dans son habit de soirée, avec le grand ruban rouge, et incontestablement la figure la plus imposante des premiers magistrats de la République jusqu'à maintenant, ne fut pas en reste de courtoisie. Son hommage à la reine, à la veille de son jubilé de diamant, ne laissa rien à désirer, et l'éloge qu'il fit de l'ambassadeur lui-même était extrêmement flatteur.

Les remarquables qualités de tact, de prudence et de modération qui ont marqué le cours de votre longue et brillante carrière, et qui vous ont recommandé au choix de Sa Majesté Britannique pour la haute mission que vous êtes appelé à remplir, nous sont une garantie de la manière dont vous répondrez à l'attente de votre gouvernement comme à la nôtre.

Et pendant les dix-huit mois qui suivirent, grâce en partie à la bonne volonté engendrée par le jubilé de la reine, Monson put remplir ses fonctions sans trop de désagréments. Bien que ce fût l'époque « de l'instabilité des ministères français et d'une violence effrénée des partis », en juin 1898, Monson réussit à tarir une source de difficultés; il signa avec M. Hanotaux une convention qui réglait à peu près la question compliquée des frontières du Niger. Mais, dans la même année, l'affaire Dreyfus vint bouleverser la France. Les critiques formulées par les Anglais à l'occasion de ce terrible scandale rendirent virulente l'anglophobie chronique des Français. Et immédiatement après, en septembre 1898, il y eut l'incident de Fachoda. Un officier français, le commandant Marchand, à la tête d'une petite expédition partie du Congo français, avait planté le drapeau français sur un point qui se trouvait à l'intérieur des limites du Soudan égyptien. Le sirdar, Sir Herbert Kitchener, passant par là aussitôt après sa victoire de Khartoum, ordonna aux Français d'amener leur pavillon et de repartir. Sur quoi Marchand s'obstina et refusa de partir sans un ordre de son gouvernement.

Or, dès le mois de décembre précédent, Sir Edmund Monson avait informé le ministre des Affaires étrangères français, M. Hanotaux, que, si le gouvernement de Sa Majesté était disposé à reconnaître les prétentions françaises sur les rives nord et est du lac Tchad, « il ne fallait pas croire qu'il admît qu'aucune autre puissance que la Grande-Bretagne eût un droit quelconque à occuper une partie quelconque de la vallée du Nil ». Et même, trois ans auparavant, Sir Edward Grey avait déclaré au Parlement qu'une avance française dans la vallée du Nil serait considérée par la Grande-Bretagne comme « un acte inamical ».

Monson alla immédiatement voir M. Delcassé et écrivit
(18 septembre) :

> M. Delcassé m'a dit aujourd'hui qu'il n'avait aucune connais-
> sance de la position de M. Marchand ; mais, « supposons qu'il soit à
> Fachoda, comme l'affirment les journaux anglais, le gouvernement
> français doit-il comprendre que le gouvernement de Sa Majesté
> dit qu'il n'a pas le droit d'y être ? »
> J'ai répondu que si je n'avais aucun doute quant au désir du
> gouvernement de Sa Majesté de vivre en parfaite amitié avec celui
> de la France, je n'hésitais pas non plus à dire qu'il considérait que
> Fachoda, en tant que dépendance du Califat, était maintenant
> passé entre les mains de la Grande-Bretagne et de l'Égypte.
> Quant à la question du droit de M. Marchand à être là-bas,
> M. Delcassé savait aussi bien que moi que l'Angleterre avait fait
> comprendre très nettement à la France que toute incursion dans le
> Bassin du Haut-Nil serait considérée par nous comme un acte
> inamical. Pourquoi donc avait-on envoyé cette mission alors qu'on
> savait nécessairement les sérieuses conséquences que son arrivée
> sur ce point ne pouvait manquer de produire ? (¹).

Delcassé répliqua que, tout d'abord, la France n'avait
jamais reconnu la sphère d'influence britannique dans la
région du Haut-Nil, et, deuxièmement, qu'il n'y avait pas
de mission Marchand à proprement parler, que le vaillant
commandant agissait uniquement d'après les ordres de son
commissaire local du Congo français : sa mission était simplement « une mission de civilisation dans un pays non
réclamé », il était un explorateur, un pionnier, etc... Sur
quoi, l'ambassadeur dit franchement au ministre que la
situation dans le Haut-Nil était à ce moment-là dangereuse.
« Nous n'avons aucun désir de chercher querelle, mais après
l'avertissement que nous avons donné il y a longtemps, la
France ne doit pas s'étonner du ressentiment de l'Angleterre. » « La conversation, conclut Sir Edmund Monson, fut
menée des deux côtés avec un calme parfait... M. Delcassé
dit : « la France ne désire pas de querelle. »

Lord Salisbury écrivit à Monson :

> Que ce soit à l'époque de la domination des Égyptiens ou de celle
> des Derviches, la région dans laquelle on a trouvé M. Marchand n'a
> jamais été sans propriétaire, et son expédition avec un détache-
> ment de cent soldats sénégalais n'a aucun effet politique, et aucune
> signification politique ne peut y être attachée.

1. F. O. Monson à Salisbury.

Si le ton des diplomates était calme et raisonnable, il n'en était guère de même de la presse et du grand public. A en juger par les diatribes de quelques journaux anglais, la France avait réellement fourni un *casus belli*, et cette manière de voir était partagée par certains hommes d'État anglais.

« Ce serait un grand malheur, dit lord Aldwyn, chancelier de l'Échiquier, qu'après une paix de plus de quatre-vingts ans nous fussions lancés dans une grande guerre. Mais il y a des maux plus grands que la guerre. »

Il est à peine besoin d'ajouter que, si la presse anglaise était violente, celle de Paris se surpassait elle-même en cette occasion. Il n'y avait qu'une chose à faire : courir aux armes !

Les deux parties publièrent rapidement *Livre Bleu* et *Livre Jaune*, et, après de longues discussions enflammées en dehors des chancelleries, M. Delcassé eut le courage de braver l'opinion publique française et de rappeler le commandant Marchand. La presse des boulevards s'indigna, mais l'orage était passé.

Vers la fin de l'année, en passant en revue par la pensée les événements qui avaient si profondément exaspéré l'opinion publique, Monson sentit que le moment était propice pour un petit discours à cœur ouvert. Si le Foreign Office avait été consulté, il n'aurait pas manqué de désapprouver cette intention, mais l'ambassadeur se rappela que son prédécesseur, lord Dufferin, avait profité de l'occasion fournie par le dîner annuel de la Chambre de Commerce britannique de Paris pour atteindre un public plus large. Il avait pris lui-même la parole à cette occasion l'année précédente, mais son discours, qui ne traitait que de lieux communs diplomatiques, avait passé inaperçu.

Cette fois, les accents de l'ambassadeur britannique à Paris étaient destinés à retentir dans le monde civilisé tout entier.

Sir Edmund Monson commença par une allusion « à la nouvelle diplomatie qui est devenue à la mode, dit-on, et qui aurait parfaitement supplanté les méthodes dans lesquelles ont été élevés les vieilles « ganaches » que nous sommes.

La nouvelle diplomatie, si je la comprends bien, est une concession à l'impatience fin de siècle et elle est due principalement à l'esprit d'audace de la presse, à laquelle la diplomatie doit déjà tant ; mais elle est également due dans une certaine mesure à la patrie des inventions, à l'originalité de l'esprit américain qui s'applique si bien à améliorer les diplomates de la vieille école qu'il les fait disparaître de la surface de la terre.

Après avoir rendu hommage à la culture et à l'éloquence des ambassadeurs américains Hay et Bayard, et regretté de ne pouvoir s'enorgueillir de leurs dons oratoires, il cita ce mot de lord Clarendon, dont il s'était servi dans d'autres circonstances : « Tout l'art des diplomates britanniques doit consister dans une sincérité, une loyauté et une droiture parfaites. »

Je tiens essentiellement, continua Sir Edmund Monson, à déclarer de la manière la plus catégorique que notre politique, malgré toutes les attaques dont elle a été l'objet, s'est exclusivement basée sur ces principes caractéristiques. Ce n'est pas sans de longues réflexions, je dirai même sans inquiétude, que j'ai décidé de profiter de cette occasion pour m'écarter quelque peu des limites traditionnelles qui arrêtent le diplomate, et qui, jusqu'à ces dernières années, lui fermaient la bouche ou le réduisaient à énoncer des lieux communs. La nouvelle diplomatie nous encourage à dire carrément ce que nous pensons ; mais il y a toujours les obligations de discrétion, de courtoisie et de bons sentiments, que nous devons avoir soin de respecter, même au risque d'être flétris de cette terrible épithète de « guindé » qui est, j'imagine, considérée par certaines personnes comme l'antithèse de « franc ». Pour ma part cependant, j'avoue une préférence pour la diplomatie fondée sur la vieille maxime : *Suaviter in modo, fortiter in re.*

Il dit ensuite qu'il y avait, vers la fin de chaque année, deux phénomènes remarquables, l'un céleste et l'autre terrestre, qui étaient devenus familiers à tout le monde en Angleterre : les étoiles filantes dans le firmament et les étoiles politiques sur les estrades provinciales.

Les membres du Parlement sont tenus de faire une visite à leurs électeurs pendant les vacances parlementaires pour rendre compte de leur mandat, et il était inévitable que les orateurs en vinssent à toucher aux questions brûlantes du jour.

Parmi ces questions, il y avait Fachoda, et certains com-

mentaires anglais n'avaient pas précisément fait plaisir à
la France. Mais en tout cas, de l'avis de l'ambassadeur, ces
commentaires, judicieux ou non, avaient fort utilement
servi à convaincre les pays étrangers que « les conseillers
de la Couronne représentaient à un moment critique le sentiment d'un peuple uni et non pas seulement d'un parti
politique. La Grande-Bretagne était unanime à ce sujet,
et il n'y avait pas de doute possible. »

Ce n'est point le rôle habituel d'un ambassadeur, surtout quand
il parle dans la capitale du pays auprès duquel il est accrédité,
d'essayer une défense publique de la politique du gouvernement
qu'il représente... Mais, dans cette occasion exceptionnelle, je ne
puis m'empêcher de dire qu'il est exact qu'on ne pouvait prendre
aucune autre attitude dès le début, et que personne n'avait la
moindre raison d'entretenir un doute à ce sujet. Journalistes,
pamphlétaires, auteurs comiques et caricaturistes peuvent avoir
causé beaucoup de mal sans le vouloir. Et même certains orateurs
politiques en ont fait leur part. J'ose espérer qu'à l'heure actuelle,
l'idée d'après laquelle nous serions indéfiniment compressibles et
enclins à faire des concessions gracieuses mais impolitiques, a été
complètement détruite. Mais d'autre part, la fanfaronnade n'est
pas seulement malséante, elle est peu sage et indigne de nous...

Sans doute, l'Angleterre protège jalousement ses intérêts et est
fermement résolue à ne permettre aucun empiètement sur ses
droits, mais comme elle est, semble-t-il, à l'abri de beaucoup de
choses qui sont des sujets d'appréhension sur le Continent, elle
n'a pas de desseins agressifs qui doivent inspirer de l'inquiétude
chez ceux qui entendent agir honnêtement et justement avec elle...
Nous demandons à la France de cesser de croire à des intentions
déloyales ou à une animosité générale contre elle en Angleterre
— et nous sommes prêts à croire, ai-je besoin de dire que je crois
moi-même fermement, que la masse de la nation française n'a
aucune animosité contre les Anglais — et nous demandons à la
France de se rencontrer avec nous dans toutes les questions en
litige, avec le désir sincère d'un arrangement équitable, sans aucune
pensée de triomphe diplomatique, sans aucune intention de conclure un marché qui ne serait avantageux que pour une seule
partie.

Il terminait ses remarques par quelques mots de conseils
au monde officiel français et à la presse française :

Je leur demande très sincèrement de désapprouver et de cesser
cette politique des coups d'épingle qui ne peut procurer qu'une
satisfaction éphémère à un ministère de courte durée et qui doit
inévitablement perpétuer de l'autre côté de la Manche une irritation
qu'une nation qui a du caractère doit finir par trouver intolérable.
Je les prie instamment de résister à la tentation d'essayer de con-

trarier les entreprises britanniques par des manœuvres mesquines comme celle que constituerait, j'ai le regret de le dire, le projet de créer des établissements d'instruction pour faire concurrence aux nôtres dans les provinces nouvellement conquises du Soudan. Une provocation irréfléchie de ce genre, qui, je l'espère fermement, ne recevra aucun appui officiel, pourrait bien avoir pour résultat de faire cesser notre politique d'indulgence, de modération dans l'exploitation de nos récentes victoires, et de faire adopter des mesures qui ont évidemment l'approbation d'un nombre assez considérable d'Anglais, mais qui ne sont pas, je suppose, l'objet que vise l'opinion française.

Ce discours réellement modéré fut chaleureusement applaudi par tous les Anglais présents. Le ton était amical et l'exhortation opportune. Mais s'il eût été la manifestation délirante d'un francophobe enragé, il n'aurait guère fait plus de sensation. « Stupéfiante indiscrétion de l'ambassadeur d'Angleterre: », « La France insultée : Est-ce une déclaration de guerre? », voilà ce qu'on lisait en manchette de deux journaux.

Quelques-uns, comme *l'Univers*, invitaient les Français à se préparer au pire et demandaient immédiatement des fortifications et des croiseurs. La légitimiste *Gazette de France* disait que si la France avait été une monarchie, l'ambassadeur de Grande-Bretagne aurait immédiatement reçu ses passeports. « L'arrogance britannique, déclarait *l'Intransigeant*, ne s'est jamais si nettement montrée. » Suivant *l'Éclair*, « la Grande-Bretagne a, dans l'affaire de Fachoda, traité la France avec une brutalité qu'il est difficile d'oublier, et que même les coups d'épingle de la France ne pouvaient justifier. »

Son attitude, disait *la Liberté*, qui vaudrait à un jeune secrétaire d'ambassade une sévère remontrance de ses chefs, est tout à fait inexplicable; ce n'était pas la peine d'avoir blanchi sous le harnois diplomatique pour commettre sur la fin de sa carrière une gaffe qui aurait suffi à discréditer un novice... Nous doutons que cette sortie contribue beaucoup à améliorer sa situation personnelle à Paris, où ses prédécesseurs nous avaient habitués à plus de tact et de discrétion, même dans les moments les plus critiques. Ils parlaient moins de politesse, mais ils la pratiquaient mieux.

M. Delcassé fut prié de demander à lord Salisbury si c'était sur ses ordres que l'ambassadeur d'Angleterre à Paris « s'était cru autorisé non seulement à représenter le

Foreign Office, mais à diriger la politique étrangère française ».

Quand on lut en Angleterre les informations relatives au « discours des coups d'épingle » (comme on l'appela), on sentit que Sir Edmund Monson avait dit ce qu'il fallait, comme il fallait, et qu'en transgressant une règle diplomatique il avait fait en réalité de la meilleure diplomatie.

A l'heure actuelle, commentait le *Times*, ce serait pure affectation d'ignorer la tendance que manifeste depuis de longues années la politique étrangère française à contrarier les intentions de notre pays chaque fois qu'elle le peut, non point pour sauvegarder de réels intérêts français, mais simplement pour le plaisir de nous ennuyer... Représenter le discours de l'ambassadeur comme une tentative de dicter la politique du ministère français des Affaires étrangères c'est fermer la porte à la franche expression des sentiments qui seule peut empêcher de désastreux malentendus.

Néanmoins, lord Salisbury n'était pas très enchanté de cette explosion, et, quelques jours après, un communiqué de l'ambassade était donné par l'Agence Havas.

« Les commentaires provoqués par le récent discours de Sir Edmund Monson au Banquet de la Chambre de Commerce britannique, montrent que l'idée de l'ambassadeur n'a pas été comprise ou qu'elle n'a pas été présentée avec une clarté suffisante. » « Sir Edmund Monson n'avait nullement voulu s'immiscer dans la politique française : il avait beaucoup d'estime et d'admiration pour la France et les Français, et n'avait jamais songé à leur faire la moindre offense. » Lu aujourd'hui, ce communiqué paraît plutôt quelconque; mais il eut l'effet voulu. On fit savoir à l'ambassadeur qu'il était pardonné et l'incident fut clos.

Malheureusement, l'année suivante la guerre contre les Boërs éclata et l'anglophobie atteignit, non seulement en France mais sur tout le continent, un degré à peu près inconnu jusqu'alors. « Les coups d'épingle », qui avaient été généralement réservés aux actes de la politique britannique, furent remplacés par de sauvages et vulgaires coups de stylet, et ceux-ci n'épargnèrent même pas la personne de la vénérable reine-impératrice ni l'héritier du trône, qui avait toujours montré sa prédilection pour la France et jouissait d'une grande popularité dans ce pays. Et puis, le commencement de la guerre coïncida malheureusement avec les préparatifs de l'Exposition de Paris de 1900. Onze ans auparavant le prince avait été président de la Section britannique et lord Salisbury le pria d'accepter de nouveau ce rôle. Le prince se mit rapidement à l'œuvre avec son application et son énergie habituelles ; mais lorsque les bâtiments furent à peu près terminés, les relations internationales étaient si tendues et les attaques de la presse parisienne contre l'Angleterre, la reine et le prince étaient si infâmes que celui-ci sentit qu'il ne pouvait continuer. En dépit de tous les efforts de persuasion de sa mère et du premier ministre, son Altesse Royale s'obstina. Il écrivit qu'il « lui serait impossible d'assister à l'ouverture ». Il appela l'attention de lord Salisbury sur un article particulièrement injurieux de la *Patrie* et il ajouta qu'il y avait des chances pour que la populace de Paris insultât l'uniforme britannique qu'il porterait s'il assistait à la cérémonie de l'ouverture. Sa présence devait être, selon lui, un manque d'égard pour la reine et une preuve d'indifférence devant les « viles attaques dirigées contre Sa Majesté ».

« Il n'y a rien à ajouter », approuva nettement lord Salisbury. Mais, comme le remarque le biographe du futur roi Édouard, « cet incident s'avéra finalement une querelle d'amoureux qui, après avoir suivi son cours, servit à intensifier la vieille affection mutuelle [1]. »

Aucun de ses prédécesseurs n'avait jamais eu à surmonter des difficultés plus grandes que celles qui furent infligées à Sir Edmund Monson pendant cette période, mais sa courtoisie et sa droiture furent sans défaillance. Quand les anglophobes de la presse, des tribunes électorales et de la Chambre furent à bout de rage, il y eut un changement de marée et la réaction inévitable commença. Comme le disait lord Fitzmaurice : « La France de la diplomatie processive, la France des journaux boulevardiers n'est pas réellement la nation française. »

1. Sir Sidney LEE : *Le roi Édouard.*

En réalité, la situation européenne dans les premières années du nouveau siècle, après que le roi Édouard VII fut monté sur le trône, faisait comprendre aux hommes d'État de France et d'Angleterre l'intérêt qu'il y avait à enterrer leurs vieilles querelles et à se rapprocher plus étroitement en présence des dangers qui surgissaient à l'horizon. Le roi était décidé à établir une entente cordiale toute nouvelle. Monson contribua pour sa part au rapprochement, qui atteignit son point culminant dans les accords du 4 avril 1904. Les avantages qui résultaient d'un règlement des vieilles disputes au sujet de l'Égypte, de Terre-Neuve et du Siam l'emportaient sur tous les risques d'une rupture ultérieure au sujet du Maroc. Lord Rosebery et quelques autres restaient peut-être sceptiques, mais les quatre principaux personnages intéressés étaient satisfaits : le roi, lord Lansdowne, M. Delcassé et Sir Edmund Monson, et leur satisfaction fut justifiée par les événements des années suivantes.

En janvier 1905, Sir Edmund Monson, ayant dépassé la limite d'âge diplomatique et vu enfin la réalisation de l'Entente Cordiale, quitta l'ambassade. Le Gouvernement français montra qu'il appréciait ses services en lui décernant la grand-croix de la Légion d'Honneur, et son souverain lui conféra le titre de baronnet. Quelques-uns s'étonnèrent qu'il n'eût pas été créé pair d'Angleterre. Peut-être aurait-il dû l'être. Il était le seul ambassadeur du siècle qui n'eût pas reçu cet honneur. Mais Monson (qui, on peut le rappeler, avait été longtemps l'héritier présomptif d'une pairie) était relativement pauvre : il avait fait savoir que cette dignité le mettrait dans l'embarras ([1]).

---

1. Sir Edmund Monson survécut environ cinq ans à sa retraite ; il mourut le 28 octobre 1909.

CHAPITRE XVIII

LORD BERTIE ET LA GUERRE

Affable, épris de vie mondaine et de bien-être, d'une correction impeccable, vêtu avec une certaine élégance surannée, Sir Francis Leveson Bertie était le type de l'aristocrate grisonnant de « Mayfair ». Mais il était aussi, essentiellement, un homme du Foreign Office, qui, pendant près de quarante ans, avait passé ses matinées à lire des dépêches pour son chef de la Downing Street, et ses soirées à son club ou à l'Opéra. Le père de Bertie était « cet habile vieux lord Abingdon », jadis célèbre à Oxford ; sa mère était une Vernon Harcourt et sa femme une Wellesley, fille du comte Cowley, l'ancien ambassadeur, de sorte que Bertie n'était pas seulement un diplomate achevé mais qu'il était également pourvu d'une profonde connaissance de la vie politique anglaise et de ses influences.

Quand donc, en 1903, ce sous-secrétaire au Foreign Office, déjà tout près de la soixantaine, fut envoyé à sa première cour étrangère et dans une ambassade aussi importante que celle de Rome, qui put s'en étonner ? N'avait-il pas toute sa vie connu à fond les affaires de l'Italie et du reste de l'Europe ? Et personne ne montra de surprise non plus quand, dix-huit mois plus tard, il reçut le poste le plus envié de la carrière diplomatique et fut appelé à succéder à Sir Edmund Monson, faubourg Saint-Honoré.

Bertie arriva à Paris à une époque singulièrement heureuse. Grâce à l'initiative du roi Edouard VII et à la prompte réponse de M. Delcassé et du gouvernement français aux ouvertures britanniques, l'Entente était déjà universellement acceptée et établie. Pour lady Bertie, Paris signifiait le réveil de souvenirs anciens et le renouvellement de vieilles amitiés qu'elle avait formées dans sa jeunesse, alors qu'elle était à l'ambassade avec son père, le comte Cowley.

En ce qui concernait la diplomatie, c'était maintenant l'Allemagne plutôt que la France, ou tout au moins les relations franco-allemandes, qui se trouvaient au premier plan des préoccupations du nouvel ambassadeur. Cela commença dès la première année de Bertie, lorsque la pression allemande devint si forte que les Français se tirèrent d'une crise en sacrifiant M. Delcassé ([1]), qui fut obligé d'abandonner le ministère des Affaires étrangères. Dès ce moment-là, on voyait venir de loin le futur conflit, et les Français devenaient de plus en plus nerveux. Leurs hommes d'État tenaient beaucoup à savoir dans quelle mesure exacte ils pouvaient compter sur l'appui britannique, au cas où les choses en viendraient au pire. La question brûlante était : la France pourrait-elle compter sur l'aide de l'Angleterre en cas d'attaque de l'Allemagne ([2])?

Au moment de l'affaire d'Algésiras, M. Paul Cambon avoua que ce qui rendait la situation si grave c'était que « l'empereur d'Allemagne avait donné à comprendre au gouvernement français qu'il ne pouvait compter sur l'Angleterre, et il importait beaucoup aux Français de savoir qu'ils le pouvaient ».

Alors que le ministre britannique des Affaires étrangères faisait savoir à Sir F. Bertie que « nous n'avions aucune obligation, d'aucune sorte, que la France pût invoquer, d'aller au delà d'un appui diplomatique », il se posait à lui-même déjà la question suivante : « Pourrions-nous rester complaisamment à l'écart et voir la France souffrir pour

1. « Quand M. Delcassé fut sacrifié, X... me dit : « Vos amis les Français tremblent comme un tremble. » (Vicomte GREY OF FALLODON, *Mémoires*.)
2. F. O. : Sir E. Grey à Sir F. Bertie (31 janvier 1906).

quelque chose où nous serions ses partenaires? » C'était là une doctrine hardie pour un membre d'un ministère libéral, et qui n'aurait trouvé que peu de sympathie dans la masse de son parti.

Bertie eut vite fait de se rendre compte que si ses prédécesseurs avaient eu une rude tâche à essayer de désarmer l'hostilité de la France, la sienne, qui consistait à satisfaire les espérances et à dissiper les méfiances de l'autre partie à l'Entente, n'était pas moins difficile. Dans les ministères français, qui changeaient si fréquemment, il y avait « des collègues sceptiques », qui allaient jusqu'à croire que l'Angleterre avait une entente secrète avec l'Allemagne! Sir Edward Grey était déconcerté par

la légèreté et la facilité avec lesquelles la France supposait que nous ne jouerions pas le jeu. Il ne s'agissait pour le moment que d'un appui diplomatique, et la franchise même avec laquelle nous avions expliqué pourquoi nous ne pouvions promettre d'avance un appui armé, auquel nous n'étions pas engagés, aurait dû être considérée par les Français comme une preuve que nous donnerions l'appui diplomatique auquel nous étions tenus. Comment de bonnes choses pouvaient-elles prendre racine dans ces sables mouvants de la suspicion et de la méfiance?

Et plus loin :

Quand on y regarde de près et qu'on voit tous les dangers qui existaient alors, le peu de foi que les nations ont les unes dans les autres, leur penchant à la méfiance et aux soupçons réciproques, il apparaît presque comme un miracle que l'Entente ait survécu [1].

Il est certain, cependant, que le nouveau ministre français de l'Intérieur ne pouvait être compté parmi les sceptiques.

M. Clemenceau, écrivait Bertie, avec qui j'ai lié connaissance depuis quelque temps, m'a fait une visite à la fin de l'après-midi. Il professe des tendances anglophiles, et dans son journal, l'*Aurore*, il s'est fait l'ardent avocat d'une politique de relations intimes entre la France et l'Angleterre.

Une autre fois, l'ambassadeur écrit au secrétaire aux Affaires étrangères :

Au reçu de votre télégramme du 16 de ce mois, je suis allé voir M. Bourgeois, M. Clemenceau et M. Étienne. Je leur ai dit que vous

1. *Mémoires.*

m'avez autorisé à affirmer que la coopération cordiale avec la
France dans toutes les parties du monde est un des principes essentiels de la politique britannique et qu'il n'a jamais été question
pour le gouvernement de Sa Majesté de cesser d'appuyer la France
dans les questions qui sont en discussion à Algésiras.

Il est fâcheux qu'il se trouve des Français cultivés et influents
pour croire à la mauvaise foi dont on accuse l'Angleterre, mais la
méfiance héréditaire contre notre pays, qui a été si longtemps une
caractéristique de la race française, a été habilement exploitée par
des gens qui agissent dans l'intérêt de l'Allemagne, et veulent créer
la discorde entre la France et l'Angleterre.

Le gouvernement britannique était obligé de peser soigneusement tous ses actes et toutes ses paroles, de peur que
l'Entente n'en fût affectée. L'Entente ressemblait à un
malade délicat que la plus légère brise de l'est ou du nord
pouvait emporter. Une fois, Bertie eut un bien mauvais
moment à passer lorsque le Quai d'Orsay découvrit que
non seulement lord Haldane, ministre de la Guerre britannique, avait accepté une invitation à se rendre en Allemagne, mais que la date de sa visite allait coïncider avec
l'anniversaire de la bataille de Sedan et sa commémoration
annuelle par ses hôtes!

Au cours des cinq ou six années qui suivirent, Bertie eut
à représenter le gouvernement britannique dans deux
crises internationales, et en 1911 il en surgit une troisième,
celle d'Agadir.

Les deux pays, la France et l'Allemagne, se regardaient
fixement par delà leurs frontières respectives. Pour une
raison ou une autre, l'empereur d'Allemagne crut le moment venu de faire bruyamment retentir son sabre et
estima qu'il pouvait maintenant ignorer l'Angleterre. Cette
fois, à la grande joie de la France, un avertissement tomba
de la bouche de M. Lloyd George, le dernier homme, peut-
être, de qui le gouvernement allemand l'eût attendu, et
il eut un effet immédiat.

Je considère, déclara-t-il au Guildhall, que rien ne justifierait
une perturbation de la bonne volonté internationale si ce n'est des
questions de la plus haute importance nationale. Mais si une situation devait nous être imposée dans laquelle la paix ne pourrait être
maintenue que par l'abandon de la grande et bienfaisante situation
que la Grande-Bretagne s'est acquise par des siècles d'héroïsme et

d'exploits, qu'en permettant que la Grande-Bretagne fût traitée, dans des questions où ses intérêts vitaux seraient en jeu, comme si elle ne comptait pas dans le concert des nations, eh! bien, je proclame hautement que la paix à ce prix serait une humiliation qu'un grand pays comme le nôtre ne saurait tolérer (¹).

La France se déclara pour le moment satisfaite de cet avertissement à l'Allemagne et Bertie pouvait signaler l'accroissement de la confiance et de la bonne volonté.

La mort du roi Édouard en 1910 fit disparaître une puissante influence en faveur de la paix et de l'amitié entre les deux pays, et la presse et le public français rendirent largement hommage à sa mémoire. Au cours de ses nombreuses visites, le souverain avait toujours accepté l'hospitalité de l'ambassade et il comptait sur son ambassadeur pour le maintenir en contact avec les formes diverses de l'opinion et de l'activité parisiennes et avec les hommes du jour.

On peut noter que son successeur, le roi Georges, fit également deux visites à Paris avant la grande guerre, la dernière en avril 1914.

Pendant tout ce temps, il y avait eu « des conversations » entre les états-majors français et britannique, en vue d'une coopération en cas de guerre, conversations organisées par les ministères de la Guerre des deux pays, mais si secrètes que même certains membres du ministère britannique n'en connaissaient rien. Il est encore plus étrange que Sir Francis Bertie ne fût pas informé de ces conférences.

La destinée de Bertie voulut qu'il fût ambassadeur de Grande-Bretagne à Paris quand éclata la guerre dans laquelle non seulement la France, mais son propre pays et à peu près toute l'Europe et les principaux pays du monde furent entraînés, et qu'il restât à l'ambassade pendant quatre années du conflit. Naturellement, lorsque le gou-

---

1. « Ce discours était tout entier de l'inspiration de Lloyd Georges. Je n'ai rien fait pour le provoquer, mais j'en ai été très heureux. Il a produit un effet beaucoup plus considérable que tout ce que j'aurais pu dire moi-même. Il y avait une partie de l'opinion en Grande-Bretagne, et une partie importante, qui considérait le Foreign Office en général, et moi-même en particulier, comme indûment anti-allemands, tout comme en 1893, par exemple, on considérait Rosebery et le Foreign Office comme anti-français. »
Grey of Fallodon, *Mémoires*.

vernement britannique prit la décision capitale de se ranger du côté de la France et contre l'Allemagne, la diplomatie et les affaires habituelles de l'ambassade [prirent fin. *Inter arma silent leges.* Mais Bertie était toujours le principal civil britannique résidant dans la capitale française et il y avait d'importantes fonctions et qualités dans lesquelles il restait indispensable. Il est intéressant de regarder ce qui se passait dans l'esprit de l'ambassadeur à la veille du conflit et de voir comment il considérait tout cela.

Il écrivait dans son *Journal* (30 juillet 1914) :

Les choses sont en suspens dans la balance de la paix et de la guerre. On nous considère comme le facteur décisif. Les Italiens suggèrent que nous et eux, nous restions à l'écart. Mauvaise affaire pour les Français ! J'ai écrit à Grey que l'on estime ici que la paix entre les puissances dépend de l'Angleterre ; que si elle se déclare solidaire de la France et de la Russie il n'y aura pas de guerre : car l'Allemagne ne voudra pas courir le risque de voir ses approvisionnements par mer coupés par la flotte britannique. Mais les gens ne se rendent pas compte, ou ne tiennent pas compte, de la difficulté qu'il y a pour le gouvernement britannique à déclarer l'Angleterre solidaire de la Russie et de la France dans une question comme le conflit austro-serbe. Les Français devraient exercer une pression sur le gouvernement russe pour qu'il modère son zèle. Si nous donnions maintenant à la France et à la Russie une assurance de concours armé, la Russie deviendrait plus exigeante et la France serait obligée de la suivre. Les journaux deviennent belliqueux, mais pas encore les gens. La Bourse est à peu près fermée et la Banque de France se prépare à émettre des billets de vingt, dix et cinq francs. Entre temps on fait la queue aux guichets de la Banque de France pour demander du métal en échange des billets de banque. Les employés font toutes les difficultés possibles pour exécuter les obligations de la Banque de donner de la monnaie, or ou argent, en échange de ses billets.

Le lendemain, il écrit :

Je crains que les chances du maintien de la paix ne diminuent. Pendant que de soi-disant conversations amicales se poursuivent à Vienne, les Allemands font tous leurs préparatifs à la frontière française pour bondir sur la France. Ici, tout le monde compte que l'Angleterre « fera son devoir », mais la querelle austro-serbe est une question bien mauvaise pour faire une déclaration de solidarité avec la France. Cependant, si la guerre éclate et si nous n'y entrons pas dès le début, nous pourrons nous faire à nous-mêmes, aussi bien qu'aux Français, beaucoup de mal, car nous sommes sûrs d'y être entraînés avant longtemps et alors les Français auront peut-être subi des défaites. Si, au début, nous étions avec les Français, l'Allemagne serait probablement affamée par notre flotte ; la flotte allemande resterait, selon toute vraisemblance, dans la Baltique et la marine marchande allemande serait effacée de la surface des mers. Le rédacteur en chef d'un journal me dit qu'il sait, de première source, que le roi va recevoir « une lettre suppliante » de Poincaré. Qu'est-ce qu'Asquith va penser de tout cela !

Pendant un jour ou deux le ministère libéral britannique hésita, et les Français commencèrent à se préparer au pire.

2 août 1914. Avant peu, nous entendrons les mots de « perfide Albion ». Les Allemands se sont comportés d'une manière honteuse ; ils ont violé le territoire du Luxembourg, dont la neutralité est garantie par l'Europe. Ils peuvent entrer ensuite en Belgique, et cela pourra émouvoir l'opinion publique britannique. L'ambassadeur d'Allemagne est toujours ici. Le gouvernement allemand voudrait peut-être que le gouvernement français lui remît ses passeports, pour pouvoir dire qu'il a été expulsé.

En ce qui concerne l'ambassade britannique du faubourg Saint-Honoré :

les grandes portes sont fermées, et elles le sont depuis quelques jours, car à tout moment les démonstrations d'amitié pourraient se changer en manifestations de haine.

Mais le 4 août, comme celles du temple romain de Janus, elles furent rouvertes à deux battants. L'Angleterre avait également déclaré la guerre.

A la séance de la Chambre de ce jour, « lorsque le nom de l'Angleterre fut prononcé, les députés se tournèrent vers la tribune diplomatique, croyant que l'ambassadeur britannique s'y trouvait ».

Pendant les trois semaines qui suivirent, Sir Francis Bertie se trouva le personnage le plus populaire de Paris. Jamais encore un ambassadeur britannique n'avait joui d'une pareille popularité. La gratitude des Français ne connaissait pas de bornes. Quand il sortait, les femmes lui envoyaient des baisers et les hommes se précipitaient pour lui serrer la main. La cour de l'ambassade était remplie de voitures des personnages les plus riches, les plus célèbres et les plus puissants.

Puis, ce fut la retraite de Mons.

Le 1er septembre arriva un nouveau héros britannique,

le grand lord Kitchener, récemment nommé ministre de la
Guerre. Ce ministre, qu'on avait toujours regardé comme
un civil, apparut alors dans le splendide uniforme de feld-
maréchal. Il était venu conférer avec le commandant en
chef britannique, Sir John French. Celui-ci quitta le front
précipitamment et les deux soldats se rencontrèrent à l'ambassade. Quand la conférence militaire fut terminée, French
fit part à l'ambassadeur de l'intention de Kitchener d'aller
au front et d'y inspecter les troupes britanniques. Mais s'il
exécutait cette intention, French menaçait de donner
immédiatement sa démission. Ce soir-là, Bertie alla voir
Kitchener et eut une explication avec lui.

Comme il ne paraissait pas convaincu par mes arguments, je lui
dis que j'allais télégraphier mes vues au gouvernement de Sa Majesté. Le télégramme, rédigé par moi, était adressé à Grey et avait
la teneur suivante : « Lord Kitchener est arrivé et a eu une conférence avec Sir John French. Il m'a dit que le gouvernement de
Sa Majesté lui avait demandé d'inspecter les troupes britanniques.
Je lui ai objecté que cette visite aurait l'effet le plus fâcheux sur
l'armée et sur l'opinion publique françaises; elle produirait l'impression que Sir John French n'a pas donné satisfaction au gouvernement de Sa Majesté et que les troupes britanniques doivent
être rendues responsables des récents revers subis par l'armée
française... Lord Kitchener partira de Paris pour Le Havre demain
à 6 heures, à moins d'avis contraire.

Le lendemain matin, Bertie recevait un télégramme de
Grey disant :

Nous approuvons le retour de lord Kitchener comme il est projeté.

L'ambassadeur note :

Je crois qu'après mon entrevue avec lui et une conversation
avec French, Kitchener s'est senti disposé à changer d'avis, car il a
envoyé lui-même le télégramme annonçant qu'il modifiait ses intentions. En ce qui me concerne, il ne m'en a pas voulu de lui avoir
parlé franchement, car nos relations personnelles n'ont pas été
affectées par mon intervention, et je l'ai vu plus tard en diverses
occasions à Paris. Lorsqu'il se rendit d'Angleterre à Gallipoli, il fut
mon hôte à l'ambassade.

Dans la suite, il n'y eut que peu d'incidents. La guerre
suivit son cours et presque toutes les affaires furent entre
les mains des militaires. Mais, bien qu'âgé maintenant de

soixante-dix ans, Bertie supportait mal l'idée de ne pas être sur la brèche, de ne pas « servir en France ».

Le 6 décembre, il reçut la lettre suivante de Sir Edward Grey :

MON CHER BERTIE,

Quels sont vos désirs au sujet de l'ambassade? J'espère que vous allez rester jusqu'à la fin de la guerre. Je crains que ce ne soit pas très agréable, tant que la guerre durera et que le gouvernement français sera loin de Paris, mais ce serait dommage et ce serait aussi une perte pour l'intérêt public, si vous ne retourniez pas à Paris quand une fin victorieuse sera en vue, et si vous n'étiez pas là-bas pour participer à son heureuse conclusion.

Voilà, en toute sincérité, ce que je désire, si cela vous est également agréable.

Et cela était parfaitement agréable à Bertie, comme le fut dans la suite la dignité de pair qui lui fut conférée, bien que lui aussi, comme son prédécesseur Monson, fût le fils d'un pair.

Le vieil ambassadeur mena bientôt une existence aussi cloîtrée que jadis lord Lyons, mais avec cette différence que Bertie n'avait rien à faire et que parfois le temps lui paraissait bien long. Il s'asseyait ou se promenait dans le magnifique jardin de l'ambassade, en se demandant ce qui se passait réellement dans tout ce monde rempli par le cliquetis des armes, ce monde dont il était soigneusement exclu parce qu'il n'était qu'un civil, ce monde en uniforme qui installait une douzaine de bureaux dans tout Paris pour exécuter les affaires de Sa Majesté britannique, qui avait ses secrétaires, ses aides de camp, ses adjudants et ses officiers de liaison, dont les chefs, quand ils visitaient l'ambassade, venaient voir non point l'ambassadeur, mais l'attaché militaire, personnage, hélas! qui lui avait été imposé et avec qui il n'était pas du tout en sympathie. Si seulement le gouvernement britannique l'avait laissé participer à la direction de la guerre! Et puis, tous ces stupides commérages sur la paix, sur la coopération américaine et sur une Société des Nations après la guerre!

Si les armées françaises chassaient les Allemands, un corps d'armée pourrait marcher sur Paris et supprimer tout ce tas d'autorités. Personne ne s'en trouverait plus mal, et le public et le pays se trouveraient mieux d'un changement d'administration. Nous n'entendrions pas autant de balivernes sur la Société des Nations et la paix éternelle. Cette formule ayant été lancée par les socialistes et par le président Wilson, il n'est personne ayant une situation politique importante qui ose se moquer de la « Société des Nations ».

Qui entreprendrait de maintenir la paix s'il y avait une divergence d'opinions entre deux ou plusieurs nations appartenant à la Société et les nations en conflit qui seraient disposées à régler leur différend par les armes?

Tel était le point faible, aux yeux du sagace ambassadeur. Une Société des Nations était absolument impossible. Et puis, les Américains — mais ici l'indignation de Son Excellence l'emportait sur sa douceur diplomatique —

ce sont tous des chanteurs de psaumes, des profiteurs et des farceurs, écrivait-il. La conduite actuelle du gouvernement américain est écœurante. Pour des besoins électoraux, le président s'efforce de tresser la queue du lion. Si cet animal montrait les dents, le président s'effondrerait. La presse et le gouvernement français devraient déclarer nettement leur solidarité avec nous dans les questions du blocus, de la saisie des courriers, du traitement des sous-marins allemands, combattants ou soi-disant commerciaux. Les Américains ont oublié le *Lusitania*, le *Persia*, et ils ne perdent pas de larmes de crocodile au sujet de l'assassinat judiciaire du capitaine Fryatt.

Et une autre fois :

J'espère que nous allons être très fermes avec nos cousins américains. Ils ne veulent pas se battre. Ils préfèrent gagner chacun de grosses sommes d'argent et faire un commerce formidable avec nous. Si nous montrons quelque hésitation devant la nouvelle loi de représailles américaines, nous encouragerons le président à faire quelque bluff électoral, et il se pourrait que, dans la certitude de nous voir céder, il prît quelque disposition sur laquelle il lui serait difficile de revenir, et nous ne pouvons pas céder au sujet du blocus.

Avec des vues aussi fermes, que n'eût-il pas accompli, s'il avait été secrétaire aux Affaires étrangères! Car, comme le note Bertie, un habile Irlandais, le Dr Dillon, était venu à l'ambassade et pendant le déjeuner avait exprimé son regret que Son Excellence n'eût pas succédé à Sir Edward Grey. Il repoussa modestement cette idée, mais il note :

J'ai constaté qu'il était sérieux et il prétendit que la question avait été sérieusement discutée à Londres. Je lui ai dit que je n'en avais aucune connaissance et que c'était là une chose impossible, car je n'avais aucune expérience parlementaire et aucun don de la parole. Il m'a répondu qu'il n'était pas nécessaire de savoir parler, et que ce qu'il fallait, c'était agir et non pas faire des discours. Un autre que moi pourrait prendre la parole. Il s'est mis à rire, j'ai ajouté que soixante-douze ans n'était pas un âge auquel on pouvait repartir pour une nouvelle carrière !

Mais il était significatif qu'on eût songé à lui.

Entre temps, l'ambassadeur recevait à déjeuner quelques Anglais isolés, qui venaient accidentellement à Paris, des gens qui ne pouvaient rien lui dire de ce qu'il aurait voulu réellement savoir, des gens insignifiants qui n'apportaient que des bruits, des canards et des commérages. Quand il venait des personnages vraiment importants, comme par exemple le colonel House, ils commettaient l'impolitesse de ne pas s'approcher de l'ambassade, ou, s'ils rencontraient l'ambassadeur quelque part, ils n'avaient rien à lui dire. Une fois, au cours de ses promenades solitaires, il rencontra une femme intéressante, qu'il connaissait de longue date, et il l'emmena à l'ambassade.

J'ai rencontré dans la rue de Rivoli Mme Gueydan, la première femme de Caillaux. Elle est venue déjeuner avec moi : je n'avais pas eu l'occasion de lui parler depuis plus d'un an. C'est une femme intéressante, et elle a été très belle ; elle est née en Louisiane de parents français. Elle croit qu'il y aura un grand changement en France après une guerre victorieuse.

Les jours devinrent des semaines, et les semaines des mois, et les diverses saisons voyaient toujours l'ambassadeur mener son existence vide, qu'il passait généralement dans son jardin. « Le jardin est déjà très vert, note-t-il au printemps, et les lilas commencent à fleurir ainsi que le cytise. » Et en octobre :

Les teintes automnales du jardin sont magnifiques ; les marronniers brun rouge, brun clair et jaune, et à côté le vert tendre d'une seconde poussée de feuilles sur quelques tilleuls ; les acacias sont encore verts et les sycomores verts et bruns. Le vent d'hier a abattu beaucoup de feuilles et le marronnier le plus près de la maison, qui est le premier à avoir des feuilles, est maintenant presque dépouillé.

Mais l'ambassadeur était capable de montrer de l'audace à l'occasion. La manière dont il traitait des journalistes français distingués étonna plutôt M. Lloyd George au cours d'une de ses visites à Paris. Celui-ci avait invité le rédacteur en chef du *Matin* à prendre son petit déjeuner avec lui, mais, juste avant le repas, lord Bertie arrivait à l'hôtel Crillon pour bavarder un peu. Le rédacteur fut annoncé. « Oh! qu'il attende, dit l'ambassadeur — Mais c'est le rédacteur en chef du *Matin*, s'écria Lloyd George. Ne le connaissez-vous pas? — Non, et je ne tiens pas à le connaître! » Le premier ministre fut profondément surpris de cette négligence chez un ambassadeur, mais il dit : « Cela va bien pour vous; vous n'êtes pas un homme politique. » Quant au journaliste, « il entra dans la pièce comme j'en sortais », note lord Bertie. « Je me fis servir mon café et je n'eus pas la tentation de rester et de faire sa connaissance. »

Il ne faut point s'étonner qu'à son retour en Angleterre et à sa première entrevue avec le roi, le premier ministre exprima l'avis qu'il serait désirable de changer le titulaire de l'ambassade de Paris!

Pendant que les commérages allaient leur train au sujet du successeur de lord Bertie, celui-ci se rendit à Londres et fut cordialement reçu par Sa Majesté. M. Paul Cambon, l'ambassadeur de France, avait parlé au roi : il avait entendu dire par son frère Jules que les Français ne désiraient pas de changement à Paris.

Il a dit que j'étais l'ambassadeur le mieux informé qu'il y eût jamais eu à Paris, note complaisamment Bertie. Je comprenais les Français et je tenais bon dans la défense des intérêts britanniques. J'ai fréquemment informé Jules Cambon de ce qui se passait dans la coulisse de la politique française, et que lui (Cambon) ne connaissait pas auparavant, et il a constaté dans la suite que mes renseignements étaient exacts. Je pouvais compter que Sa Majesté ferait tout son possible pour mettre fin à la suggestion de Lloyd George. Rien ne saurait être plus aimable et plus bienveillant que l'attitude du roi à mon égard.

Ainsi, en dépit du premier ministre, en dépit même du redoutable lord Northcliffe, Bertie resta (¹).

---

1. Plus tard le général Trenchard, au cours d'une visite à l'ambassadeur, lui dit qu'il avait rencontré récemment lord Northcliffe à déjeuner et qu'il s'était mis en colère quand lord Northcliffe lui avait dit qu'il avait fait nommer le général à l'Aviation et que lui (lord Northcliffe) connaissait l'esprit de l'armée mieux que le général. Le général lui avait affirmé que ses journaux avaient fait un mal irréparable par leurs attaques grossières contre les officiers de l'armée et de la marine et contre les hommes politiques (*Journal*).

Mais l'hiver était bien dur à passer, surtout quand son personnel était alité et que le charbon était coûteux et difficile à obtenir ([1]).

Vivant dans la solitude de l'ambassade et ne conversant qu'avec des ministres aimablement disposés et des voyageurs de passage, lord Bertie s'apercevait à peine de la réaction antibritannique qui avait lieu à Paris et dans d'autres villes, ainsi que dans une grande partie de l'armée française au printemps de 1917 ([2]).

C'est à ce moment-là que le défaitisme et le boloïsme se livraient à leurs manœuvres, que des orateurs socialistes accusaient l'Angleterre d'être la vraie cause de la prolongation de la guerre, et que des bandes d'hommes et de femmes criant : « A bas l'Angleterre! » étaient dispersées par la police. C'est à ce moment défavorable que les musiques réunies de la division des Gardes firent une visite à Paris, où elles devaient partir de l'Étoile et défiler le long des Champs-Élysées et des boulevards. Il y eut une conférence précipitée à l'Hôtel de Ville et le préfet de police mit subitement fin aux préparatifs. Il fallait donner quelque prétexte à l'ambassadeur de Grande-Bretagne. On lui dit que les gardes étaient trop populaires, qu'ils provoqueraient dans la foule parisienne un tel délire de joie

qu'à la fin du défilé tous ces messieurs en uniforme écarlate à

---

1. A la date du 4 février 1917, l'ambassadeur écrit :

« Voici notre liste de malades : Phipps, rougeole; Addison, bronchite; Palairet, en convalescence de l'influenza, mais toujours alité. Le froid est glacial, le charbon presque impossible à obtenir; on paie 200, 250 et 275 francs la tonne. Les chemins de fer de l'État me fournissent à des prix inférieurs; mais seulement en petites quantités. Le transport est de 15 francs par tonne. J'ai dû fermer la cuisine et les aliments sont préparés à l'office. » (*Journal.*)

2. Parfois la manière très caractéristique de Bertie avait beaucoup d'effet. M. Wickham Steed nous dit qu'à ce moment-là l'opinion publique française était devenue rétive et « encline à la critique ». Certains Français croyaient fermement que l'Angleterre avait l'intention de garder après la guerre Calais où elle s'était déjà solidement installée. M. Hanotaux, l'ancien ministre des Affaires étrangères, anglophobe invétéré, avait été invité par une Parisienne à se rencontrer avec l'ambassadeur britannique à sa table. Pour ouvrir la conversation, Hanotaux eut le tact de faire la remarque suivante : « Pour beaucoup de gens, M. l'ambassadeur, les établissements britanniques dans le nord ont tout à fait l'air d'être permanents ».

— « Ils ont tout à fait raison, répondit aussitôt Bertie; la dernière fois que nous y avons été, nous y sommes restés un bon bout de temps! »

galons d'or n'auraient plus un morceau d'étoffe sur le dos. Les femmes de Paris arracheraient tout pour avoir des souvenirs, jusqu'à leurs boutons.

Et lord Bertie accepta complaisamment cette assurance.

Un jour ou deux plus tard, la musique des Gardes joua au Trocadéro, pendant que des forces considérables de police étaient mobilisées au dehors. Bertie les invita tous ensuite, ainsi que la musique de la Garde républicaine, à un thé à l'ambassade. Voici ce qu'il écrit en toute innocence dans son *Journal* :

25 mai 1917. — La musique des Gardes est arrivée ici à 6 heures 45 au lieu de 5 heures 30, la représentation du Trocadéro ayant été retardée de trois quarts d'heure parce que Chenal n'était pas arrivée à l'heure fixée pour chanter *la Marseillaise*. La musique de la Garde républicaine n'est pas venue au thé. Le ministre de la Guerre a négligé de lui faire savoir qu'elle était invitée. Nous avions 300 grandes bouteilles de Bass, mais les musiciens n'ont pas eu le temps d'en boire plus de 118. Le temps était splendide et je suis descendu pour recevoir mes hôtes. L'officier interprète français m'a dit que c'était Malvy qui s'était opposé au défilé dans les rues de Paris, parce que cela aurait pu provoquer une démonstration, d'un caractère anglophile, je suppose. Les musiciens furent obligés d'aller vite dîner avant de se rendre à l'Opéra.

Mais maintenant les jours et les nuits de lord Bertie à l'ambassade étaient comptés. Les raids aériens et les bombardements de mars 1918 étaient des secousses un peu trop fortes pour les nerfs du vieux diplomate. Il avait l'habitude de s'installer dans le « boudoir de Pauline » et d'y lire ses lettres et ses journaux; mais l'architecte de l'ambassade vint un jour lui dire « qu'il était très imprudent de sa part de rester dans son petit salon pendant la durée d'un raid, car, en dehors du danger qu'une bombe tombât sur le toit de la salle de bal, il y avait assez d'espace libre pour qu'une torpille aérienne entrât par la fenêtre ».

Quand, donc, l'alerte fut sonnée hier soir, immédiatement après dîner, je descendis, comme le reste de mon personnel, dans la cave. Le raid dura environ trois heures. Après le départ du courrier de Londres, je fus rejoint par Monson (¹). Comme dans le raid précédent, les détonations des canons anti-aériens paraissaient parfois

---

1. Le fils de son prédécesseur, qui faisait partie du personnel de l'ambassade.

toutes proches et d'autres fois très éloignées. Il y avait des intervalles où l'on n'entendait plus rien. Le bruit de l'explosion des bombes était tout différent. Nous avons entendu trois violentes explosions. Le déplacement de l'air a ouvert la porte cochère de la maison d'à côté. Trente bombes environ sont tombées à l'intérieur et autour de Paris : une près de l'ambassade d'Allemagne, une près du Luxembourg, une autre sur la place de la République, une près de l'Institut Pasteur, une au delà du Trocadéro, une près du Père-Lachaise, deux à Sèvres, deux près de la gare de Lyon, quelques-unes dans le nord de Paris.

Quelqu'un lui ayant dit que les Allemands visaient en réalité le palais adjacent de l'Élysée, Bertie répéta le mot qui avait tellement enchanté le président Poincaré, quand on le lui avait rapporté : « Pourvu qu'ils visent bien! » Bertie s'en amusa lui-même beaucoup.

Le soir du 2 mars, l'ambassadeur et son personnel se réfugièrent de nouveau dans les caves, et dans la matinée, il notait ce qui suit :

J'ai fini de m'habiller et j'ai fait servir mon café dans la petite cave où j'ai lu ensuite les journaux. Il y avait des explosions de temps à autre. Le raid s'est terminé bientôt et les gens ont repris leurs occupations ordinaires. Hier soir, quelques bombes ont été jetées dans le voisinage. Ce matin, elles ont été lancées par un gotha — qui était, paraît-il, si haut qu'on ne pouvait l'atteindre — sur différents points, boulevard Rochechouart, gare de l'Est, Luxembourg et jardin des Tuileries.

24 mars 1918. — Les journaux du soir annoncent officiellement que le bombardement d'hier a été opéré par un canon à longue portée. On estime que la distance est de 65 à 75 milles de Paris. A 8 heures 30, hier soir, comme j'avais fini de dîner, l'alerte fut sonnée. Nous nous sommes réfugiés dans les caves et j'ai lu jusqu'à 10 heures, c'est-à-dire jusqu'au moment où les cloches des églises ont annoncé la fin de l'alerte. Les avions ennemis ne paraissent pas avoir atteint Paris, car il n'y a eu ni coups de canon ni bombes. J'ai été appelé à 7 heures 15 ce matin, une demi-heure plus tôt que d'habitude, car on sonnait l'alerte : il y eut des détonations toutes les 20 ou 30 minutes jusqu'à midi. Comme je traversais la place de la Concorde, j'ai entendu un éclatement.

C'en était trop. Lord Bertie se rendit compte qu'il était temps de rentrer. Il envoya sa démission au Foreign Office, fit ses bagages et dit à l'ambassade un dernier adieu. Il avait tenu bon obstinément pendant quatre ans, et maintenant, avec la nouvelle offensive allemande qui commençait dans le Nord, la guerre menaçait de durer encore au moins un an. Ses amis le regrettèrent : sa silhouette correcte, droite, sa redingote rigoureusement boutonnée, son teint vermeil et ses yeux bleu clair, où surgissait parfois une flamme, allaient manquer à ceux qui avaient l'habitude de voir dans Bertie l'incarnation de John Bull.

Avec lui disparut également (comme on le signala plaisamment à l'époque) le dernier chapeau haut-de-forme que l'on vit à Paris pendant la guerre !

CHAPITRE XIX

CONCLUSION

Au point critique où la guerre était maintenant arrivée, au printemps de 1918, il y eut une reconstitution du ministère britannique. Lord Milner remplaça lord Derby comme ministre de la Guerre. L'ambassade de Paris n'était plus guère à ce moment-là qu'un symbole, mais, dans la situation existante, et après l'établissement d'un seul commandement militaire allié sous le maréchal Foch, il était nécessaire de maintenir ce symbole des relations internationales.

On exposa à lord Derby que son départ pour Paris inspirerait confiance; que sa seule présence au faubourg Saint-Honoré, bien que silencieuse et inactive, son bel équilibre moral, sa solidité physique, sa richesse et l'ancienneté de sa race, et aussi le fait qu'il avait été récemment secrétaire d'État à la Guerre, devaient servir à fortifier les liens existant entre les deux peuples.

Edward George Villiers Stanley, dix-septième comte de Derby, est un gentilhomme de manières un peu brusques, mais de fond excellent, et, bien que l'idée d'une expatriation prolongée ne lui fût pas très agréable, le 18 avril, il accepta le poste. Au surplus, comme Lloyd George le lui faisait remarquer, la chance allait tourner et il n'avait besoin de rester à l'ambassade que jusqu'à la victoire finale et la conclusion d'un traité de paix.

La nomination de cet « ambassadeur d'un nouveau

genre », suivant les termes de Derby lui-même, eut, comme on l'avait prévu, une bonne presse à Paris.

« Le fait, observait *le Temps*, que le gouvernement britannique a choisi lord Derby pour succéder à lord Bertie, montre l'importance capitale que la Grande-Bretagne attache à son représentant diplomatique, et est un compliment pour la France. »

« Je puis vous assurer, déclarait le nouvel ambassadeur au président Poincaré, à l'occasion de sa réception à l'Élysée, que les sentiments qui, en 1914, ont provoqué la participation de l'Empire britannique à la présente guerre, sont actuellement aussi forts qu'au début, et que les dominions de mon souverain sont toujours animés de la même inflexible volonté de n'épargner aucun effort pour obtenir cette victoire qui doit nous donner une paix durable.

« Je suis nouveau dans ce travail de la diplomatie, continuait-il, mais je me permets d'espérer que, malgré cela, et peut-être à cause de cela, je pourrai compter d'autant plus complètement sur votre généreux appui et sur celui du gouvernement de la République pour atteindre le but qui me tient au cœur. »

Dans sa réponse, le président déclarait une fois de plus que la guerre avait « scellé pour toujours l'amitié des deux nations, qui avaient un idéal commun et une seule cause ».

Au sujet des ambassadeurs en France, lord Grey of Fallodon écrit ce qui suit :

Toutes les nations et tous les gouvernements sont assez facilement susceptibles et méfiants à l'égard les uns des autres ; la France ne fait pas exception à cette règle. Paris est susceptible et prompt à la méfiance, peut-être plus encore que la plupart des autres capitales. Il n'est, par suite, pas facile à un diplomate étranger d'inspirer confiance à Paris ; mais s'il inspire confiance, il verra peu à peu qu'on se fie réellement à lui et la confiance qu'on lui accordera sera profonde et sans réserve.

Suivant lord Grey, cette confiance avait été accordée à lord Bertie : elle fut alors donnée à son successeur précisément parce qu'on ne le regardait pas comme un diplomate de profession.

Derby était « nouveau dans la diplomatie », mais, même

s'il avait été un maître de cet art aussi habile que le meilleur de ses prédécesseurs, il n'aurait pas eu grand'chose à faire. En ce qui concernait les entretiens avec le ministre au Quai d'Orsay, la préparation des dépêches à envoyer au Foreign Office, l'étroite observation des commentaires sur les faits et les opinions politiques du jour, tout travail de ce genre eût été surérogatoire. Il resta inutile tant que la guerre dura, et, à vrai dire, quelque temps après.

En fait, avec le changement de situation dans les deux pays — non point tant dans leurs relations réciproques, car elles ne subiront jamais de modifications fondamentales, mais dans la manière dont tous les gouvernements sont informés et dont l'opinion publique est créée et contrôlée — l'ambassadeur a maintenant, par un côté de ses fonctions, quelque chose d'un anachronisme. La partie la plus importante de son rôle a subi l'empiètement du Conseil de la Société des Nations. Mais, même dans ces conditions, l'ambassade peut faire encore plus de bien.

Le grave échec auquel ont abouti divers ambassadeurs britanniques auprès d'une autre République, par exemple lord Sackville et Sir Mortimer Durand, et même les difficultés rencontrées par Cecil Spring-Rice, et d'autre part le grand succès qui a couronné les missions de personnages d'une formation et d'un caractère différents, comme lord Bryce, lord Reading, et lord Balfour à Washington, devraient avoir fait comprendre au Foreign Office que la République française, le peuple français et les relations franco-britanniques sont exceptionnels et que Paris est un poste exceptionnel, autrement que dans le sens hiérarchique officiel.

Il y a longtemps, dès l'époque de lord Dufferin, le *Times* remarquait :

Il y a un point qui ne paraît pas avoir été invariablement compris par nos ambassadeurs à Paris depuis l'établissement de la République. Un ambassadeur remplit toujours mieux sa mission, s'il est réellement et pleinement en contact avec toutes les classes de la capitale auprès de laquelle il est accrédité. Ce n'est un secret pour personne qu'il y a eu des lacunes à cet égard à l'ambassade britannique à Paris. Il est arrivé que l'ambassadeur britannique et sa famille ne voyaient presque personne ; mais, plus généralement ils ont fréquenté les éléments de la haute société qui appartiennent au faubourg Saint-Germain, tout comme leurs prédécesseurs l'ont fait il y a deux ou trois générations. Sans aucun doute, il est plus agréable, quand on est soi-même de naissance et d'éducation aristocratiques, de fréquenter surtout des gens qui ont les mêmes traditions ; et il est notoire qu'en France l'aristocratie a souvent une distinction et un charme qu'on ne saurait trouver ailleurs. Mais il n'en est pas moins vrai que cette société-là ne représente pas les classes qui gouvernent maintenant la France.

Jadis, Horace Walpole et ses amis se sentaient aussi bien chez eux à Paris qu'à Londres. Dans leurs salons, on rencontrait des savants, des hommes politiques, des auteurs, des peintres, des acteurs et des actrices, gens de talent et d'esprit, aussi bien que le grand monde.

L'ambassadeur de Grande-Bretagne devrait s'appliquer à faire revivre un état de choses qui, tant qu'il dura, ne produisit que du bien.

Aujourd'hui avec un ambassadeur jeune, homme du monde, aimant à recevoir, on conçoit l'ambassade comme un centre et un lieu de ralliement des personnages les meilleurs, les plus brillants et les plus représentatifs de tous les groupes de la société franco-anglaise. Une visite à l'une des réceptions hebdomadaires de l'ambassade permettrait de rencontrer les Anglais et les Anglaises les plus distingués résidant ou de passage dans la capitale française. Si la présence officielle de l'ambassadeur et ses propos spirituels ou éloquents étaient considérés comme aussi essentiels au succès d'une fonction publique, que le sont à Londres ceux de l'ambassadeur des États-Unis, il y aurait un grand pas de fait pour assurer la popularité de la nation britannique à Paris et pour dissiper les préventions.

Mais, quelle que soit la popularité dont les Anglais puissent jouir en France, sous un roi, un empereur ou une république, et si aimable ou persuasif que puisse être leur représentant officiel, cette popularité sera toujours, semble-t-il, précaire et soumise à des fluctuations. Les ententes se nouent et se dénouent. On fait la guerre côte à côte, on se serre les mains avec ferveur et on échange des toasts affectueux, mais la diversité des caractères nationaux créera ou favorisera toujours des antagonismes intermittents. En même temps, nous ne devons pas oublier ce qu'un ancien ambassadeur expliquait ingénieusement : toutes les parties d'une machine complexe peuvent être opposées et tendre à se libérer, et cependant le mécanisme dans son ensemble, bien emboîté, bien huilé et dirigé, peut fonctionner utilement et harmonieusement.

C'est le même ambassadeur (lord Dufferin) qui disait aussi : « La population de la France diminue, mais tant qu'il restera un seul Français, il s'étendra du Rhin aux Pyrénées et nous causera des ennuis. » Et sans aucun doute il y a des diplomates français qui en pensent autant de l'Angleterre.

Nous ne savons pas ce que lord Derby eût pu accomplir dans une période plus heureuse, mais il n'eut guère l'occasion d'agir pendant les deux années de son ambassade, si ce n'est au cours du printemps et de l'été 1919, lorsqu'on négocia le Traité de Versailles et que Paris se remplit de visiteurs de marque, dont la plupart furent une fois ou l'autre reçus à l'ambassade. Longtemps avant de rentrer définitivement en Angleterre l'été suivant, il ne croyait déjà plus à cette unité durable de vues politiques entre les deux pays, qu'il avait attendue de la guerre. Un de ses hôtes français avait spirituellement remarqué : « Le Traité de Paix a tous les germes d'une guerre juste et durable. »

Mais lord Derby et son successeur immédiat, lord Hardinge of Penshurst, diplomate accompli, qui prit l'ambassade (27 novembre 1920) pour une période plus brève encore, se virent épargner la flagrante divergence de politique qui se produisit lorsque la Ruhr fut occupée par ordre du gouvernement français en janvier 1923.

Le général américain Henry T. Allen, qui commandait l'armée d'occupation à Coblence, étant venu à Paris au début du printemps de 1922, note dans son *Journal* (28 mars) :

A six heures, je suis allé voir lord Hardinge sur rendez-vous. Il paraît toujours solitaire dans cette formidable ambassade somptueusement meublée, et, j'ajoute, formant un contraste saisissant

avec la résidence magnifiquement meublée mais relativement
exiguë de notre ambassadeur.

L'attitude des Français préoccupait vivement lord Hardinge
et j'étais très curieux de savoir jusqu'où il irait dans la discussion
de leur politique actuelle. Il a parlé des efforts de lord Derby en vue
d'amener un traité avec la France, auquel il s'est montré hostile en
raison du danger que pourrait provoquer le chauvinisme français,
comme, par exemple, la marche sur Francfort et la faute caractéri-
sée d'entrer dans la Ruhr. L'Angleterre, comme les États-Unis,
veut voir l'Allemagne remise sur pied pour que nous profitions de
cet excellent marché, mais la France veut que l'Allemagne reste
abaissée. Quand Lloyd George est arrivé de la Riviera il a télégraphié à Hardinge de venir à la gare ; de là il est venu à l'ambassade, où Poincaré s'est rencontré avec lui.

Vers la fin de la même année (14 décembre), le général
reçut lui-même la visite de lord Derby, alors de nouveau
secrétaire à la Guerre, au sujet de qui il écrit :

Bien qu'il soit un francophile notoire et qu'il préconise plus
qu'une entente franco-anglaise, il n'approuve pas l'attitude présente de Poincaré. Lord Derby a déclaré qu'il y avait environ une
chance sur dix pour que l'Angleterre et la France arrivent à s'entendre.

Dans son *Journal*, à la date du 8 janvier 1917, lord Bertie
fait une amusante esquisse, à la manière de Pepys, au sujet
de Son Excellence Robert Offley Crewe-Milnes, premier
marquis de Crewe, dont on parlait à ce moment-là comme
de son successeur.

Entre cinq et six heures, cet après-midi, arrive la comtesse
Murat, fille d'un homme d'affaires, Bianchi, courtier en Bourse,
qui voulait absolument savoir la part de vérité qu'il pouvait y
avoir dans certains bruits signalés à un journal de Paris, l'*Écho* (?),
et empruntés à deux journaux de Londres, l'*Observer* et le *Weekly
Dispatch*, d'après lesquels l'ambassadeur du roi serait rappelé et
remplacé par un autre, ayant de l'expérience politique et parlementaire, de la culture, du tact et de l'humour, homme de lettres
en même temps : savoir le marquis de Crewe, ledit marquis ayant
toutes les qualités pour être bien vu des Français ; car, bien que de
haute naissance, il avait des opinions démocratiques, et son humour,
qualité que les Français goûtent particulièrement, le rendrait irrésistible. La comtesse avait été chez la princesse de Poix, où elle avait
pris part à ce que les Français, ou plus particulièrement les femmes
du monde, appellent un goûter, c'est-à-dire du thé ou du chocolat
avec gâteaux et autres friandises. Elle avait fait part à la princesse
de son intention de présenter ses respects à l'ambassadrice qui
projetait, d'après ce qu'elle avait entendu dire, d'aller faire bientôt
un séjour dans une ville d'eaux du midi ; et en apprenant cela, la

princesse avait invité la comtesse à ne pas tarder, car l'ambassadeur devait être rappelé par son gouvernement, d'après ce qu'elle
avait lu dans un journal. La comtesse, après avoir raconté tout cela
et beaucoup d'autres bruits, fut enchantée d'apprendre que l'on ne
savait rien ici d'une pareille intention du roi d'Angleterre ou du
lord trésorier de Sa Majesté. Elle fera savoir cela un peu partout
car elle sort beaucoup dans la capitale, elle adore babiller et elle
connaît beaucoup de gens dans toutes les classes de ce bon peuple
de Paris ! Et maintenant, encore à la mode de Pepys, — sans être
le moins du monde troublé par tous ces bavardages — au lit (¹) !

Mais le marquis de Crewe dut attendre sa nomination
jusqu'au 18 novembre 1922.

Son Excellence n'arriva à l'ambassade que trois jours après
Noël et une quinzaine avant l'action séparée de la France
dans la Ruhr. Il est trop tôt pour raconter ici exactement
la part officielle qu'il prit aux avertissements, conseils et
protestations officielles qui furent adressés par le gouvernement britannique au gouvernement français au sujet de
cette malheureuse affaire et dans d'autres questions dont
la discussion exigeait de l'habileté, du tact et de la patience.
Mais on peut noter que, depuis quelques années, il est devenu de plus en plus d'usage, lorsqu'il s'agit de négocier
des affaires importantes, de confier les négociations aux
ministres directement intéressés, par-dessus la tête des
ambassadeurs. Ainsi, de nos jours, un voyage à Paris ou à
Londres n'est plus qu'un incident banal dans la vie officielle
d'un premier ministre ou d'un ministre des Affaires étrangères, et même d'un chancelier de l'Échiquier.

Il convient d'ajouter que l'éloge si spirituel et si ingé-
nieux que lord Bertie faisait de son successeur et de sa
charmante femme (²) s'est largement vérifié, et que lord
et lady Crewe ont gagné le respect et l'estime de la haute
société parisienne et du gouvernement auprès duquel l'ambassadeur est accrédité.

Il fut un temps où l'ambassade de Paris et la parcelle

1. « Lord Lytton n'est plus grand favori pour l'ambassade de Paris, après
le départ de Derby. Austen Chamberlain et Crewe ont des chances. Je crois
que Crewe conviendrait très bien, et lady Crewe saurait s'imposer comme
femme du monde. » BERTIE, *Journal*, janvier 1919.

2. Lady Crewe, seconde femme de l'ambassadeur, était auparavant lady
Peggy Primrose, fille du comte de Rosebery. Sa mère était une Rothschild.

de terrain sur laquelle elle s'élève était, dans tout ce beau
pays de France, le seul endroit qui appartînt à l'Angleterre,
le seul coin où un Anglais pût trouver asile et qu'il pût
appeler sa propriété.

Depuis la grande guerre, cela n'est plus vrai. Il y a
d'autres endroits et d'autres asiles — peu nombreux, mais
d'une population très dense — dont le sol est assigné à la
mère-patrie anglaise. Ce sont les cimetières où reposent les
morts anglais, qui ont cru — respectons leur illusion ! —
qu'ils combattaient pour la cause de la France, qui ont certainement aidé à écarter le grand danger qui la menaçait
et qui ont sacrifié leur vie pour réparer le mal qui lui était
fait. Est-ce que, de nos jours, ces Anglais qui se trouvent
en France, ne devraient pas être, malgré leur silence, les
ambassadeurs les plus éloquents dans la cause de la paix
et de la bonne volonté entre les deux peuples — qui sont
semblables et pourtant si différents, également prêts à
répondre, quand on fait appel à leurs sentiments, et heureusement aussi quand on fait appel à leur bon sens et à
leurs intérêts communs.

L'Angleterre et la France se doivent l'une à l'autre
beaucoup de choses que ni l'une ni l'autre n'eût pu accomplir seule, et les trésors du cœur et de l'intelligence, de
l'imagination et des arts de la vie, dont elles se sont mutuel-
lement dotées, l'emportent de beaucoup sur les animosités
séculaires.

Le 14 janvier 1813, la princesse Pauline écrivait à son
homme d'affaires :

MONSIEUR MICHELOT,

Je viens de réfléchir qu'à mon retour à Paris je ne veux plus que
mes bijoux soient dans différentes commodes : mon intention est
de les réunir dans un meuble qui ne quittera jamais ma chambre...
Il faut que ce meuble soit analogue à la beauté de l'appartement
et qu'il puisse contenir tous mes bijoux.

Et c'est par ces mots, dans lesquels le lecteur découvrira
peut-être une image à peu près exacte, que nous prenons
congé du « nid de Pauline » et de ses souvenirs de plus
d'un siècle.

TABLE DES MATIÈRES

TOURS, IMP. R. ET P. DESLIS, 6, RUE GAMBETTA. — 16-10-1929.